KB213890

전쟁 넘어 평화

탈냉전의 신학적 인문학

전쟁 넘어 평화 – 탈냉전의 신학적 인문학

초판 발행: 1판 1쇄 2023년 7월 27일

지은이 김나미 김진호 김희헌 배근주 송진순 양권석
         이상철 이찬수 정경일 조민아 최진영 최형묵
펴낸이 조성길
펴낸곳 인터하우스

출판등록 제 2014-000135호

주   소 서울시 마포구 잔다리로 35 서운빌딩 403호
전   화 02-6015-0308
팩   스 02-3141-0308
이메일 inter_house@daum.net

ISBN 979-11-977620-2-4 03200

전쟁 넘어 평화

탈 냉전의 신학적 인문학

평화와신학

김나미
김진호
김희헌
배근주
송진순
양권석
이상철
이찬수
정경일
조민아
최진영
최형묵

인터하우스

순서

서문

전쟁의 도덕적 등가물

2018년 4월 27일, 판문점에서 남북정상회담이 열렸을 때, 한국과 세계에 깊은 인상을 새겨 준 장면은 김정은 국방위원장과 문재인 대통령의 도보다리 산책과 밀담이었다. 두 사람이 나눈 대화는 그 둘 외에는 들을 수 없었고, 대신 멀리서 그들의 모습을 담은 영상에선 배경음악처럼 새소리가 들렸다. 청딱따구리, 쇠박새, 곤줄박이, 직박구리, 흰배지빠귀 등, 휴전선 철책에 막히지 않는 하늘로 남과 북을 자유롭게 넘나드는 새들이 한반도의 평화를 축복하며 노래하는 것 같았다. 탈냉전 시대에도 냉전의 겨울이 계속되던 한반도에 비로소 평화의 봄이 찾아오는 듯한 풍경이었다.

4.27 남북정상회담은 평화를 열망하는 그리스도인들과 신학자들에게 영감과 도전을 주었고, 한국, 미국, 독일에서 활동하던 한국인 신학자 십여 명이 연구 공동체 〈평화와신학〉을 결성하게 한 계기가 되었다. 평화와신학은 "발족 취지문"에서 평화를 위한 신학운동의 당면 과제를 다음과 같이 제시했다.

> 우리는 먼저 분단체제의 상처와 죄악이 아직 충분히 밝혀지지 않았다는 사실에 주목한다. 분단과 전쟁의 죄악에서 비롯된 개인적/집단적 트라우마는 군부독재와 신자유주의

의 시대를 지나오는 동안 더욱 깊이 내면화되었기 때문에, 우리 사회가 시달리고 있는 트라우마와 터부를 밝혀 논의함으로써 새로운 사회를 위한 상상력이 제대로 기능할 수 있는 여건을 만들어가야 한다. 우리에게 필요한 것은 촛불과 태극기로 상징된 사회적 갈등의 등고선을 따라 매끈하게 정리되어 제시된 해답이 아니라, 아직 목소리조차 갖지 못하고 타자화된 사람들의 이야기가 들려짐으로써 새로운 고민과 사고의 길을 여는 것이다. 이것은 국가와 자본이 주도하고 있는 현재의 한반도 평화 프로세스를 교정하여, 민(民)이 주체가 되어 민족의 활로를 열어가기 위해서 반드시 필요하다.

이러한 과제에 따라 평화와신학은 분단과 전쟁의 역사적 트라우마, 타자가 공존할 수 있는 평화체제, 시민 참여의 대안적 평화 담론과 실천의 길을 찾기 위해 함께 연구해 왔다. 지난 5년 동안 매월 콜로키엄을 하면서 평화의 신학적 상상력을 키워왔고, 1년에 한 번 연구 결과를 발표하는 포럼을 실시해 왔다. 그동안 연례포럼에서 다룬 주제들은 '한국전쟁과 트라우마', '탈냉전의 사회적 공간을 향하여', '갈라진 마음들과 한국교회', '우크라이나 전쟁 이후 포스트 세계화 시대와 민중신학의 평화담론'이었다. 이 책은 그동안 평화와신학 콜로키엄과 포럼에서 발표한 글들을 엮은 것이다.

이상철은 48년 체제와 한국전쟁을 통해 탄생한 주체를 "균열된 주체($)"라고 부르면서, 그들이 죄책감과 수치심을 지우며 지금껏 살아남을 수 있게 한 '책임'과 '대속'의 교리에 문제를 제기한다. 그리고 상처의 복기와 애도와 이별의 과정을 고통스럽지만 충실하게 거침으로써 치유의 길을 찾는 윤리학을 모색한다. 정경일은 전쟁의 역사적 트라우마가 '과거사'만이 아니라 '현재사'에도 영향을 미치고 있는 '그림자'임을 밝히면서, 진정한 화해와 치유를 위해서는 "모든 죽은 자를 위한 애도"가 있어야 한다고 제안한다.

배근주는 한국전쟁의 트라우마가 남북한 사회만이 아니라 전쟁에 주도적으로 개입한 미국 사회에도 뿌리 깊게 지속되고 있다고 주장하며, "미국이 '잊어버린 전쟁(forgotten war)'"의 다양한 트라우마를 "재기억"하는 "기억의 윤리"를 제안한다. 최진영은 한국에서 성장하고 미국에서 신학하는 자신의 삶의 자리에서 목격하고 경험한 트라우마를 토니 모리슨의 『홈』(Home)에 대한 분석을 통해 드러내고, 그 고통의 서사를 요한복음서에서 예수가 말한 "집"의 서사와 연결하는 상호텍스트적(intertextual) 읽기를 트랜스내셔널 관점에서 시도한다. 이찬수는 반공주의에 물든 한국 그리스도교가 신앙의 이름으로 북한을 악마화하고 베트남전 파병을 지지한 것을 역사적, 신학적으로 분석하면서, 평화의 길을 걸어야 할 그리스도교가 특정 이념에 따라 분쟁과 전쟁을 정당화해 온 현실을 비판하고, "폭력을 줄이는 과정"으로서의 평화를 "감폭력(減暴力)의 길"로 제시한다.

김희헌은 분단체제가 낳은 갈등과 증오의 인식론적 관성을 해체하기 위한 "기억의 재구성"과 평화의 과제를 국가에 위임하지 않고 민(民)이 해방의 주체로서 탈분단과 탈냉전의 공간을 확대하는 방안으로서 "용서의 지역화"를 제안한다. 양권석은 여순사건 등 분단질서의 폭력에 대한 역사적 분석, 이청준의 『소문의 벽』을 통한 전쟁 상처의 문학적, 심리학적 이해, 그리고 예수의 용서에 대한 성서적 성찰을 연결하면서, 탈냉전의 시대적 흐름에 역류하는 "분단과 대결의 질서"를 거스르는 "화해와 평화의 꿈"을 다시 꾸며 "탈냉전의 사회적 공간과 용서의 공동체"를 만들어 갈 것을 제안한다.

김나미는 "국가안보"의 이름으로 70년 동안 지속되어 온 "국가폭력"의 실상을 남한 사회의 "타자"인 양심적 병역거부자들의 고통과 저항의 목소리를 통해 드러내면서, 국가안보가 곧 평화라는 "헤게모니적 판타지"를 거부하는 평화의 상상력을 제시한다. 송진순은 "북한이탈주민"에 대한 남한 개신교 교회의 선교 전략이 신자유주의 체제하에서 북한이탈주민을 "인격적으로 동등한 존재가 아니라 계몽과 시혜의 대상"으로 "타자화"하고 "개신교 성장의 발판이자 복음의 선전 도구"로 삼아왔음을 비판하며, 이에 듣기와 환대의 윤리에 기반하여 남북한의 공존과 상생의 포용적 인식의 필요를 제안한다. 조민아는 한반도에 상처로 남아있는 고통의 역사를 더 멀리 거슬러 올라가, 일본군 성노예 담론에 배어 있는 "희생자의식 민족주의"와 "식민지 남성성"의 문제를 트랜스내셔널 페미니스트 관점에서 비판적으로 분석하고, "경험의 교차, 삶의 교차를 통한 글쓰기를 위안부 담론의 글쓰기"로 제안한다.

최형묵은 탈냉전 시대에도 잔존하는 20세기 냉전의 유물인 국가보안법이 21세기 남한 사회에서도 여전히 위력을 떨치며 인권을 유린하고 있는 역사적 맥락을 비판적으로 분석하면서, "보편적 인권"을 위한 국가보안법 폐지의 신학적 근거를 모색한다. 김진호는 우크라이나 전쟁은 "세계화의 종말과 신냉전의 출현"을 나타내는 사건이 아니라 "미국의 적극적 경계 짓기의 압박에 대한 전략적 동의에 기반을 둔 냉전"의 신호라고 분석하고, 문재인 정부와 윤석열 정부 모두 민중(오클로스, 언더클래스)의 고통에 무관심한 "죽임의 체제"라고 비판하면서, "배제된 존재들의 '살림'"에 관한 민중신학적 평화담론을 제시한다.

이제 평화와신학 1기를 마무리해가는 2023년, 한반도는 다시 외교·군사적 '남북 냉전'과 정치적 '남남 내전'의 겨울로 돌아가고 있는 것 같다. 한국전쟁 '정전'(停戰) 70주년이 되는 해이지만 종전(終戰)으로 가는 길은 여전히 멀고 험해 보인다. 정전 70주년이 정전 71주년, 75주년으로 연장될 가능성이 높아 보이고, 그렇게 되면 남과 북의 사람들은 일상이 전쟁인 삶을 살아가며 계속 고통을 겪을 것이다. 이 고통의 역사를 끝낼 평화의 상상력과 실천력을 어디서 얻을수 있을까?

평화주의자였던 윌리엄 제임스는 1906년 스탠퍼드대 연설에서 "전쟁에 맞서는 전쟁"을 역설했다. 전쟁을 막으려면 용맹, 사적 이익의 포기, 명령 복종 같은 "전쟁의 덕목"에 맞먹는 "전쟁의 도덕적 등가물(等價物)"(a moral equivalent of war)을 찾아야 한다는 것이었다. 제임스는 인간을 상대로 하는 전쟁 대신 "자연을 상대로 벌이는 전쟁"을 도덕적 등가물로 제시하면서 파괴 대신 생산에 열정과 힘을 쏟아붓자고 제안했다. 오늘의 시대정신에 비추어 보면 생태의식의 결여, 영웅적 엘리트주의, 남성중심주의, 인종주의의 한계가 있지만, 전쟁을 끝내려면 전쟁 이상의 지적, 영적, 윤리적 열정이 필요함을 일깨워주는 통찰이다.

돌아보면 고통의 한국 현대사에도 섬광처럼 "전쟁의 도덕적 등가물" 같은 집단적 자기초월 사건들이 있었다. 일제강점기였던 1919년, 우리는 세계 최초의 반제국주의 비폭력 평화운동인 3.1 독립운동을 일으켰다. 한국전쟁 후 7년 만에, 극단적 반공주의가 기승을 부리던 시대에 4.19 민주혁명을 성사시켰다. 1980년 5월, 계엄군의 포위 속에 고립되었던 광주 시민은 서로를 돌보며 사랑하는 '절대공동체'를 실현했다. 1987년, 전 국민이 참여한 6.10 민주항쟁으로 군부독재를 무너뜨렸다. 그뿐인가, 철저한 비폭력 직접행동의 21세기 모델인 촛불혁명이 있었던 게 불과 5년 전이다. 세월호 참사 때는, 비록 오래 지속되진 못했지만, 사회 전체가 애도의 공동체가 되었다. 이렇게 고통과 위기의 시대마다 개인과 사회를 움직였던 공감, 자비, 사랑, 희생, 연대가 전쟁의 도덕적 등가물, 즉 '평화의 덕목'이다. 우리 안의 도덕적 감정을 기억하고 자기초월의 힘을 신뢰하는 것, 그것이 이 상호 파괴적인 분단과 전쟁을 종식하고, 갈라지고 부서진 우리 사회를 치유하는 첫걸음이 될 것이다.

오늘의 한국 그리스도교는 '반공집단'처럼 여겨지고 있지만, 지난 70년의 분단 현실 속에서 평화를 꿈꿨던 그리스도인 선각자들도 많았다. "국군의 피로 뒤범벅이 되었던 북녘땅 한 삽, 공산군의 살이 썩은 남녘땅 한 삽씩 떠서 합장을 지내는" "어처구니 없는 꿈"을 꾸면서 분단의 철조망을 넘은 문익환 목사, 공산당에 학살당한 아버지의 시신을 직접 수습했던 피해 유족이면서도 반공의 증오 대신 남북 평화와 통일을 위해 헌신한 서광선 목사, 분단 질서에 균열을 낸 임수경 수산나와 문규현 신부 등 많은 남한 그리스도인이 용기 있게 평화의 길을 걸었다. 그렇게 20세기에 평화를 위해 일하는 그리스도인들이 보였던 분단과 전쟁의 도덕적 등가물을 21세기에 새롭게 되살리는 것, 그것이 한국 그리스도교 교회의 과제다.

평화의 꿈을 포기하지 않고 평화의 길을 함께 걸어 온 도반들에게 감사한다. 학문만이 아니라 생활과 마음도 나누었던 시간들은 재난 시대의 작은 기쁨이었다. 그리고 무엇보다도 지난 5년 동안 평화와신학을 응원하며 후원해 준 새길교회, 천안살림교회, 한백교회, 향린교회에 감사한다. 이 책을 평화를 위해 일하는 네 공동체 그리스도인들에게 바친다.

2023년 7월 27일
엮은이 정경일

1부

역사적·트랜스내셔널 트라우마

'균열된 주체(⑤)'들을 위하여 : 유령론으로 읽는 분단시대 역사지리지

이상철 (한백교회)

시작하며

2023년 올해는 정전협정 70주년을 맞이하는 해이다. 1953년 7월 27일 오전 10시, 판문점 정전협정 조인식장으로 유엔군 수석대표인 해리슨 미 육군 중장과 공산군 측 수석대표 남일 북한군 대장이 들어와 자리에 앉았다. 한국어, 영어, 중국어로 된 전문 5조 63항의 협정문서 9통과 부본 9통에 양측 대표가 서명하고 그것을 건조하게 건네주고 건네받았다. 양측 대표는 악수도 안 한 채, 서로 무심하게 시선을 마주하고 한마디 말도 나누지 않은 채 퇴장했다. 입장부터 퇴장까지 걸린 시간은 단 12분이었다고 한다. 그것이 70년 동안 지속되고 있는 우리 사회 원죄인 분단의 서막이 될 줄은 아무도 예상 못 했다.

이 글이 관심하는 바는 분단된 조국에서 살아남은 사람들의 마음, 신앙, 그리고 윤리이다. 48년 체제와 한국전쟁, 그리고 정전 이후 지금까지 격동의 현대사를 지나면서 한국은 명실상부 모든 국가 지표에서 세계 선진국 대열에 당당히 진입하였다. 하지만 분단된 조국에서 살아남은 남북한의 인민들은 체제가 다른 각 공화국의 가학적이고 위악적인 국가 이데올로기를 반복하면서 분열된 조국의 '균열된 주체($)'들로 남겨졌다. 나는 70년 동안 남한의 '균열된 주체($)'들에게 끊임없이 환상을 제공하면서 현실의 부조리를 견디게 하는데 동원되었던 이데올로기가 무엇인지, 그리고 분단체제 속에서 그리스도인들에게 영향을 끼쳤던 도그마가 무엇인지에 관심이 있다.

구체적으로 그것은 윤리적으로 죄의식과 책임의 문제이고, 신학적으로 대속의 교리에 대한 사안이다. 분단 이후 일상에서 벌어지는 개인과 사회의 고통과 비극을 넘어가는 과정에서 국가와 교회는 그것을 봉합하고 지우는 거대한 기계이고 장치였다. 국가와 교회에서 전달되는 강력한 대타자의 목소리가 분단시대 개인의 비극과 아픔을 은폐시키는 기제로 작용하였고, 그 과정에서 많은 퇴행과 비극을 낳았는데, 그때 작동되었던 언어들이 죄의식, 책임, 그리고 대속의 교리였다는 말이다.

그렇다면, 48년 체제와 한국전쟁, 그리고 1953년 정전협정 이후 고착된 분단상황을 지나면서 소거된 목소리들과 지워진 마음들을 어떻게 다시 복원할 수 있을까. 그것이 가능한가. 나는 이 물음에 대한 답을 데리다의 유령론(huauntology)을 통해 찾아가고자 한다. 유령론은 우리 안에 있지만 지워지고 사라진, 은폐당한 타자의 목소리를 탈은폐시키려는 시도이다. 그 과정들을 통해 48년 체제 이후 한국전쟁을 거치면서 형성된 분단체제 속 '균열된 주체($)'들을 향한 모색과 성찰을 도모할 수 있다면, 그것으로 이 글의 목적은 어느 정도 달성한 셈이다.

마음의 사회학과 타자의 윤리학

2018년 문재인 정부 하에서 빠른 속도로 진행되었던 남북평화체제를 향한 모색들은 2019년에 하노이 북미회담 이후 싸늘하게 식었다. 그 후 남북관계는 교착상태에 빠진 채 표류하였고, 2022년 윤석열 정부가 들어오면서부터는 전쟁의 위험성까지 대두될 정도로 급격히 냉각되었다. 부침이 많았던 그 기간을 통과하면서 나는 다음과 같은 생각을 했다. 한반도 평화는 48년 체제 이후 흩어지고 갈라졌던 남과 북의 마음이 만나 서로 대화하고 이해하는 가운데 양자가 서로에 대해 가졌던 오해와 왜곡의 지점들을 하나씩 확인하고 풀어가면서 서서히 앞으로 나가야 한다는 것이다.

그러기 위해서는 북녘의 마음에 대해서는 정확히 알지 못하더라도, 최소한 남한사람들이 거쳐 왔던 지난 시절 마음의 추이에 대해서는 복기해야 되지 않나. 성급하게 큰 그림을 그리고 헛된 환상을 주입하는 것보다는 주류 담론에서 놓치고 있는 역사의 이면에 가려진 분단의 마음을 바르게 펼쳐놓는 일, 그리고 그것들을 응시하시면서 굴곡의 지점과 뒤틀린 마음의 모양새를 확인하는 작업, 증언하는 작업, 그리고 애도하는 작업이 한반도 평화체제 구축과정에서 우선적으로 확보해야 할 시선임을 깨달았다.

이 대목에서 왜 마음이 문제인가, 라는 질문을 던질 수 있다. 특별히 윤리를 전공하는 내게 있어 마음의 문제는 남다르게 다가온다. 이데올로기 대립이 극에 달했던 1970~80년대 초·중·고등학교를 다니면서 도덕과 윤리 교과목을 배웠던 우리는 국가적 이데올로기를 숭배하는 백성으로, 국민의 윤리를 정언명법으로 고백하는 시민으로 훈육되어왔다. 학창시절에 배웠던 도덕과 윤리가 거짓이었음은 대학입학과 함께 밝혀졌고, 나는 뭔가 거대한 음모가 우리 사회 깊숙이 개입되어 있다는 사실을 본능적으로 느낄 수 있었다. 몽매했던 내게 대학 진학 후 만난 미셸 푸코(Michel Foucault, 1926-1984)는 새로운 윤리에 대한 상상을 선사하였다.

도덕이나 윤리의 어원에는 공히 공동체 내부에 존재하는 전통적인 질서와 그것을 수행하는 원칙에 대한 믿음이 깔려 있다. 푸코는 그럼에도 불구하고 윤리와 도덕 사이에 존재하는 상이한 차이를 드러내면서 도덕에서 윤리로의 전환을 도모한다.[1] 도덕이 전체와 객관과 절대에 주목한다면, 윤리는 개인과 주관과 차이에 방점이 있음을 푸코는 강조하였다. 그 결과 보편적이고 절대적 성격의 도덕과는 달리, 윤리는 다양한 분야(정치윤리, 경제윤리, 환경윤리, 기업윤리, 노동자윤리, 의료윤리 등)와 실존적 혹은 존재론적 차이를(성 윤리, 페미니즘 윤리, 퀴어 윤리, 민중의 윤리, 인종의 윤리, 포스트콜로니얼 윤리 등) 인정하는 윤리로 자리매김할 수 있었다.

윤리가 마음과 연관될 수 있는 단초가 여기에 있다. 인간은 저마다의 역사와 문화, 성과 계급의 차이에 따라 각자가 다른 배경과 상이한 실존적 상황에 놓이게 마련이다. 이 말은 인간들마다 다양한

---

1 "그것들의 다양성, 차이, 혹은 모순들의 휘하는 형태들을 분석하는 역사, 개인들이 스스로를 도덕적 행동의 주체로 세우게끔 되는 방식들의 역사, 이 역사는 자기와의 관계들의 정립과 발전, 자기에 대한 성찰, 자기에 의한 자기 인식, 검토, 파악, 사람이 자기 자신에게 행하고자 하는 변형, 이 모든 것들에 대해 제안되는 모델들의 역사가 될 것이다. 이것이 윤리의 역사, 즉 도덕적 주체화의 형태들, 그리고 자기를 확고히 하기 위한 자기 실천들의 역사라 불리워질 수 있을 것이다." 미셸 푸코, 문경자. 신은영 옮김, 『성의 역사: 제2권 쾌락의 활용』(서울: 나남신서, 1990), 42-43.

마음이 보편성과 전체성으로 묶이지 않는 상이한 마음이 존재한다는 말이다. 이토록 다양한 차이를 하나의 도덕으로 묶을 수 있다는 환상이 이데올로기이다. 윤리는 도덕적 환상이 작동하지 않는 지점에서 다양한 사람들이 갖는 마음의 차이와 관계한다.

이러한 논의를 통해서 우리는 마음이란 사회적 제 관계와 불가분의 관계가 있다는 점을 발견할 수 있다. 마음의 독립된 영역이 따로 있는 것이 아니라, 마음은 사회와 분리된 구별된 장소에서 사회의 흐름과 관계없이 생겨나는 것이 아니라, 사회적 문제의 발생과 해결 과정에 함께 개입하면서 더불어 변화하고 성장한다. 종교사회학자 에밀 뒤르켐(Emile Durkheim, 1858-1917)은 마음이 사회적 현상과 불가분의 관련이 있다는 마음의 사회학을 제시한 인물이었다.[2] 뒤르켐이 마음은 사회적 현상과 불가분의 관련을 맺는다고는 했으나 그렇다고 마음이 사회적 현상에 전부가 드러나는 것은 아니다. 오히려 마음은 사회적 표층 위에서 미끄러져 사라지는 무엇이다. 사회적 증상으로, 혹은 징후적 사건이 되어 마음은 귀환하나 그것이 마음의 전부는 아니다.

이 지점에서 마음의 사회학은 타자의 해석학과 만난다. 레비나스는 뒤르켐의 사회와 마음의 문제를 타자론에 입각한 종교학으로 연

---

2 에밀 뒤르켐, 윤병철 외 옮김, 『사회학적 방법의 규칙들』 (서울: 새물결, 2001), 55.

결시킨다.[3] 뒤르켐이 사회를 통해 마음을 읽어내려고 했다면, 레비나스는 사회를 통해 타자를 발견한다. 타자는 레비나스적 의미로 닿을 수 없고, 의미로 환원되지 않는 어떤 영역이기에 필연적으로 결핍과 잉여를 동반한다. 이것은 후에 레비나스가 말하는 무한(Infinity)개념과 연결되고 거기서 사건은 발생한다. 레비나스에게 사건(event)이란 "최소한 〈미리〉(a priori) 짐작해 볼 수 없이, 그리고 오늘날 우리가 흔히 말하듯이 최소한의 계획을 세울 수 없이 하나의 사건으로 닥쳐오는 것"인데, 그것이 우리가 절대적으로 다른 타자(absolutely other)와 관계를 맺고 있다는 사실을 깨닫게 한다. 타자의 현존으로 인해 나의 자발성에 문제 제기가 일어나는 것을 레비나스는 윤리라 부르는데,[4] 이 지점에서 뒤르켐의 마음의 사회학과 레비나스의 타자의 윤리학은 만난다.

내가 뒤르켐과 레비나스의 의견을 받아 이 글에서 노리는 것은 이것이다. 사회적 증상으로서 억압된 마음의 귀환, 타자의 귀환이다. 48년 체제와 한국전쟁에 대한 이야기로부터 글의 실마리를 찾으려는 이유는 그래서이다. 굴곡 많았던 한국 현대사의 발전과정에서 지금까지 가려지고 잊혀진 마음들이 있다면, 그것에 대한 혐의는 48년 체제와 그로부터 야기된 한국전쟁에 있다. 본고는 1948년

---

3 "오직 사회를 통해서만 나는 타인과 관계를 맺는데, 이 사회는 단순히 개체나 대상의 다수성이 아니다. 나는 어떤 전체의 단순한 부분도 아니고 어떤 개념의 독특성도 아닌 타인과의 관계를 맺는다. 사회적인 것을 통해 타인에게 가닿는 것은 종교적인 것을 통해 타인에게 가닿는 것이다. 이렇게 해서 뒤르켐은 객관적인 것의 초월성과는 다른 초월성을 간취한다." 에마뉘엘 레비나스, 김도형 외 옮김, 『전체성과 무한』 (서울: 그린비, 2018), 87.

4 에마뉘엘 레비나스, 김도형 외 옮김, 『전체성과 무한』 (서울: 그린비, 2018), 43.

체제 이후 현재까지 한국 현대사의 발전과정에서 변곡점이 되었던 지형을 거치면서 형성된 마음과 거기서 빠져나온 마음의 잉여를 추적하는 것이다.

여기에는 다음과 같은 유의사항이 있다. 마음을 읽는다는 것은 마음에 대한 이론의 지형을 밝히고 그 유형에 맞게 한국인의 마음을 시대별로 정형화하겠다는 것은 아니다. 오히려 그 반대가 아닐까 싶다. 정형화된 역사가 담아내지 못했던 시대의 마음을 소환할 때 비로소 마음의 퍼즐이 완성되는 것 아닐는지. 그 과정에서 당연히 기존의 해석과 이미지에 대한 전복적 상상을 허용함은 물론이다. 그렇게 관찰한 결과를 토대로 우리 시대 마음의 결을 독해하면서 성찰하는 것이 이 글의 최종목표이다.

죄의식과 '균열된 주체($)'

한국 현대사를 지배하는 불행의 씨앗이 뿌려져 성장한 터가 바로 해방공간이었다. 1945년 해방 이후 3년 동안 한반도는 누구나 차지하고 싶어 하지만 중심은 아직 비어있었던 성소였다고 해도 과언이 아니다. 남과 북이, 좌와 우가, 친일과 친미가 성소 중앙에 놓여 있다는 법궤를 놓고 호시탐탐 기회를 엿보고 있던 무렵 1948년 5월 10일 남한만의 선거가 실시되었고, 석 달 후 8월 15일에 남한만의 단독정부가 수립되었다. 흔히 말하는 48년 체제가 성립한 것이다.

해방공간이 열리고 한국전쟁을 거치면서 살아남았던 사람들의 처지는 그리스도교 전통에서 선악과 이후의 원죄를 운명으로 받아들이며 에덴의 동쪽으로 추방당해야 했던 최초 인간들의 그것과 겹친다. 분단된 남과 북의 인민들은 한국전쟁을 거치면서 마음속 깊숙이 원죄가 자리 잡았다고 한다면 지나친 억측일까. 선악과를 먹고 말았다는 죄책감을 안고 최초의 인간들은 에덴의 동쪽으로 나갔고, 우리 민족 역시 48년 체제와 한국전쟁을 거치면서 동족의 가슴에 총부리를 겨누었다는 원죄로부터 자유롭지 못한 채 전쟁 이후를 살아왔다.

죄의식은 프로이트로부터 시작되는 정신분석학 전통에서 문명 발생을 설명하는 중요한 단초다. 프로이트는 오이디푸스의 부친 살해 죄의식을 문명 발생의 요소로 지적한 바 있다. 원시 사회에서 토템 동물은 신성시되고 터부시되며 아버지로 상징된다. 최초의 아버지가 있고 모든 여인들은 원부의 차지다. 자신의 독점적 지위에 위협을 느낀 원부는 아들들을 모두 쫓아냈다. 쫓겨난 아들들은 원부의 여인들을 차지하고자 힘을 합쳐 아버지를 죽인다. 그런 다음 아버지의 살을 함께 나누어 먹는다. 원부 살해에 대한 죄의식을 느낀 아들들은 1년에 한 번 짐승을 죽여 번제를 드리고 그날을 기억하며 축제를 벌인다. 이것이 문명 발생의 기원을 설명하는 '토템 향연'이다.[5]

라깡(Jacques Lacan, 1901-1981)은 오이디푸스 콤플렉스를 상상계에서 상징계로 진입할 때 벌어지는 상징적 거세와 연결시키면서 사회적 존재로서의 주체의 탄생을 설명하는 도구로 사용한다. 상상계(언어화 사회화 이전단계)에서 상징계(언어와 사회시스템)로 넘어갈 때 상징

---

5 지그문트 프로이트, 이윤기 옮김, "토템과 타부", 『종교의 기원』 (서울: 열린책들, 1997).

적 거세가 나타나는데, 이것은 대타자(사회)의 욕망, 즉 금지의 체계에 복종하는 것이다. 그것은 자기가 속한 사회의 금지의 목소리를 듣는 것이고 위반의 경고를 수용하는 것이다. 이 상징적 거세 시기가 원부 살해가 일어나는 시기이다. 아버지를 살해했다는 원죄 의식을 통해 주체는 상징계 내에서 자기의식을 획득하였고, 그 죄의식이 주체로 하여금 상징계속 사회적 존재로 진입하게 한다. '균열된 주체($)'는 그때 등장한다.[6]

원래 '균열된 주체($)'는 라깡의 욕망 그래프에서 상징적 주체의 시작을 표시하는 용어다.[7] 정신분석학에서 말하는 주체는 단일하고 독립적이며 이성의 능력으로 세상의 법칙을 관조하는 근대적 주체와는 달리 분열되어 있고 균열이 많은 주체이다. 인간은 상상계 속 태초의 본능과 욕구를 누리면서 살아가는 존재가 아니라, 상징계의 질서가 부과하는, 즉 대타자의 욕망을 내면화하면서 살아야만 하는 훼손당한 존재인데, 이렇게 불완전한 존재를 '균열된 주체($)'라고 라깡은 말한다. 이런 과정을 거치면서 라깡은 '나는 생각한다, 고로 존재한다' 대신에 '나는 내가 존재하지 않는 곳에서 생각하고, 내가 생각하지 않는 곳에서 존재한다'[8] 라는 결론을 이끌어냈다. 이 말은 데카르트로 상징되는 "나는 생각한다, 고로 존재한다"라는 근대적 주체관을 허무는 현대철학의 새로운 주체론으로

---

6 슬라보예 지젝, 이수련 옮김, 『이데올로기라는 숭고한 대상』 (서울: 인간사랑, 2002), 175-225.

7 같은 책, 178.

8 Jacques Lacan, *Ecrits: A selection*, translated by A. Sheridan (New York: W.W. Norton & Company, 1977), 166.

부상하였다. 프로이트와 라깡의 사유를 발전, 해체 시키면서 독특한 목소리를 내고 있는 지젝(Zizek)은 『그들은 자기가 하는 일을 알지 못하나이다』에서 '나는 죄를 지었다. 그러므로 나는 존재한다'라는 말로 죄의식과 주체와의 관계를 번역하였다.[9] 지젝의 발언은 48년 체제와 한국전쟁이라는 원죄를 경험하고 에덴의 동쪽으로 쫓겨나 70년 넘게 살아가고 있는 우리의 한계를 인정하면서("죄를 지었다") 우리를 위치시킨다("나는 존재한다").

원죄와 죄의식에 대한 이야기를 하면서 정신분석학적인 문명비평과 주체 이해를 끌어들인 이유는 인간의 행위에 대한 해명을 얻기 위함이고, 이는 윤리적 성찰과 대안을 찾기 위한 방편이기도 하다. 인간의 행위를 다루는 분야가 윤리학 아닌가. 윤리란 인간의 행위에 대한 문제이고, 갈등과 긴장의 상황 속에서 무엇을 기준으로 특정 행위에 대한 선택을 할 것인가를 고민하는 학문이다. 내가 밝히고 싶은 부분은 '균열된 주체($)'들이 70년 동안 그들의 삶을 지탱하면서 살아가게끔 했던 동력이다. 그들은 어떻게 살아남을 수 있었나? 다음 장에서 나는 '균열된 주체($)'들이 해방 이후 현재까지 살아남을 수 있었던 동력에 대한 이야기를 할 것이다. 그것은 윤리적으로는 책임과 관련되고, 신앙적으로는 대속의 교리와 얽힌다.

'균열된 주체($)'들의 에네르기 : 책임의 원칙과 대속의 신앙

9 슬라보예 지젝, 박성수 옮김, 『그들은 자기가 하는 일을 알지 못하나이다』 (서울: 열린책방, 2004), 287.

1) 책임의 원칙

앞 장에서 죄의식에 대해 언급했는데, 모든 불행의 원인인 분단이 우리의 책임인지에 대해서는 반론이 있다. 5천 년 넘게 함께 살았던 자매와 형제가 나뉘고 서로의 가슴에 총부리를 겨누며 많은 피를 흘렸다는 것이 죄책감의 요체일 텐데, 과연 그 죄책감이 정당한 것인가? 한국전쟁은 내 전쟁이었나? 그것은 우리의 전쟁이 아니었다. 급변하는 세계정세와 그 여파로 밀어닥친 동북아 질서의 재편과정에서 조선은 한낱 꼭두각시에 지나지 않았다. 수천만 명의 인명피해가 발생한 대규모 국제급 전쟁이 한반도에서 발생했는데 우리는 그 싸움이 이 땅에 왜 발생했는지, 그 과정에서 우리는 누구였고 무엇이었는지 아는 바가 없다. 한 가지 분명한 사실은 한반도는 그냥 배경이었고, 그곳의 백성들은 허수아비에 불과했다는 점이다. 우리는 한반도에 대한 아무런 결정권도 없었다.

생각이 여기에까지 이르니 죄의식은 실재하는 것이 아니라, 어쩌면 인간들이 사후적으로 스스로 자신들의 행위를 설명하고 납득시키기 위해 소환하는 정당화의 기재 같은 것이 아닐까, 라는 생각이 들었다. 학창시절 만났던 최인훈의 『광장』[10]을 읽을 무렵부터 나는 이런 비슷한 생각을 했던 것 같다. 당시는 그것을 설명할 언어를 발견하지 못했지만. 나는 주인공 이명준의 자살이 이해가 되지 않았다. 이명준은 분단된 조국의 어느 한쪽에서는 살지 않겠다며 인도양으로 향하는 배를 탔다. 남한 혹은 북한은 현실의 상징질서이고,

---

10 최인훈, 『광장/구운몽-최인훈 전집1』, (서울: 문학과지성사, 2008).

그곳으로 편입하지 않겠노라고 저항하는 이명준은 상상적 세계를 고수하는 '균열되지 않은 주체'이다. 하지만 인도양 가운데서 자신이 '균열된 주체($)'임을 깨닫고 이명준은 자살을 선택한다. 이명준이 왜 자살했을까, 이 문제는 내게는 꽤 오랫동안 풀리지 않았던 수수께끼였다. 절망 때문에, 고통 때문에, 트라우마 때문에, 무엇이 그를 죽음으로 이르게 한 것일까. 자살이 책임적 행위의 근거가 될 수 있나, 라는 의문이 제기될 수도 있겠지만, 나는 이명준이 본인 스스로 '균열된 주체($)'임을 깨닫고 행한 책임적 행위가 자살이었다고 최종 결론을 내리기로 했다. 그것은 어쩌면 당대에 존재했던 수많은 '균열된 주체($)'들을 옹호하려 했던 최인훈식 '인간 현상학'이었는지 모르겠다.

이명준으로 상징되는 한국전쟁 이후를 살아가는 주체들의 과제는 역사가 자행한 트라우마를 횡단하면서 어떻게 새로운 상징적 질서 속에서 살아갈 것인가였다. 48년 체제와 그로부터 기인한 한국전쟁 이후 펼쳐진 분단시대를 살아가는 사람들에게 외상적 현실을 본인들의 서사 속으로 편입시키는 방식은 48년 체제와 한국전쟁을 원죄라 규정하고, 그 천형을 자기가 책임져야 할 영역으로 받아들이는 것 아니었을까. 결국 '균열된 주체($)'가 지니는 주체성의 핵심이 책임의식이었던 셈이다. 그렇다면 최인훈의 이야기는 한국전쟁 이후 새롭게 재편된 세상 속으로 편입된 '균열된 주체($)'들에 대한 하나의 답변이 된다.

무엇이 옳고 그른지는 모르겠으나 분명한 것은 살아남았다는 것, 그리고 이왕 살아남았으니 살아남은 자의 몫과 사명이 있으리라는 주술이 책임적 주체의 탄생으로 이어졌다. 그렇게 탄생한 '균열된 주체($)'들은 경제개발의 주축 세력이 되어 잘 사는 나라를 만들어 본인들의 책임을 완수하려고 발버둥 쳤고, 한쪽에서는 민주주의 발전을 위해 본인들의 책임을 다했다. 그 결과 경제발전 세대와 민주화 세대라는 서로 이질적이나 동전의 양면과도 같은 시민들이 남한 현대사의 발전과정에서 형성되었다.

'균열된 주체($)'들이 살아남을 수 있었던 이유 중 하나가 도덕적으로는 책임감이었다면, 종교적으로는 대속의 교리가 원죄로부터 벗어나려 발버둥 쳤던 사람들에게는 위안과 도피처가 되었다. 다음 장에서 다루고자 하는 내용은 그리스도교 교리의 핵심이라 할 수 있는 대속에 대한 부분이다.

2) '대속(atonement)'의 신앙

그리스도교에서 대속의 교리는 속죄(redemption)과 얽힌다. 예수 그리스도의 십자가 사건은 인류의 죄를 사하기 위한 신적 섭리이고, 그리스도의 죽음은 존귀한 죽음이다. 그러므로 이 땅을 살아가는 우리는, 주께서 우리의 허물을 지고 가셨으니 더 이상 죄의 멍에, 실패의 기억에 빠져 살지 말고, 지난 과거에서 벗어나 빛의 자녀로 살아야 한다. 이것이 속죄와 대속의 교리 안에 깃든 메시지이다.

한국전쟁이라는 동족상잔의 비극을 거친 후에 남겨진 '균열된 주체($)'들이 겪는 슬픔과 고통은 그리스도의 대속의 교리 안에서 해석과 치유가 가능했다. 20세기 후반에 벌어진 한국개신교의 급격한 팽창 배경에는 한강의 기적이라는 불리는 경제 성장과 맞물리는 한국교회 특유의 번영신학도 있지만, 교리적으로는 인류의 죄와 허물을 대신 지고 십자가에 달리신 예수 그리스도로 인해 구원받은 인간이라는 대속 서사가 있었다.

하지만 내게는 이와는 정반대의 대속에 대한 이해가 있다. 미국 유학 시절 경험했던 'Atonement(대속) 세미나' 시간에 있었던 경험이다. 교수가 수업 시간에 atonement에 대해 물었고 몇몇 친구들이 그에 대한 의견을 피력했는데, 페미니스트, 우머니스트 친구들, LGBT 친구들이 그리스도의 대속에 대해 격렬하게 항의를 하는 것이 아닌가. 예수의 대속으로 인해 우리가 구원받았다고 하는데, 오히려 예수의 대속으로 인해 우리가 지금 현실에서의 압제를 풀 가능성이 차단되었다는 것이다.

"예수의 대속으로 인간의 죄가 없어지고 신과 인간 사이 단절된 관계가 화해가 되어 하나가 되었다고 주장하는 대속론이 현실의 역사에서 얼마나 많은 사람들이 겪는 고통을 가리고 봉합하는 기재로 작동했는지 주류교회는 모른다. 흑인과 여성과 성소수자에 대한 차별과 혐오와 폭력이 여전한데 교회에 가면 목사들은 이렇게 설교한다. 우리를 사랑하여 신의 위치를 버리고 십자가에 달려 죽기까지 충성한 예수를 본받아 너희도 용서하며 살아야 한다, 고 말이다. 우리는 죄인이다. 하지만 예수의 십자가가 우리를 용서하신다. 어서 교회로 돌아가라, 어서 돌아와 십자가에 못 박히신 예수 그리스도의 이름으로 하나가 되자!" 이런 설교를 들을 때마다 끔찍하게 교회 가기 싫었다고 수업에 참여했던 친구들은 고백하였다. 왜 예수가 십자가에 박혀 우리를 이렇게 더욱 비참하게 만드는가? 대속의 교리는 예수를 포함한 우리 모두를 마조히스트로, 성직자와 교권주의자들을 사디스트로 만든 것 아니냐며 친구들은 따져 물었다.

나는 세미나에 참여하면서 역사와 정치에서 대속의 교리가 개인의 허물과 공동체의 결손을 메우고 견디게 하는 체제 유지용 이데올로기로 작동할 수도 있음을 깨달았다. 대속은 모든 불화와 차이와 거리를 일방적으로 하나로 만들어 어색한 화해와 성급한 용서를 구하는 것이 아니다. 십자가가 달리신 하느님은 모든 것을 다 이룬 전지전능한 신이 아니라, 아무것도 우리에게 보여주지 못한 신이었다. '왜 나를 버리냐고' 울부짖었던 신 아닌가. 이러한 신의 무력함과 자기 제한, 틈과 균열이 그리스도교 신론의 본질이 아닐까. 텅 비어있고, 틈과 균열을 포함하고 있는 신을 만날 때야 비로소 우리는 진정한 대속의 진리에 도달할 수 있고, 그때 비로소 우리는 그토록 바라던 성숙과 만나고 꿈꾸던 구원의 현실을 엿볼 수 있는 것 아닌가 말이다.

레비나스는 랭보의 시 「지옥에서 보낸 한 철」에 등장하는 "참된 삶은 부재한다"는 시구로 그의 기념비적인 저작 『전체성과 무한』 본문을 시작한다. 곧이어 레비나스는 "우리는 세상 속에 있다"고 밝히면서, 그런 우리의 삶이란 "'다른 데'로, '다르게'로, '다른 것'으로 향한다"고 말한다.[11] 레비나스의 아포리즘은 대속의 교리로 개인적, 사회적 틈과 균열을 성급하게 봉합하고 은폐시켰던 그리스도교 역사의 어두운 단면을 반성하게 하는 시간을 허락한다. 대속이란 신과의 일치와 타협과 조화가 아니라 불일치, 불연속, 불화를 계

11 에마뉘엘 레비나스, 김도형 외 옮김, 『전체성과 무한』 (서울: 그린비, 2018), 26.

속 드러내는 것이고, 대속받은 인간의 책임 또한 단번에 완성되지 않고 계속 미끄러지고 지연되면서 미완의 형태로 존재하는 무엇이다. 그의 책 제목과도 같이 대속은, 그리고 우리의 책임은 '존재와 다르게'(otherwise being than Being) 혹은 '본질 저편'(beyond Essence)을 향한 끝없는 항해인지 모르겠다.[12]

그렇다면 우리는 48년 체제와 한국전쟁을 어떻게 기억해야 하고, 그것들이 남긴 우리 사회의 틈과 균열을 어떻게 바라봐야 할 것인가. 다시 전처럼 책임과 대속 같은 대타자의 음성으로 균열을 땜질하고 매끈하게 세상을 포장해서는 안 될 것이다. 다른 방식과 상상이 필요하다는 말이다. 왜냐하면, 48년 체제와 한국전쟁이 남긴 트라우마는 그때 그 시절의 악몽으로 끝난 서사가 아니라 현재진행형의 사건이기 때문이다. 이 대목에서 나는 데리다의 유령론을 소환하고자 한다. 기존의 사고에 대해 전복적 발언을 일삼는 데리다의 사유가 '균열된 주체($)'에 대한 새로운 상상의 지점을 제공할 수 있으리라는 기대가 있기 때문이다.

유령론으로 리딩(Reading)하는 분단현상학

1) 왜, 무엇 때문에 유령인가?

유령론(hauntology)의 대두는 데리다(Jacque Derrida,1930-2004)의 기념

---

12 Emmanuel Levinas, *Otherwise than Being or Beyond Essence*, Translated by Alphonso Lingis (Pittsburgh: Duqusne University Press, 1988).

비적 저작인 『마르크스의 유령』(1993) 출판 이후부터이다. 현실 사회주의가 패망한 현장에서 데리다가 죽은 마르크스를 다시 소환하는 이유는 분명했다. 유령은 살아있지만 죽은 것이고, 죽었지만 살아있다. 데리다가 호명하는 마르크스는 실제 인물로서의 마르크스가 아니라 유령으로서의 마르크스다. 마르크스가 유령이 되어 다시 돌아온다는 것이다. 그것도 지금 신자유주의가 완벽하게 뿌리내린 이곳으로 말이다. 데리다는 『마르크스의 유령』을 통해 좌파의 기획이 아직 꺾이지 않았음을 우회적으로 강변하고 있다.[13]

전통적으로 존재론은 고대 그리스 철학자 파르메니데스(Parmenides) 이래로 "세상에는 왜 아무것도 없지 않고 무엇인가 있는가?"에 대한 물음의 격전장이었다. 존재론적 물음을 거슬러 올라가다 보면 최종단계에서 형이상학(metaphysics)적 의혹과 맞닿게 된다. 형이상학은 말 그대로 물리적인 것 너머에 있는, 즉 물리적 법칙 너머에 존재하는 대상을 다루는 학문 아닌가. 말이나 의미로 완벽히 재현해낼 수 없는 것이 존재한다는 것을 논하는 학문이 형이상학인 셈인데, 여기서 존재론과 유령론은 만난다.

데리다는 "유령적인 순간은 더 이상 시간에 속하는 것이 아니고 […] 유령의 출현은 이러한 시간에 속하지 않으며 시간을 부여하지도 않는다"고 말한다.[14] 나는 이 말이 유령의 형태가 부재하면서 존재한다는 말로, 유령의 메시지에는 말과 의미로 온전히 다 담아낼

---

13 자크 데리다, 진태원 옮김, "1장. 마르크스의 명령들", 『마르크스의 유령들』(서울: 이제이북스, 2007).

14 같은 책, 14-15.

수 없는 무엇인가가 있다는 말로 들린다. 유령은 '말해진 것'(the Said)에 전부 담기지 않고, 그중 일부가 미끄러져 저 앞으로 빠져나가는 무엇인 셈이다. 데리다는 이러한 유령을 '어그러진(disadjustment) 존재들'[15]로 표현하였다. 개인적으로는 가장 마음에 와닿는 유령에 대한 묘사이다. 어그러진 유령들은 상징적으로는 죽었는지 모르겠으나, 실제적으로는 현실을 돌아다니면서 정리되고 완결된, 온전하고 온화한 역사와 현실에 딴지를 건다.

유령은 가시성의 비가시성을 지닌 존재들로 지금 여기에서 틈과 균열이 감지되는 순간 현실에서 출몰한다. 그렇게 귀환한 후에 죽었으나 죽지 못한, 살았으나 죽어버린 채로 있는 인물들과 사연들을 호명한다. 유령이 지니는 가시성의 비가시성, 혹은 불가능의 가능성은 언제나 현재로 침투하여 구천을 떠도는 과거를 되짚어주기도 했고, 현재의 처참한 실존에 참여하여 위로와 위안을 보태기도 하며, 도래할 미래를 대언하기도 한다. 결국 '유령적인 것'이란 나를 다시는 법과 체제에 갇히지 않게 한다는 점에서, 나를 기존의 교리와 도그마에 종속되지 못하게 한다는 점에서 '유령적인 것'이다. 유령론이 호출되는 이유가 바로 여기에 있다.

2) 유령론으로 리딩(Reading)하는 분단 현상학

1948년 체제와 한국전쟁을 거치면서 형성된 대한민국의 현대사는 데리다의 유령론적 관점에서 독해 가능하다. 한국전쟁 이후 남

---

15 같은 책, 54.

북한 사회를 지배하는 이데올로기들은 강한 정체성의 정치학을 밀어붙였다. 남북한 공히 냉전 시대의 최전선에 위치했던 국제관계의 역학상 그럴 만한 사정이 있었겠으나, 분단된 한반도의 역사가 21세기까지 지속되는 것은 시대착오적인 현상이라 할만하다. 해방공간을 거치면서 자리 잡은 분단은 금기와 타부의 정치학으로 작동하면서 남북한 인민들의 (무)의식 차원에 똬리를 틀어 우리들의 말과 행동을 70년 동안 지배하고 구속하고 있다. 나는 그것이 우리 사회의 원죄라 생각한다.

하지만 그것은 역으로 유령의 등장을 요청하게끔 하는 조건이 되었다. 물론 유령은 지상에서 활보할 수 없다. 어떤 극적인 계기에 송곳처럼 지면을 뚫고 나왔다가 사라지고 흔적을 남길 뿐이다. 유령론은 과거부터 계속 있어 왔지만 호명되지 않았던 것들이 집단적으로 다시 살아날 것이라 말하고, 앞으로 도래할 그것이 과거에서 되살아난 그것과 하나로 합쳐져 큰일이 벌어질 것이라는 유언비어를 유포시키면서 체제를 긴장시키는 것이다. 이 공포와 불쾌와 불안이 안정적인 현실에 틈을 내고, 순수한 현재(체제)를 오염시킨다. 이것이 데리다의 유령론이 내포하고 있는 음모이다.

그 과정을 거치면서 유령론이 최종적으로 노리는 것은 우리가 흔히 정상성과 보편성이라 말하는 것들에 대한 해체인데, 구체적으로 그 대상은 법(the law)이다. 특별히 이를 우리 상황에 적용하면 분단 이후 지금까지 남한 사회의 정상성과 불법성을 판가름하는 법인 '국가보안법'이다. 데리다는 법의 정상성을 의심하면서 누가 법을 말하는지, 왜 그 법을 언급하는지를 따진다. 그러면서 어떤 법이 말해지는 순간 법 밖으로 내몰리는 사람들에 주목하면서 그때가 바로 진보의 희망이 출몰하는 지점이라고 말한다. "법이 해체 가능하다는 사실은, 그다지 나쁜 소식이 아니다. 우리는 심지어 이러한 충격 속에서 정치학을 위한 희망, 모든 역사적 진보를 위한 희망을 볼 수 있다."[16]

법의 정당성과 정상성을 둘러싼 의심과 불신의 목소리는 데리다 이후 현대철학자들의 주된 화두가 되었다. 슬라보예 지젝은 『죽은 신을 위하여』의 한 쳅터를 "법에서 사랑으로, 그리고 다시 사랑에서 법으로" 정하면서 법이 놓치는 부분인 균열을 사랑의 법으로 통합하려고 했고, 바디우(Badiou)와 아감벤(Agamben) 역시 『사도바울』과 『남겨진 시간』에서 '로마의 법(正)'에 맞서는 '그리스도의 사랑 (反)'을 언급하였다. 시카고신학교 테드 제닝스(Jennings) 교수는 데리다의 해체론을 '법 밖의 정의 Outlaw Justice'[17]라 표현한 바 있다. 법의 정당성 또는 합법성, 계산 가능성, 결정 가능성이 선포되는 곳에서 '법을 넘어서는 사랑' 혹은 '법 밖의 정의'는 법의 테두리 안으로 편입되지 못하는 외부자, 민중, 호모 사케르, 이름이 지워진 사람들, 목소리가 들리지 않는 사람들에게는 복음과도 같은 메시지

---

16 Derrida, 'Force of law' in *Deconstruction and the possibility of Justice* (Routledge, 1992), 14.

17 Theodore Jennings, *Outlaw Justice: The Messianic Politcs of Paul* (California: Stanford University Press, 2013). 2020년 봄 타개한 시카고신학교(Chicago Theological Seminary) 테드 제닝스 교수는 예수의 메시아 운동을 재해석한 바울신학의 핵심을 "법 밖의 정의(Outlaw Justice)"라 지칭한 바 있다. 이 책은 한국에서 『무법적 정의: 바울의 메시아정치』(길, 2018)라는 제목으로 번역되었다.

다. 왜냐하면 그것들이 법의 무한성, 계산 불가능성, 결정 불가능성을 변호하고, 법의 예외 공간을 옹호하면서 법과는 대칭적이고, 이질적인 틈새를 선언하기 때문이다.

그렇다면 유령론으로 분단된 우리 사회를 리딩(Reading)한다는 것은 어떤 의미인가? 유령론은 안정적인 시스템과 체제의 교란을 도모하고, 이를 위해 현실에 개입하여 틈과 균열을 내는 것이다. 동시대 데리다와 함께 활동했던 들뢰즈와 바디우 같은 경우는 체계를 구축하려는 면이 있어 데리다와 대립적인 입장을 취했다. 그러나 데리다에게는 그런 욕망이 없었다. 데리다는 본인 특유의 특별한 체계나 방법론은 없었다고, 단지 문학-철학 사이를 서성거려 왔다고 고백한다. 이 말은 문학과 철학이라는 고유의 영역을 왕래하고 횡단하면서 그것들이 지녔던 고유한 현실에 딴지를 가했다는 말이다. 한마디로 데리다의 유령론은 현실에 개입하는 것이다. 현실(분단)은 'not-all', 즉 온전한 전체가 아니기 때문에 언제나 틈을 가진다. 그 틈이 현실(분단)에 저항하는 지점이고, 주체의 반격이 시작되는 지점이다. 그러므로 데리다식 리딩(Reading)은 유령론으로 현실(분단) 속의 틈과 균열을 읽어내는 것이 된다.

에필로그 : '균열된 주체($)'들을 위한 윤리학

지금까지 나는 48년 체제와 한국전쟁을 거치면서 탄생한 주체를 '균열된 주체($)'라 칭하고 그들이 지금껏 살아남을 수 있었던 동인을 윤리적으로는 책임의 원칙, 종교적으로는 대속의 신앙이라 말하였다. 그동안 우리는 오욕으로 점철된 역사의 터널을 빠져나오느라 뒤돌아보지 않고 앞을 향해 죽을힘을 다해 달려오기 바빴다. 상처와 수치와 죄의식을 느끼지 않으려고, 마치 밀린 방학 숙제를 개학 전날에 처리하듯이 지난 70년 동안 우리는 정신없이 앞만 보고 달렸다. 그럴 수 있었던 정신의 기재가 바로 윤리적으로 죄책감과 수치감을 없애기 위한 책임의식이었고, 종교적으로는 모든 것을 용서하고 화해하고 봉합하는 대속의 교리였던 것이다.

나는 그 방식에 문제를 제기하고 싶었다. 책임과 대속의 교리가 한국 현대사의 상처와 틈과 균열을 너무나 빠르게 일방적으로 메워 버리는 역할을 했던 것 아닌가. 충분한 복기와 애도와 이별의 시간을 거치지 않은 역사의 소거는 진실에 대한 망각의 과정이고, 정의에 대한 침묵일 뿐이다. 그렇다면 우리는 어떻게 다시 이 문제를 직시해야 할 것인가? 바라기는 들리지 않았던 트라우마들, 보이지 않았던 트라우마들, 소리쳤으나 우리의 귀가 막혀 못 들었던 트라우마들, 늘 거기 있었으나 우리가 외면했던 트라우마들, 그 모든 48년 체제로부터 시작되어 한국전쟁을 거치면서 지금까지 이어지고 있는 트라우마들이 다 피어나고 다 소진될 때까지, 적어도 누군가는 요동하지 않고 눈을 부릅뜨고 바라보고 감시하고 증언해야 되지 않나. 그 일을 자처하는 자가 바로 신자이고, 그것을 이루기 위한 사유와 상상이 바로 신학이며, 트라우마에 대한 거침없는 대면과 진솔한 치유가 진행되는 공간이 교회가 되기를 바라지만 안타깝게도 우리의 처지는 너무나 빈곤하다.

윤리학도로서 회고하면 그동안의 윤리는 상징계 속 대타자가 선사하는 욕망이고, 강요하는 도덕이었다. 그것이 48년 체제를 지나 한국전쟁을 거치면서 살아남은 '균열된 주체($)'들을 침묵하게 했고 체제에 순응하게 했다. 우리 사회를 지배하고 있는 관성의 법칙은 무수하다. 자본이 선사하는 탐욕과 쾌락의 법칙, 여전히 강력한 분단 반공 이데올로기, 뿌리 깊은 가부장제, 여성 혐오, 동성애 혐오, 외국인 혐오, 서열주의, 지역주의, 세대갈등 등이 그것이다. 이런 타자에 대한 배제와 혐오의 정치학과 윤리학이, 마치 우주를 지배하는 만유인력의 법칙처럼, '균열된 주체($)'들을 지배하였다.

하지만, 유령론에 입각해 '법 밖의 정의'를 향해 나가는 윤리는 그동안 우리를 지배했던 관성의 법칙을 거슬러 180도 다른 방향으로 틀어 '메타노이아(전향)'하게 한다. 유령의 윤리학은 법과 국가와 이데올로기, 그리고 자본과도 같은 대타자의 음성을 의심하고 법과 장치에 의해 묻혀 현실에서 도태된 타자의 목소리에 반응하면서 그들을 다시 이곳으로 초대한다. 또한 현실을 지배하는 쾌락의 원칙 너머에 있는 생명의 원칙을 향해 나가면서, 현재의 삶의 방식과 대결한다. 이런 원칙에 입각해 최종적으로 '균열된 주체($)'들을 위한 윤리학을 화폭에 담는다면, 그것은 매끈하게 균열 없이 완성되는 그림이 되어서는 안 될 것이다. 군데군데 도화지에 구멍이 뚫려있어 균열과 얼룩이 남아있는 그림이 되는 것, 하지만 그 균열과 얼룩이 파국(catastrophe)의 지형을 드러내는 중요한 단서가 되고, 그 균열과 파국으로 인해 진정한 파국(apocalypse)의 도래를 예감할 수 있는 것, 그리하여 오늘 이 땅에서 변혁을 꿈꾸는 사람들에게 다시금 환상을 제공하는 것이 새로운 윤리가 나아갈 방향이다.

결국, 48년 체제와 한국전쟁을 거치면서 형성된 '균열된 주체($)'들을 위한 오늘의 윤리학은 자본의 법칙과 이데올로기의 광기에 의해 구축된 전체성을 거부하고, 그것으로부터 배제되는 타자들을 환대하는 것이다. 그것은 구체적으로 비극적인 한국 현대사의 전개 과정에서 억울하게 죽어간 주검들을 다시 소환하여 하나하나의 사연을 읽어주면서 미완의 애도를 완성하는 것이고, 현재 진행 중인 극악한 자본의 광기로부터 지워진 존재들에 대한 관심과 배려이다. 그리고 각각의 차이를 차별로 몰아 혐오의 메커니즘을 획책하려는 시도에 대해 수직적 적대를 선언하면서, 우리 사회 타자로 정죄된 존재자들에 대한 무조건적 환대를 선언하는 것이다. 그것이 유령론의 윤리학이 '균열된 주체($)'들에게 제공하는 섬뜩한 진실이다.

역사적 트라우마와 모든 죽은 자를 위한 애도

정경일 (성공회대 신학연구원 연구교수)

1947년 봄
深夜
黃海道 海州의 바다
以南과 以北의 境界線 용당浦

사공은 조심 조심 노를 저어가고 있었다.
울음을 터뜨린 한 嬰兒를 삼킨 곳
스무 몇 해나 지나서도 누구나 그 水深을 모른다.

— 김종삼, 「民間人」

  그 밤바다에서 일어난 영아 살해에 연루된 이들은 법적 처벌을 받았을까? 아기가 바다에 던져지려 할 때 부모의 반응은 무엇이었을까? 그들은 후에라도 가해자의 도덕적 책임을 물었을까? 부모와 가해자의 관계는 무엇이었을까? 아니, 아기와 가해자의 관계는 무엇이었을까? 그리고 시인은 이 참혹한 이야기 속에서 누구인가? 그는 그때 그곳에서 무엇을 하고 있었을까?

  이 시에는 영아 살해 사건의 시간과 장소를 나타내는 구체적 단어와 표현이 있음에도 사건의 실체가 드러나지 않는다. 그래서 황현산은 시인이 "자세하게 말하는 듯하지만 실은 그것이 차마 자세하게 말하지 못할 정황을 생략하는 방법일 것으로 짐작된다."라고 한다.[1] 보이는 것은 "스무 몇 해나 지나서도" 어둠 속의 용당포를 응시하고 있는 황해도 은율 태생 시인의 두 눈동자뿐이다. 그의 시선에 서린 한(恨)은 분단과 전쟁이 한국인의 몸과 마음에 남긴 거대한 역사적 트라우마의 작은 한 조각이다.

아마도 그날 밤 아기를 죽이고 살아남은 사람들은 그것을 '있을 수 있는 일'이라고 여겼을 것이다. 있을 수 없는 일이, 있어서는 안 될 끔찍한 일이, 있을 수 있는 일이 되어버렸을 때 인간의 양심은 수심 모를 깊은 물 속으로 가라앉았다. 참담하게도, 아직 최악은 오지 않았다. 때는 1947년 봄, 한국전쟁이 발발하기 3년 전이었다.

그림자의 대물림 : 역사적 트라우마의 유전

도미니크 라카프라는 참혹한 사건은 피해자만이 아니라 "그 사건을 직간접적으로 접한 다른 모든 사람들—가해자, 부역자, 방관자, 저항자 그리고 후세의 사람들—에게도 다른 방식으로 영향을 미친다."[2]고 한다. 여기서 중요한 것은 가공할 죽음과 파괴를 경험하며 생긴 트라우마가 그것을 직접 겪지 않은 "후세의 사람들"에게도 영향을 미친다는 것이다. 그것이 역사적 트라우마다. 비슷한 맥

---

1 황현산, 「김종삼과 죽은 아이들」, 『잘 표현된 불행 : 황현산 비평집』 (서울: 문예중앙, 2012), 713.

2 도미니크 라카프라, 육영수 엮음, 『치유의 역사학으로 : 라카프라의 정신분석학적 역사학』 (서울: 푸른역사, 2008), 66.

락에서 정신과 의사 레이첼 예후다는 홀로코스트 생존자의 자녀 세대가 부모세대와 유사한 정도로 '외상 후 스트레스 장애 증상'(PTSD)을 보인다는 사실을 밝혀냈는데, 그의 연구 결과에서 주목해야 할 것은 자녀 세대의 트라우마가 부모에게 들은 이야기를 통해서가 아니라 유전을 통해 전달된다는 것이다. 이처럼 트라우마는 세대에서 세대로 생물학적으로도 유전될 만큼 강력하고 치명적이다.[3]

한국전쟁도 홀로코스트만큼이나 파괴적인 역사적 트라우마를 남겼다. 박명림이 강조한 것처럼 이념을 명분으로 "내전화한 국제전쟁"이었던 한국전쟁은 상대를 악마화하면서 절멸시키려는 양상을 띠었다.[4] 또한 한국전쟁은 동족상잔(同族相殘)이었다. 일제강점기에도 하나였던 민족이 두 개의 국가로 분단되면서 체제 간 전쟁을 벌여, 남한에서는 약 50만 이상의 군인과 민간인이 죽었고 북한에서는 약 250만의 군인과 민간인이 죽었다.[5] 더 참혹한 것은, 한국전쟁이 같은 마을의 민간인 이웃끼리, 심지어 친족과 가족끼리 서로 증오하고 죽인 "작은 전쟁들"의 총칭이라는 사실이다.[6] 마을에서의 전쟁들을 들여다본 박찬승이 무겁게 묻는다.

---

3 마크 월린, 정지인 옮김, 『트라우마는 어떻게 유전되는가』(서울: 심심, 2016), 45-46.

4 박명림, 「동아시아는 아직 냉전중」, 강상중 외, 『동아시아와의 인터뷰 : 공존의 길을 묻다』(서울: 서해문집, 2013), 33.

5 전광희, 「한국전쟁과 남북한 인구의 변화」, 한국사회학회 엮음, 『한국전쟁과 사회변동』(서울: 풀빛, 1992), 67. 김동춘, 『전쟁과 사회 : 우리에게 한국전쟁은 무엇이었나?』(서울: 돌베개, 2006), 390, 재인용.

6 박찬승, 『마을로 간 한국전쟁 : 한국전쟁기 마을에서 벌어진 작은 전쟁들』(서울: 돌베개, 2010), 11.

내가 마을에서 만나본 한국전쟁은 이런 것이었다. 전쟁은 끝났지만, 전쟁의 어두운 그림자는 아직도 마을에 짙게 드리워져 있었다. 마을에서 벌어진 좌우익 간의 학살은 불과 두세 달 동안 벌어진 일이었다. 하지만 그때 있었던 일은 60년이 다 되도록 마을을 붙잡아두고 있다. 이들 마을은 전쟁의 그림자로부터 언제쯤 벗어날 수 있을까. 전쟁을 겪은 당사자들이 세상을 뜨면 그 그림자로부터 벗어날 수 있을까. 혹시 그 그림자가 대물림되지는 않을까.[7]

이 "민간인" 사이의 상호 학살과 그로 인한 그림자의 "대물림"은 "일흔 몇 해나 지나서도" 우리가 고통스럽게 응시해야 할 역사적 트라우마의 가장 깊은 "수심"이다.

내가 한국전쟁이 남긴 역사적 트라우마의 유전을 더 깊이 들여다보게 된 계기는 2014년 4월 16일에 일어난 세월호 참사였다. 그 고통의 봄날 이후 지금껏 나를 괴롭히고 있는 물음은 "국가가 국민을 구조하지 않은 사건"(박민규)으로 자식을 잃은 유가족이 왜 대중의 공감과 지지만이 아니라 모욕과 혐오도 받았는가. 정신과 의사 정혜신이 세월호 참사가 한국인에게 "한국전쟁과 맞먹는 상흔을 남길 것"[8]이라고 했을 때, 나는 그 말을 세월호 참사의 충격이 전쟁의 참상만큼이나 끔찍하다는 비유로 이해했다. 하지만 공감과 연

---

7 같은 책, 8.

8 이명수, 「슬픔 속으로 뛰어드세요」, 한겨레21(1009호), 2014년 4월 28일, http://h21.hani.co.kr/arti/cover/cover_general/36944.html

민의 짧은 봄이 지나가고 그해 여름부터 시작된 정부, 여당, 언론, 교회, 우익 집단의 전 방위적 유가족 혐오와 공격을 고통스럽게 목격하면서, 자식 잃은 부모와 그들의 아픔에 동참하는 시민을 "빨갱이"로 몰아붙이는 이들의 성난 얼굴을 바라보면서, 정혜신의 통찰을 세월호 이후의 사회적 상황이 전쟁의 상황과 같다는 것으로 이해할 수도 있음을 알아차렸다. 우리 안의 타자인 사회적 약자, 소수자, 희생자에 대한 공격은 생존주의, 경쟁주의, 물질주의에 사로잡힌 이들의 비인간적 반응인데, 그러한 비인간성이 가장 노골적으로 드러나는 때가 바로 전쟁이기 때문이다.

물론 생명보다 이윤을 추구하는 신자유주의의 적폐가 세월호 참사의 직접적 원인이었다고 볼 수도 있다. 하지만 신자유주의의 원리와 규율을 "IMF 모범생"으로 불리면서까지 그토록 순순히 또 신속하게 받아들인 것은 그 이전부터 오랫동안 우리 사회와 마음에 두려움과 공포의 덩어리로 박혀 있던 역사적 트라우마와 무관하지 않아 보인다. 즉 전쟁의 경험으로 인한 트라우마가 남 생각하기보다는 자기 살길부터 찾아야 하고, 홀로 생존하려면 언제 어디서나 소용되는 물질을 소유해야 하고, 그것을 위해서는 남과 경쟁하거나 남의 곤경을 모른 척해야 한다는 인식을 한국인에게 내면화시켰고, 그것이 "한국전쟁과 맞먹는 상흔"의 세월호 참사 앞에서도 우리의 공감 능력을 마비시켰던 것이 아닐까?

박명림은 "최고수준의 폭력이 강제한 생사 투쟁, 완승완패 추구의 전쟁체험은 남과 북 각각에게 전체 우선주의와 함께, 타협과 공존의 사회질서 및 사유체계를 제거하였다."라고 한다. 이를 그는

"전쟁 속의 삶에서 전쟁 같은 삶으로[의] 전이"로 표현한다.[9] '전쟁이 일상'이었던 세대의 트라우마가 '일상이 전쟁'인 전후 세대의 트라우마로 전이 또는 유전되었다는 것이다. 그렇기에 오늘의 전쟁 같은 삶을 이해하고 변화시키기 위해서는 어제의 한국전쟁이 남긴 트라우마를 돌아봐야 하는 것이다.

20세기의 '지옥'과 21세기의 'Hell-朝鮮'

토머스 머튼은 1948년에 출판한 『명상의 씨』에서 "현대 국가들의 사회정치사를 이해하려면 지옥을 연구하라"고 했다.[10] 1차 세계대전과 2차 세계대전을 겪은 그에게 20세기 초중반은 지옥과 같은 극단적 폭력의 시대였다는 것이다. 하지만 머튼이 1950년부터 53년까지 전개된 한국전쟁에 대해 더 깊이 알았다면, 그는 "지옥을 이해하려면 한국전쟁을 연구하라"고 덧붙이지 않았을까? 이는 결코 과장이 아니다. 빨치산 토벌대 9연대 연락장교로서 전쟁을 직접 경험한 리영희는 "단테나 석가나 예수가 1951년 초겨울의 참상을 보았더라면 그들의 지옥을 차라리 천국이라고 수정했을지도 모를 일이다."라고 탄식했다.[11] 종교가 상상하는 지옥을 천국으로 여기게

---

9 박명림, 「박명림의 한국전쟁 깊이 읽기 ② 한국전쟁은 도대체 무엇을 남겼는가?」, 한겨레신문, 2013년 7월 1일, http://www.hani.co.kr/arti/politics/defense/ 594018.html

10 토머스 머튼, 조철웅 옮김, 『명상의 씨』 (서울: 가톨릭출판사 : 1988), 60.

11 김경현, 「'골'로 간 사람들의 또 다른 역사」, 한국구술사학회 편, 『구술사로 읽는 한국전쟁』 (서울: Humanist, 2011), 136, 재인용.

할 만큼 한국전쟁은 잔인하고 참혹했다는 것이다.

그런데 이러한 지옥 같은 한반도의 트라우마 발생 장소가 '전선'만이 아니라 '마을'이었다는 사실이 중요하다. 앞에서 언급한 것처럼 한국전쟁의 특징 중 하나는 전방의 전선에서 대결하는 군인들만이 아니라 후방 마을의 민간인들 사이에서도 상호 충돌과 학살이 발생한 내전이었다는 것이다. 이 마을의 "작은 전쟁들"에서는 가해자와 피해자가 일방적으로 나뉘지 않았다. 전쟁 속의 사람들은 서로에게 가해자였고 피해자였다. 민간인을 위한 안전지대나 중립지대는 없었다. 한국전쟁 당시의 한반도 전역(全域)이 지옥 같은 전역(戰域)이었던 것이다. 한국전쟁의 거시사적―국제적, 지정학적―연구와 함께 마을 단위 전쟁의 미시사적 연구가 필요하고 중요한 이유가 여기에 있다.

마을에서의 학살은 대부분 알고 지내던 사람들 사이에서 그리고 대면 거리에서 자행되었다는 점에서 더 잔혹하다. 평범한 마을 사람들을 잔인한 가해자로 둔갑시킨 것은 무엇이었을까? 박찬승은 마을에서 일어난 민간인 학살은 전쟁 이전부터 축적되어온 다양한 갈등―신분·계급 간, 친족·마을 간, 종교와 이념 간―이 "국가권력의 마을 개입"으로 폭력화되면서 발생한 내전의 형태였다고 한다.[12] 국가권력에 조종당한 가해자들은 그들이 죽이는 '것'은 인간이 아니라 '빨갱이'와 '반동'이라고 믿었다. 물론, 사람이 사람을 죽이는 것은 결코 쉬운 일이 아니었을 것이다. 1954년 5월, 전쟁이 멈춘 지 불과 1년 만에 출판된 황순원의 『카인의 후예』는 국가권력이 어떻

---

12 박찬승, 앞의 책, 25-52.

게 폭력을 부추기는지를 신랄하게 묘사한다. 도농민위원회에서 나온 '캡 쓴 사내'가 '개털오바청년'에게 말한다. "동무, 창의성을 발휘하시오." 그리고 '반동 지주'들을 죽이러 갈 때 "이 부락 저 부락 사람을 반반씩 섞어서" 보내라고 알려준다.[13] "작은 전쟁들"의 현실은 소설보다 훨씬 더 창의적이고 그래서 더 참혹했다. 서로의 개인사를 잘 알고 있었기에 같은 마을 사람들이 더 적극적인 고발자가 되고 살인자가 되었던 것이다.

한국전쟁 당시 마을에서 일어난 민간인 사이의 학살을 기억해야 하는 이유는 그것이 전쟁세대만이 아니라 전후 세대의 삶에도 지속적으로 부정적 영향을 미쳤기 때문이다. 한국전쟁 체험담 연구를 해온 신동흔은 "전쟁체험을 통해 의미화하고 내면화한 현실 인식들이 전후 한국사회를 움직여온 일종의 '시대정신' 구실을 했다"고 주장한다.[14] 그가 전쟁 체험자들의 구술 작업을 토대로 분류하여 분석한 전쟁 시기의 현실 인식이란 "내가 살고 봐야 한다", "어떻게든 힘을 기르고 '빽'을 가져서 억울함을 겪지 말아야 한다", "사람은 언제 돌변할지 모르니 아는 사람일수록 더 조심해야 한다"는 것 등이다. 신동흔은 이처럼 전쟁 과정에서 "체화된 신념"은 "'세상을 산다는 일이 하나의 전쟁과 같은 일'이라고 하는 인식을 내면화시켰다"고 분석한다.[15] 한동안 'Hell-조선'으로 불렸던 한국사회에서 항상 위력을 떨치고 있는 각자도생의 개인주의, 경쟁적 생존주의,

13 황석영, 「카인의 후예」, 『황순원 전집』 6 (서울: 문학과지성사, 1990), 253.
14 신동흔, 「한국전쟁 체험의 구술과 세계관적 의미화 양상」, 신동흔 외, 『한국전쟁 체험담 연구』 (서울: 박이정, 2016), 34.
15 같은 글, 33.

상호불신과 같은 사회적 병리 현상은 한국전쟁의 집단적 지옥 경험에서 나온 현실 인식과 거울처럼 겹쳐 보인다.

'아벨'의 자기부정과 자기분열

마을에서의 전쟁과 관련하여 우리가 특히 관심 갖고 주목해야 할 것은 피해자의 전쟁체험이다. 앞에서 언급한 것처럼, 전쟁 당시의 남과 북은 서로에게 가해자면서 피해자였다. 그때의 우리는 '카인'이면서 '아벨'이었던 것이다. 하지만 한국전쟁은 남과 북 어느 쪽도 승리하지 못한 전쟁으로 남았고, 정전 후의 남과 북은 전쟁 시기의 적대적 관계를 지속적으로 확대재생산하고 이념화함으로써 유지·강화되었다. 그 결과 전쟁 당사자들의 '가해자성'은 부정되고 오직 '피해자성'만 부각되었다. 이는 역설적으로 국가폭력에 희생당한 이들의 피해를 부정하고 억압하는 원인이 되었다.

죽은 자는 말이 없다. 살아남은 자만이 말할 수 있다. 하지만 정전 이후 남한의 민간인 학살 피해자 가족은 말할 수 없었다. 그들은 전쟁 당시는 물론이고 이후에도 '빨갱이'로 낙인찍혔기 때문에, 국군이나 우파 민간인에게 입은 피해 사실을 밝히는 것은 자신이 '빨갱이'였음을 자인하는 셈이 되고 말았다. 즉 '증인'이 되는 것은 '죄인'이 되는 것이나 마찬가지였기에 피해자들은 자신들의 피해 사실을 숨겼다. 심지어 피해자들은 스스로를 보호하기 위해 가해자의 신념을 내면화하기까지 했다. 4.3 사건에서 살아남은 제주 청년들이 국군에 자원입대하고 영남의 피학살자 가족이 반공 정치세력을 지지해온 것도 그 때문이다. 하지만 침묵과 자기부정의 대가로 얻는 것은 생존일 뿐 삶이 아니었다. 치유되지 못한 전쟁 트라우마는 피해자들에게 더욱 깊은 상처와 원한으로 내면화되었다.

물론, 전쟁 후에 피해자들이 자신들의 전쟁체험을 공공연히 밝힌 때도 있었다. 그것은 1960년 4.19혁명 이후 일 년 동안의 정치적 격변기 때였다. 이는 이승만 정권의 붕괴와 관련이 있다. 아이러니하게도 "빨갱이들에게 죽음을!"이라는 살벌한 구호가 한국사회에서 처음으로 공공연하게 발화된 시점은 1947년 '4월 27일' 이승만 환영집회때였다.[16] 이미 전쟁 전부터 '빨갱이'를 억압하고 학살하면서 권력을 형성한 이승만 정권은 전쟁 후에도 반공을 국시(國是)로 내걸었다. 그런 이승만 정권이 민중의 저항으로 무너지자 세상이 바뀌었다고 생각한 민간인 학살 피해자 유족은 정전 후 7년 만에 진상규명을 요구하며 전국적 시위를 벌였다.

사나운 바람이 이 마음을 쏘고 / 외치는 분노의 피 물결치면서 [……] 가자, 대열아. 피를 마시고 자라난 / 우리는 피학살자의 아들딸이다. [……] 우리는 피학살자의 아내들이다.

대구 경북지역 피학살자 유가족의 회가(會歌) 〈맹서하는 깃발〉의 가사가 보여주듯, 이 시기의 유족은 그들의 피해 사실을 공공연하

16 정운현, 「정운현의 역사 에세이 39 – 해방 이후 반백 년 넘게 '저주의 낙인」, 오마이뉴스, 2012년 6월 23일, http://www.ohmynews.com/NWS_Web/View/at_pg.aspx?CNTN_CD=A0001746360

고 격렬하게 드러냈다.[17] 심지어 전쟁 당시 거창 지역에서 민간인 학살을 주도한 면장을 성난 희생자 유족이 살해한 것처럼 보복 폭력의 양상을 띠는 경우조차 있었다.[18]

하지만 세상은 너무나 빨리 다시 바뀌었다. 4.19혁명 후 불과 1년 만에 쿠데타로 정권을 찬탈한 박정희 군부 세력은 반공을 국시의 제일의(第一義)로 재천명했고, 즉각적으로 민간인 학살 피해자 유족을 좌익으로 낙인찍고 연좌제로 묶어 탄압했다. 이런 정치적 격변의 경험은 피해자 유족에게 또 한 번의 부정적 현실 인식을 갖게 했다. 그것은 한국사회에서는 '빨갱이'는 죽임당해도 호소할 수도 항의할 수도 없는 '죄인'이라는 것이었다. 2005년 출범한 〈진실·화해를 위한 과거사정리위원회〉가 조사 신청을 받았을 때 그 건수가 약 1만 건으로 '100만 학살' 피해자 유족의 극히 일부에 불과했던 것도 국가가 저지른 '2차 학살', 즉 사회적 학살의 트라우마와 관련이 있을 것이다.

더 비극적인 것은, 국가폭력이 학살 피해자의 자기부정만이 아니라 자기분열도 강요했다는 사실이다. 김동춘은 "부모나 형이 실제로 좌익 활동을 했다가 학살당한 사람들은 아예 유족 모임에 나타나지 않는 경우도 있었고, 설사 나타나더라도 자신을 **순수한 양민**이라고 생각하는 유족들에게 따돌림당하는 경우가 많았다"고 회고한다. 그 한 예는 좌익 혐의가 있다고 규정당해온 〈국민보도연맹〉 피해자 유족을 배제하려고 했던 것이다.[19] 이와 같은 피

---

17 김동춘, 『이것은 기억과의 전쟁이다』 (서울: 사계절, 2013), 70.
18 같은 책, 69.
19 같은 책, 83. (강조는 필자)

해자의 자기부정과 자기분열은 민간인 피학살자들에 대한 국가폭력이 얼마나 집요하고 잔인했는지를 보여주는 역사적 상흔이며 증거이다.

역사적 트라우마는 라카프라가 강조한 것처럼 피해자만이 아니라 '가해자'의 몸과 마음에도 상흔으로 남는다. 그 이유가 무엇이든 인간이 인간을 죽였다는 것은 가해자와 피해자 모두에게 결코 잊힐 수 없는 극단적 사건이기 때문이다. 특히 한 마을에서 발생한 민간인 간 학살은 한국인의 집단영혼에 커다란 트라우마를 남겼다. 게다가 전쟁으로 인한 분단 고착화에 따라 지정학적으로 사실상 '섬나라'가 되어버린 남한에서 가해자와 피해자는 계속해서 한 마을, 한 도시에서 함께 살아야 했다. 고립된 '섬'에서 화해와 치유 없이 공존하는 것은 가해자와 피해자 모두에게 맨정신으로는 견딜 수 없는 끔찍한 일이었다. 그래서 가해자는 인간이 아닌 '빨갱이'를 죽였을 뿐이라며 죄의식을 지워버렸고, 피해자는 생존을 위해 가해자의 신념을 내면화한 채 수치심 속에 수십 년을 살아왔다. 어두운 동굴 속에, 깊은 골짜기 속에, 비행장 활주로 밑에 묻혀 있던 아벨의 피가 울부짖는 소리가 우리 사회에 들리기 시작한 것은 최근의 일이다.

트라우마 너머로 가기 위한 신학의 나침반 : 어느 정치학자의 기도

70여 년 동안 역사적 트라우마와 함께 고통스럽게 지속되어온 48년 체제는 시간적으로는 셸리 램보가 역설한 "수난과 부활 사이의 날인 성 토요일(Holy Saturday)"[20]일 것이고 공간적으로는 한스 우르스 폰 발타사르가 응시한 "지옥의 심연"[21]일 것이다. 램보는 "인간의 고통과 그 고통이 지속되는 상태"에서, "심연에서 들려오는 울부짖음" 앞에서 묻는다. "우리가 이런 울부짖음을 목격하고 증언할 수 있을까?"[22] 두렵고 고통스러운 일이지만, 그 울부짖음을 목격하고 증언하는 것이야말로 트라우마의 땅 한반도에서 정치적 평화를 넘어 사람의 평화, 하느님의 평화를 상상하고 예언하는 신학의 출발점일 것이다.

신학은 죽임당한 아벨의 울부짖음을 듣고 응답해야 한다. 그의 증인이 되고 그의 목소리의 메아리가 되어야 한다. 월터 브루그만은 예언자적 상상력의 과제 중 하나로 "지금까지 오랫동안 부인되고 철저하게 억눌려 와서 있는지조차 몰랐던 바로 그 두려움과 공포를 공개적으로 표현하는 것"이라고 했다.[23] 이 시대 평화를 외치는 예언자적 신학의 소명은 전쟁세대와 전후 세대가 공유하는 두려움과 공포의 역사적 트라우마를 공개적으로 표현하고, 국가폭력의 희생자를 기억하고 애도하는 것이다.

이 기억과 애도에는 남과 북, 좌와 우의 차별은 있을 수 없지만, 그렇다고 해서 가해자와 피해자 사이에서 중립을 지키는 것은 아니다. 주디스 허먼이 강조한 것처럼 "피해자와 가해자의 충돌에서 도

20 셸리 램보, 박시형 옮김, 『성령과 트라우마 : 죽음과 삶 사이, 성토요일의 성령론』 (서울: 한국기독교연구소, 2019), 107.

21 같은 책, 164.

22 같은 책, 352.

23 월터 브루그만, 김기철 옮김, 『예언자적 상상력』 (서울: 복있는사람, 2009), 107.

덕적인 중립이란 선택 사항이 아"니기 때문이다.[24] 예언자적 신학은 모든 피해자의 편에 선다. 남과 북의 국가권력에 의해 비인간으로 죽임당한 모든 인간, 여성과 아이와 젊은이와 노인의 편에 선다. 그것은 모든 죽은 자의 혼을 부르는 것이다.

정신과 의사 노먼 도이지는 "심리치료는 유령을 조상으로 바꾸는 일"[25]이라고 했다. 역사적 트라우마의 치유는 용당포와 여수와 순천과 제주와 거창과 노근리와 신천에서, 한반도 전역의 무수한 마을에서 억울하게 죽임당한 모든 사람들의 유령을 찾아 애도하는 것에서 시작한다. 그들이 '빨갱이'나 '반동'이 아니라 "순수한 양민"이었기 때문에 이제는 애도할 수 있는 것이 아니라 그들 모두가 '인간'이었기 때문에 애도해야 한다. 그럴 때 그들은 유령에서 조상으로 바뀌게 되고, 그래야 그들의 죽음은 헛된 것이 아니게 된다. 여기서 애도는 정치적 기억을 넘어 종교적 기도로 나아간다.

한국전쟁을 연구하면서 그리스도인이 되었다는[26] 정치학자 박명림은 "한국전쟁 연구는 집단죽음에 대한 대속(代贖), 영혼의 안식을 위한 레퀴엠(requiem)의 의미를 가져야" 하며 "한 사람의 (삶과) 죽음도 애도할 수 없다면 이 연구는 아무런 존재의미를 갖지 못한다"고 한다. 그러면서 "인간의 집단죽음을 포함하는 전쟁과 혁명 등을 연구하는 자세는 약간은 종교적일 필요가 있지 않을까 생각해본다"

24 주디스 허먼, 최현정옮김 『트라우마 : 가정폭력에서 정치적 테러까지』 (서울: 플래닛, 2007), 404.

25 월린, 앞의 책, 88.

26 박명림, 「전쟁에서 평화로, 다시 생명과 인간으로」, 『한국사 시민강좌』 38(2006), 279.

고 한다.[27] 더 나아가 그는 이렇게까지 고백한다.

　　필자는 이 연구를 진행하며 끝없는 죽임과 시체로 인해 밤이면 자주 가위눌려 헛소리와 땀으로 범벅된 채 잠 못 이루며 집필을 중단하곤 하였다가, 자신도 모르게 종교적이 되어가고, 끝내 하나님 앞에 무릎 꿇어 죽은 영혼을 위해 간절히 기도하는 변화된 모습을 깨달을 수 있었다.[28]

'정치학자'인 그의 고백 앞에 '신학자'인 나는 부끄러움과 통증을 느낀다. "지옥의 심연"에서 계속되고 있는 역사적 트라우마를 이제야 연구하기 시작하면서 나는 그처럼 아파하며 괴로워하는가, 아벨이 흘린 피의 울부짖음을 목격하고 증언하려고 하면서 나는 그처럼 종교적인가, 묻지 않을 수 없기 때문이다. 그리고 이 부끄러움과 통증이 한국전쟁에서 죽은 모든 조상을 애도하고 역사적 트라우마를 치유하기 위한 신학적 통합서사를 찾아가는 길에 나침반이 되어줄 거라고 믿는다. 그 믿음으로, 두려움과 슬픔에 몸을 떠는 것처럼 흔들리며 남과 북을 가리키고 있는 나침반의 가녀린 바늘을 응시하며, 성토요일, 고통과 불면의 어둠 속으로 한 걸음 들어간다.

---

27 박명림, 『한국 1950 : 전쟁과 평화』 (서울: 나남출판, 2002), 7-9.
28 같은 책, 9.

미국이 잊어버린 전쟁(Forgotten War)에 대한 기억 : 한국전쟁과 트랜스내셔널 트라우마(Transnational Trauma)

배근주 (Denison University)

여는 말

한국전쟁 발발 60주년을 기념하여 2010년 미국의 공영 방송국 PBS에서 〈잊을 수 없는 한국전쟁(Unforgettable The Korean War)〉이라는 다큐멘터리를 방영했다. 이 다큐멘터리는 일반 시민으로 노년의 삶을 보내고 있던 한국전쟁 참전 군인들의 인터뷰로 이루어져 있다. 자신들의 기억을 설명할 적절한 언어를 찾지 못해 힘들어하는 참전 군인들의 모습을 〈잊을 수 없는 한국전쟁〉은 담담히 보여준다. 빌리라는 참전 군인도 그중 하나다. 빌리는 한국전쟁 중 가장 치열했던 전투 중 하나인 장진호 전투에서 살아남은 소수의 미군 중 하나였다.[1] 살아남은 것에 대한 죄책감과 뼈를 얼려버릴 정도로 추웠던 한국의 겨울에 대한 기억을 가슴에 묻고, 기차역에서 터덜터덜 걸어 집으로 향하던 빌리를 발견한 이웃이 말을 건넸다. "빌리, 어디 다녀오는 거니? 한동안 보이지 않더라." "한국에요." "한국? 거기가 어딘데? 뭘 하고 왔니?" "전쟁에 다녀왔어요." "그래? 집에 잘 왔구

---

[1] 장진호 전투는 미국에서 중국식 발음인 Battle of Chosin Reservoir로 알려져 있다. 이 밖에도 북한의 많은 전투 지역, 지명 등이 중국어 발음을 따르고 있다 (예: 압록강 = 얄루 리버 Yalu River)

나." 마치 옆 동네에 놀러 다녀온 것처럼 자신을 대하는 이웃으로 인해, 빌리는 집에 오자마자 오열했지만, 전쟁에서 돌아온 다음 날부터, 아무렇지 않게 직장을 구하러 다녀야 했다. 빌리는 자신이 겪은 한국전쟁에 대해 침묵했다. 그에겐 당장 먹고사는 일이 중요했고, 미국에서는 어느누구도 한국전쟁을 기억하고 있지 않았기 때문이다. 그의 깊은 슬픔, 참혹한 전쟁에 대한 기억과 트라우마를 들어주고, 이해해 줄 사람이 빌리의 주변에 없었다.[2]

'잊힌 전쟁'. 한국전쟁은 미국의 전쟁이었음에도 불구하고, 미국에서는 '잊힌 전쟁'으로 불린다. PBS 다큐멘터리는 이 '잊어버림'을 부정하고, 조직적으로 한국전쟁을 잊어버리려고 하는 미국 사회에게 '결코 잊을 수 없는 전쟁'이 한국전쟁이라고 외치고 있다. 잊힌 전쟁으로 규정되어질 때, 한국전쟁은 미국의 역사적 기억에서 사라지고, 그 전쟁에 참전한 수많은 군인들과 전쟁의 피비린내를 맡은 사람들의 기억 또한 침묵의 벽에 갇히게 된다. 피와 죽음, 고통과 절망, 학살과 전쟁이 남긴 육체적, 정신적 장애의 흔적 모두를 사회 구성원 모두가 마치 보이지 않는 유령처럼 대하는 것이다. 재미한인 학자인 그레이스 조(Grace Cho)는 전쟁의 유령을 끊임없이 불러내고, 존재하게 하는 밑거름이 바로, 트라우마를 남긴 잔혹한 폭력에 대한 의도적인 잊어버림과 침묵이라고 주장한다. 그녀에게 있어, 한국전쟁은 미국의 한인사회를 떠도는 유령의 시작점이고, 이 유령은 미군이 한국전쟁 동안 저지른 민간인 학살, 한국인들을 향한 지독한 인종차별과 증오심, 공산주의에 대한 비이성적인 적개심, 그리고

---

2 *Unforgettable: The Korean War*, 감독 Tom Kleespie, PBS (2010)

여성들에게 행한 성폭력 등을 통해 잉태되었다.[3] 전쟁 후 한국 땅에 반영구적으로 주둔하게 된 미군과 그들을 둘러싼 기지촌과 그 기지촌의 양공주들이 한국전쟁의 유령을 한국 땅에서 체화한 존재들이라면, 미국의 한인사회는 한국과 미국을 넘나드는 전쟁의 유령을 품고 성장한 공동체다. 특히 미군과 결혼한 기지촌 여성들, 주한 미군과 결혼한 평범한 한인 여성들, 미군과 한국 여성들 사이에서 태어난 자녀들, 미국 가정에 입양된 한인 아동들은 조용히 그러나 끊임없이 '미군들이 한국에 와서 전쟁을 했기 때문에 우리가 여기에 있다'라는 사실을 상기시키는 유령을 하나씩 거느리고 있다. 결국, 미국은 그들의 전쟁이었던 한국전쟁을 잊으려 하면 할수록 그 전쟁의 유령과 여기저기서 조우하게 되는 것이다.

그러나 유령을 마주하는 것, 잊힌 전쟁을 기억하는 것은 고통스러운 일이다. 특히 주류사회가 그 전쟁을 잊으려고 하거나 전쟁에 대한 기억을 선택적으로 취할 때, 그 고통은 배가 된다. 그럼에도 불구하고, 나는 한국전쟁이 다양한 시각에서 기억되어야 하는 이유와 어떻게 기억해야 하는가 하는 "기억의 윤리"를 이 글에서 다루려 한다. 기억의 윤리를 위해 전쟁의 본성인 네크로폴리틱스(necropolitics)와 전쟁의 결과인 트랜스내셔널 트라우마(transnational trauma)라는 두 개념을 사용하여 한국전쟁이 왜 미국의 잊힌 전쟁이 되었는지를 분석한다. 즉, '무엇을 그리고 왜 잊어버려야 했나'가 분석을 위한 핵심 질문이 된다. 이 분석을 바탕으로 전쟁의 트라우마

---

3 Grace M. Cho, *Haunting the Korean Diaspora: Shame, Secrecy, and the Forgotten War* (University of Minnesota Press, 2008), 16-21.

를 치유하면서, 지속가능한 정의로운 평화체제를 이루기 위한 노력을 그리스도교 윤리적 관점에서 모색한다.

네크로폴리틱스와 한국전쟁이 남긴 트라우마

한국전쟁이 현재진행형인 이유는 아직 전쟁이 끝나지 않았다는 단순한 사실 때문만이 아니라, 이 전쟁이 아직도 한민족의 정신세계에 깊이 뿌리 박혀 있고, 전쟁의 유령들이 한인들이 사는 곳 어디에나 존재해 있기 때문이다. 국경과 세대를 초월하여 존재하는 현재진행형의 트라우마는 "세대 간 트라우마(intergenerational trauma) 또는 세대를 넘나드는 유령(intergenerational haunting)", "트라우마의 디아스포라(diasporic trauma)", "트랜스내셔널 트라우마(transnational trauma)"라는 개념들로 접근해 볼 수 있다. 이 개념들은 대학살, 전쟁 중 일어나는 조직적 성폭력과 같은 잔혹한 폭력을 경험한 사람들의 트라우마가 그들의 세대에서 끝나는 것이 아니라, 그 후의 세대들과 그 전쟁에 직간접적으로 관여한 구성원들 전부가 시대와 국경을 초월하여 전쟁과 관련된 트라우마를 경험함을 설명한다. 가장 단순하게는 전쟁 후 외상장애에 시달리는 부모가 양육한 아이들이 부모의 트라우마 증상에 영향을 받게 된다거나, 전쟁을 겪은 생존자들 밑에서 성장한 자녀들이 부모가 느끼는 공포와 트라우마를 통해 전쟁을 경험하게 되는 경우들을 생각해 볼 수 있다. 이것은 세대 간 트라우마 또는 세대를 넘나드는 유령의 모습이다. 여기서 "유령"이란 실체가 없는 것 같지만, 무엇인가 사람들의 기억과 감정 속에 이야기나 전설처럼 살아남아, 계속해서 우리를 불편하게 하고, 감정의 기복을 가져오는 사건, 존재 등을 종합적으로 지칭한다.

구조적 차원에서 본다면, 홀로코스트에서 살아남은 유대인들이나, 북아메리카 대륙에서 300년 동안 백인들의 노예로 살아온 흑인들의 후손, 유럽인들의 집단학살에서 살아남은 아메리카 원주민들과 그들의 후손들이 겪는 트라우마를 생각해 볼 수 있다. 나치의 유대인 대학살은 2차 대전을 겪은 유대인들뿐만 아니라 전후 세대를 거쳐 지금까지, 그리고 전 세계에 흩어진 유대인들에게 트라우마를 남겼다. 노예제도에서 해방된 지 오랜 시간이 흘렀지만, 미국의 흑인들은 여전히 구조적인 인종차별 속에 살아가고 있고, 이는 흑인들이 일상에서 죽음을 경험하는 노예제도를 지속적으로 기억하게 되는 유령을 만들어내었다. 종족 전멸의 순간까지 경험한 아메리카 원주민들의 트라우마도 흑인들의 세대 간 트라우마와 비교될 수 있다. 식민지 시대에 자행된 일제의 만행과 한국전쟁 역시, 전후 세대와 전 세계에 흩어진 한민족 모두에게 정도의 차이는 있어도 트라우마를 남겼다. 이 트라우마는 세대를 거듭하면서, 발작, 플래쉬 백(flash back)과 같은 병리적 증상으로 나타나기보다는, 부정의한 사회구조에 대한 분노, 억압받고 있는 상황에서 개인이 느끼는 무력감과 우울감, 과거에 일어났던 전쟁과 같은 조직적 폭력이 현재의 나와 우리에게도 일어날 수 있다는 공포감, 현재의 부정의에 대한 기시감 등으로 나타난다. 그러므로 트랜스내셔널 트라우마는 트라우마를 병리학적 관점에서 접근하는 것이 아니라, '한'의 개념과 유사한 것으로 보면서, 어떻게 트라우마를 사회와 개인의 치유를 위한

원동력으로 사용할 수 있는가에 대한 고민이다.[4]

트라우마가 한국 사회와 개인의 아픔을 극복하기 위한 역할을 하기 위해서는, 트라우마의 근원을 분석하고, 이것의 자양분인 침묵을 깨는 과정이 반드시 필요하다. 나는 한국전쟁이 남긴 트라우마의 근본이 국가 주권이 국민들에게 행한 죽음과 폭력, 네크로폴리틱스(necropolitics)에 있다고 본다. 네크로폴리틱스는 아프리카의 탈식민주의 지식인 아쉴 음벰베(Achille Mbembe)가 미셸 푸코의 바이오폴리틱스(bio-politics)를 발전시킨 개념으로, 그 용어 자체가 보여주듯 '죽음의 정치'를 뜻한다.[5] 달리 말하면 주권을 가진 국가 또는 그런 존재가 적이든 자국민이든 누군가를 죽일 수 권리를 통해 스스로의 힘을 증명한다는 주장이다. 근대국가는 푸코가 생각한 것처럼 국민을 보호하며 그 힘을 확장한 것이 아니라, 누군가를 죽일 수 있는 권리(right to kill)를 통해 그 존재를 증명해왔다.[6] 전쟁은 주

---

4 미국에서는 세대 간 트라우마(intergenerational trauma)에 대한 연구가 유색인종 학자들을 중심으로 여성학, 비판적 민족 연구(critical ethnic studies), 영문학, 성서학, 종교학, 심리학 등등 다양한 학문 분야에서 전개되고 있다. 예를 들어 영문학자이자 문화이론학인 크리스티나 샤피(Christina Sharpe)의 "각성(wake) 작업"은 대서양을 가로질러 아프리카에서 북아메리카 대륙으로 향하던 노예선에서 죽어 나가는 동료들을 바라보던 흑인 노예들의 억압된 기억에서 출발한다. 이 기억의 각성을 통해, 현재 흑인들이 젊은 나이에 죽음을 맞이하는 당연하지 않은 일이 백인중심주의 미국에서 얼마나 오랫동안 당연한 것으로 여겨졌는지를 비판적으로 바라볼 수 있다. Christina Sharpe, *In the Wake: On Blackness and Being* (Durham: Duke University Press, 2016) 참조.

5 아쉴 음베베의 짧은 논문 "Necropolitics"는 2003년 처음으로 영어로 번역되어 소개되었다. 이 글에서는 듀크 대학교 출판사에서 이 논문과 함께 음베베의 다른 소논문들과 함께 묶어 2019년에 책으로 출판한 *Necropolitics*를 참고하였다. Achille Mbembe, *Necropolitics*, trans. Steve Corcoran (Durham: Duke University Press, 2019).

6 같은 책, 66.

권이 이러한 죽임의 권리를 가장 자유롭게 사용할 수 있는 공간을 제공한다. 아마도 한국전쟁만큼 네크로폴리틱스를 잘 보여주는 예도 없을 것이다. 이미 김동춘, 신기철, 김기진, 박찬승 등이 여러 출판물을 통해 밝혔듯, 한국전쟁은 이승만 정부가 트루만 정권과 함께 한국민 전체를 적으로 또는 잠재적 적으로 대한 비극의 서사다.[7] 전쟁이란 혼란기를 통해, 남한 정부와 미군이 '빨갱이'라고 이름 붙일 수 있는 모든 사람들을 학살하고 강간한 사건이 현재 우리 세대가 겪고 있는 한국전쟁 트라우마의 시초 중 하나다. 한국전쟁이 남긴 트라우마의 근원에는 일제의 민간인 학살과 군위안부의 모습을 한 네크로폴리틱스가 자리 잡고 있다. 네크로폴리틱스는 광주민주화 항쟁과 세월호에 대한 트라우마를 설명할 수 있는 하나의 도구이기도 하다. 다시 말하면, 국가 권력이 국민을 보호하는 것이 아니라 죽음으로 내몰 때, 우리는 죽음의 정치로 탄생한 한국전쟁의 유령과 다시 한번 조우하게 되는 것이다.

  김동춘이 분석한 대로, 한국전쟁 중 일어난 민간인 학살은 학살 행위 그 자체와 더불어, 이승만, 박정희로 대표되는 반공정부가 철저히 학살 행위를 은폐함과 동시에 학살 피해 가족들을 감시함으로써 학살에 대한 증언을 막았다.[8] 한국전쟁의 트라우마가 여러 세대와 국경을 넘나드는 유령으로 존재하게 된 필수 조건이 바로 이

---

7 김동춘, 『전쟁과 사회 : 우리에게 한국전쟁은 무엇이었나?』 (돌베개, 2016), 김기진, 『한국전쟁과 집단학살』 (푸른역사, 2006), 박찬승, 『마을로 간 한국전쟁』 (돌베개, 2010), 신기철, 『국민은 적이 아니다』 (헤르츠나인, 2014) 참조.

8 Dong Choon Kim, "Forgotten War, Forgotten Massacres-the Korean War (1950-1953) as Licensed Mass Killings," *Journal of Genocide Research* vol. 6 no 4 (2004): 536-39.

사회적 침묵이다. 한국군과 미군의 민간인 학살이 국가권력의 네크로폴리틱스에 대한 기억이라면, 재미학자 그레이스 조는 기지촌과 양공주야말로 일제시대의 유령, 한국전쟁과 베트남 전쟁의 유령이 출몰하고, 이 유령을 물리화시키는 장소이자 집합체라고 하였다.[9] 이 유령은 시간과 장소를 초월하여 미국 교포 사회와 한국사회에 알 수 없는 두려움을 뿌리고 다니는 것은 물론이고, 민간인 학살과 군사화된 성폭력이 발생하는 곳은 어디든 출몰한다. 예를 들면, 그레이스 조는 일본군 위안부와 기지촌 양공주의 이야기를 서로의 과거와 미래로 읽고, 미군이 저지른 노근리 학살 사건과 베트남의 미라이 마을 학살 사건, 그리고 매향리 미군기지 폭격 훈련 사건을 서로의 과거, 현재, 미래로 읽는다.[10] 군사 폭력은 단시간에 대규모로 일어나기 때문에, 그 사건이 일어날 당시에는 그 폭력의 잔인함을 인지하지 못한다. 그러나 후에 비슷한 일이 일어나거나 혹은 과거에 일어난 일이 생각날 때, 트라우마 사건이 현재에서 그 모습을 드러낸다. 트라우마는 과거의 기억이 현재에서 재생되는 플래쉬 백(flash back) 뿐만 아니라, 플래시 포워드(flash forward), 즉 미래에 일어날 일이 현재에서 재생되기도 한다.[11] 이러한 관점에서 '시간'을 개념화하면, 한국전쟁은 과거이며, 동시에 현재, 그리고 미래, 또는 현재에서 과거와 미래가 서로 만나 피를 흘리는 장이기도 하다.

---

9 Grace M. Cho, 앞의 책, 96-98.
10 같은 책, 56-58.
11 같은 책, 58.

미국의 전쟁인 한국전쟁

한국전쟁이 비극인 이유는 전쟁을 통해 해결된 것이 하나도 없기 때문이다. 한국전쟁은 시작점이 종착점이 되었고, 미군이 한국에 반영구적으로 주둔할 수 있는 기회를 제공했다. 하지만 미국의 입장에서 보면 한국전쟁은 이긴 전쟁이었다. 한국전쟁을 통해 미국은 냉전시대 동아시아 정치판의 패권을 차지하게 되었다.[12] 한국전쟁은 신생 독립국의 전쟁에 미국이 처음으로 개입한 전쟁이며, 제3세계 신생 독립국들의 정치적 갈등과 무력 분쟁이 어떻게 미국의 관점대로 해석될 수 있는지, 미국이 어떻게 이들 국가 분쟁에 관여할 수 있는지를 보여주는 예다. 한국전쟁을 통하여 미국은 또한 소련과 중국을 견제할 수 있는 중요한 군사 기지를 얻었을 뿐만 아니라, 이 군사 기지는 후에 미국이 아시아 시장을 장악할 수 있는 발판이 되었다. 정치, 경제적으로 잃은 것보다 얻은 것이 많은 전쟁이었지만, 미국이 공개적으로 한국전쟁의 승리를 자축할 수 없었던 것은 한국전쟁이 휴전으로 끝났고, 공식적으로 6,954명의 미군이 죽고, 13,659명이 상해를 입었으며, 3,877명이 실종되었기 때문이다.[13] 미국인 대다수가 알지도 못하는 곳에 가서, 수많은 젊은이들이 미개하다고 여긴 한국인들을 보호한다는 명목으로 죽었으니, 전쟁 중에도 또 그 후에도 미국은 끊임없이 한국전쟁에 대한 기억

---

12 Jodi Kim, *Ends of Empire: Asian American Critique and the Cold War* (Minneapolis: University of Minnesota Press, 2010), 150.

13 Bruce Cumings, *The Korean War: A History* (New York: A Modern Library Chronicles, 2010), 21.

을 지우고, 죽음의 행위를 정당화할 수 있는 기억의 담론을 재생산해야 했다.

한국전쟁은 시작부터 끝까지 미국의 전쟁이었다. 그리고 반공주의를 하느님의 뜻으로 믿는 그리스도교 보수주의자들의 전쟁이기도 했다. 1950년 12월 중공군이 국경을 넘어 한국전쟁에 참여하자, 트루먼 대통령은 즉각 국가 비상사태를 선포한다. 그는 공산주의 제국이 건설되면, 미국은 더 이상 하느님을 예배할 수도 없고, 종교적 자유를 누릴 수도 없게 되므로, 무슨 일이 있어도 한반도가 공산주의자들의 손에 떨어지는 것을 막아야 한다고 미국인들에게 호소한다.[14] 트루먼의 비상사태 선언문은 미국이 한국전쟁을 자신들의 전쟁, 그리고 종교전쟁으로 이해했다는 증거가 된다. 냉전시대의 시작인 트루먼과 그 끝인 레이건 미국 대통령은 모두 반공주의를 그리스도교 신앙과 동일시한 복음주의자들이었다.

대다수의 미국 시민들이 믿었던 것과 달리, 한국전쟁에 주둔한 미군들은 국가의 대리인이 되어 죽음의 정치를 실행해야 했다. 그와 동시에 이들은 네크로폴리틱스의 희생자들이기도 하다. '빨갱이들'을 죽인다는 것은 자신들도 그들의 손에 죽을 수 있다는 것을 전제로 하고, 실제로도 많은 미군들이 죽었다. 그들은 누구를 위해 무엇을 위해 죽었어야 했을까? 그렇다고 해서 미군들이 저지른 민

---

14 Harry Truman, "Proclamation 2914-Proclaiming the Existence of a National Emergency," The American Presidency Project, The University of California at Santa Barbara, https://www.presidency. ucsb.edu/documents/proclamation-2914-proclaiming-the-existence-national-emergency.

간인 학살과 같은 전쟁범죄가 정당화될 수는 없다. 노근리 사건이 알려진 1990년대를 전후로 미군이 저지른 60여 건이 넘는 민간인 학살 사건이 보고 되었다. 대부분의 민간인들은 미군의 무차별적 비행 폭격과 네이팜 투하에 의해 목숨을 잃었다. 한국전쟁은 미군이 새로 개발한, 모든 것을 불바다로 만든다는 네이팜을 실험하는 장소였다. 학살의 피비린내와 네이팜에 타들어 가는 살 냄새만큼 잔혹하고 고통스러운 전쟁의 기억은 없을 것이다.[15]

  한국 여성들을 상대로 미군이 저지른 성폭행과 조직적인 기지촌 운영은 젠더화된 전쟁 트라우마의 원인 중 하나다. 주한 미군에게 여자와 술, 오락거리를 제공한 기지촌은 미군이 일본에서 해방된 한국에 주둔하기 시작한 1945년부터 존재해왔다. 기지촌은 일본이 남기고 간 공창제도와 군위안소 때문에 가능했다. 비록 1947년 미군정은 공창제를 폐지했지만, 사창제는 금지되지 않았다. 한국전쟁 발발과 더불어 한국정부와 미군은 '전장에서 고생하는 군인들의 노고를 치하하고, 이들을 성병에서 보호하며, 정숙한 한국 여성들을 보호하기 위해' 일본군 위안소를 본뜬 유엔군 위안소를 운영하였다.[16] 미군은 한국 주둔과 동시에 두 가지 전쟁을 동시에 치렀는데, 성병과 공산주의에 대한 전쟁이 그것이다. 성병은 미군의 전투력에 급격한 영향을 미친다는 점에서, 문제시되었다. 한국전쟁부터

---

15 김기진, 앞의 책, 154-158.

16 Seung-sook Moon, "Regulating Desire, Managing the Empire: U.S. Military Prostitution in South Korea, 1945-1970" in *Over There*, ed. Maria Höhn and Seungsook Moon (Durham: Duke University Press, 2010), 40-41.

최근까지 주한미군과 한국정부는 미군의 성병 관리를 위한 정책들로 기지촌을 통제해 왔다. 주한 미군의 성병 관리는 번번이 실패해 왔다. 그 이유 중 하나는 한국전쟁 중이나 휴전 후 오랫동안 주한 미군이 한국 여성들을 성적으로 대상화해왔기 때문이다. 젠더 관점에서 왜 미군에 대한 한인 여성들의 디아스포라 기억이 성폭행과 성매매에서 자유로울 수 없는지는 중요한 연구과제다. 특히 가난한 여성의 몸에 가해진 국가주의 폭력이나 전쟁 중 국가와 동일시되는 여성의 몸에 대한 연구가 젠더화된 한국전쟁의 트라우마를 이해하기 위해서 더 이뤄져야 한다.

'어려울 때 목숨을 걸고 한국을 도와준 자비로운 나라 미국'의 이미지는 한국전쟁 당시, 사탕과 초콜릿을 어린이들에게 나눠주는 미군의 함박웃음, 여자아이들에게 인형을 선물하고 즐거워하는 어린 미군들의 모습이 미디어를 통해서 퍼졌기 때문이다. 어린이들의 이미지는 전쟁의 잔혹함을 보여줌과 동시에 미국의 자비함을 보여주는 도구로 사용되었다. 어느 전쟁에서나 어린이들은 가장 큰 피해자다. 한국전쟁도 예외는 아니었다. 휴전 후, 이승만 정부는 전쟁 고아들과, 부모와 생이별한 미아들, 한국 여성과 유엔군 사이에서 태어난 혼혈아들을 먹이고 입히는 것에 어려움을 겪었다. 이럴 때 구원자처럼 나타난 사람들이 미국 오레곤 주에서 살고 있던 그리스도교 근본주의자 해리 홀트(Harry Holt)와 그의 부인 버다(Bertha)였다. 평범한 농부였던 이들은 한국전쟁 고아들의 사진을 보고 슬픔과 충격에 휩싸이게 되고, 이 아이들을 직접 키우고 싶다는 종교적 열망에 사로잡히게 된다. 1955년 미 의회가 발의한 특별법을 통해,

홀트 부부는 8명의 한국전쟁 고아들을 입양하는 데 성공한다. 홀트 부부의 입양은 미국에서는 해외 아동을 받아들고, 한국에서는 해외로 아이들을 입양 보내는 시발점이 되었다. 홀트 부부는 한국 고아들을 키우고, 더 많은 아이들을 한국에서 '구출'해 미국 가정에 입양 보내는 것을 하느님이 주신 사명으로 여겼다.[17] 그들은 가족은 피가 아닌 사랑으로 만들어진다는 유명한 명언을 남겼지만, 한인 입양아에 대한 입양 가족들의 몰이해는 추상적인 사랑이 오히려 아이들을 해칠 수 있을 만큼 위험하다는 사실 또한 보여주었다.[18]

한국전쟁 전후 초기 냉전 기간 동안 미국의 주류 그리스도교가 보여준 태도는 트루만 대통령의 국가 비상사태에서 보여지는 반공주의, 홀트 부부의 사랑에 기반한 어린이 구원으로 요약될 수 있다. 이 모두는 결국 미국이 공산주의로부터 세상을 구하고, 공산주의자들이 일으킨 전쟁에서 고통받는 어린이들을 구원할 특별한 사명을 하느님으로 받았다는, 미국 특별주의 (American Exceptionalism)로 귀결된다. 미국 역사를 끊임없이 지배하는 그리스도교 이데올로기

---

17 University of Oregon, "The Adoption History Project: Harry and Bertha Holt," https://pages.uoregon.edu/adoption/people/holt.htm.

18 한국에서도 이미 홀트 아동복지회가 한인 입양과 관련해서 많은 부정을 저지르고, 사후관리를 제대로 하지 않았음이 많이 알려져 있다. 미국 학술 연구자료 중에서는 다음 세 책이 이 글을 쓰는 데 도움이 되었다. SooJin Pate, *From Orphan to Adoptee: U.S. Empire and the Genealogies of Adoption* (Minneapolis: University of Minnesota Press, 2014), Kori Graves, *A War Born Family: African American Adoption in the Wake of the Korean War* (New York: New York University Press, 2020), Susie Woo, *Framed by War: Korean Children and Women at the Crossroads of US Empire* (New York University Press, 2020).

가 바로 그리스도교 승리주의(Christian Triumphalism)에 입각한, 미국 특별주의로 이는 미국이 하느님의 선택을 받는 새로운 예루살렘으로써 특별한 사명을 부여받았기 때문에 미국이 하는 모든 일은 정당하다는 이데올로기다. 한국전쟁에서 보여준 미국의 모든 행위는 미국 특별주의 이데올로기에 의해 정당화되었고, 전쟁범죄는 의도적으로 지워버렸다. 미권력의 대리인이 되어 민간인 학살에 참여하고, 강간과 폭력을 자의반 타의반으로 저지른 평범한 미군들, 학살에서 살아남은 민간인들, 미군에게 성폭행당하거나 성을 팔아 생계를 유지한 여성들과 그 여성들이 벌어온 돈으로 살아간 가족들, 부모에게 버려져 미국으로 입양 보내진 혼혈아들 또는 가난한 한국 아이들, 이들 모두는 구원자로서의 미국과 자신들이 겪은 미국 사이의 괴리감에 극심한 트라우마를 겪을 수밖에 없다.

평화의 윤리를 향하여

전쟁이란 거대한 국가폭력, 네크로폴리틱스 앞에서 평화를 이야기하기란 쉽지 않다. 이 글을 마치며, 그리스도교 윤리학자로서 나는 조심스럽게 한국전쟁의 트라우마를 치유하고 정의로운 평화를 이루기 위해 교회로 대표되는 그리스도교 공동체들이 할 수 있는 일을 몇 가지 제안한다.

첫째, 한국과 미국의 복음주의 교회들은 반공주의를 비판적으로, 반성적으로 바라볼 필요가 있다. 맹목적인 반공주의를 옹호하는 그리스도교 신앙은 한국전쟁과 베트남 전쟁 등에서 발생한 민간인 학살에 알게 모르게 이데올로기를 제공하였다. 디아스포라 교회 공동체는 한국 그리스도교의 무의식 속에 유령처럼 존재하는 잔혹한 반공주의의 실체를 마주해야 한다.

둘째, 죽음의 정치, 네크로폴리틱스는 생명과 평화를 강조하는 그리스도교 신학과 대척점에 있는 것처럼 보인다. 그러나 그리스도교 역사에서, 심지어 성경에서조차, 우리는 생명의 정치학이 아닌 죽음의 정치학의 예를 더 많이 보게 된다. 네크로폴리틱스를 극복하기 위해서, 교회는 끊임없이 생명의 정치학, 비폭력의 정치학, 평화의 정치학을 발굴하고, 그 기억을 체화하는 노력이 필요하다. 왜냐하면 네크로폴리틱스가 남긴 유령은 인간이 느낀 공포의 기억을 먹고 살고, 상대를 죽이지 않으면 내가 죽는다는 그 공포의 기억이 군사주의를 유지시키고, 전쟁을 일으키는 기폭제가 되기 때문이다.

셋째, 한국전쟁에 대한 기억과 트라우마는 이 전쟁을 직간접적으로 경험한 다양한 주체들에 의해 여러 방향에서 조명되어야 한다. 예를 들어 전쟁을 몸으로 경험한 미군의 기억은 학살에서 생존한 한국인들과 그 자녀들의 기억에 비추어 재조명되어야 하고, 학살 생존자들의 기억은 기지촌 여성들과 미국의 한인 입양아들의 기억에 비추어 다시 읽는 작업 등이 필요하다. 즉, 트랜스내셔널 관점에서 국경과 문화를 초월한 전쟁 기억 읽기가 진행되어야 한다. 전쟁의 거대 담론이 귀 기울이지 않는 다양한 기억의 주체들이 만들어내는 이야기들, 특히 한민족 디아스포라의 다양한 주체들이 국경을 넘어 기억하고 재기억하는 한국전쟁의 이야기들은 전쟁의 비극뿐만 아니라, 트라우마를 겪은 공동체가 어떻게 자신들을 치유하고 살아가는 힘을 얻는지에 대한 지혜를 전달해 줄 수 있다.

전쟁에서 구원자는 없다. 전쟁을 통해 얻어지는 구원도 없다. 전쟁은 죽음의 정치일 뿐이다. 그렇기에 우리는 한국전쟁을 기억할 때, 미국이 어떻게 한국을 공산주의에서 구원했느냐가 아니라, 어떻게 죽음의 정치가 한국에서 발현되었고, 그 죽음의 정치에 한국이 어떻게 기여했는가 하는 관점에서 접근해야 한다. 한국전쟁은 한국의 전쟁이었지만, 동시에 미국의 전쟁이었다. 더 이상 한미관계가 죽음의 정치에 이끌려 다니지 않도록 새로운 평화신학, 정치신학이 필요한 때다.

낯선 집에서의 친밀한 조우 :
모리슨의 홈과 예수의 홈커밍 이야기[1]

최진영 (Colgate Rochester Crozer Divinity School)

한국전쟁, 흑인 병사, 그리고 홈

디아스포라 속에서 산다는 것은 끊임없이 홈을 찾는 것을 의미한다.[2] 디아스포라 주체에게 홈은 과거 또는 현재라는 양자택일의 장소가 아니라, 타자화된 존재가 소속하기를 갈망하는 그 어떤 곳이다. 미국 인종주의의 사회 속에서 타자가 된 경험은 나로 하여금 자신들의 홈에서 소외된 다른 타자들을 볼 수 있도록 이끌었다. 다른 문화들을 마주하는 과정에서 우리의 주체성은 그들의 억압과 저항의 역사적 경험과도 접촉하기에, 이러한 조우는 개인적인 것을

---

1 본래 이 글은, 미국에서 디아스포라로, 인종적 소수자로 살아가면서 인종 간의 연대를 추구하기 위한 일환으로 영어로 쓰여졌으며, 곧 출간될 다음 책에 수록될 것이다. Jin Young Choi, "Intimate Encounters at Unhomely Homes: Reading Morrison's Home and John's Homecoming Story," in *Doing Antiracist Work in Asian/North American Christian Communities*, ed. Keun-joo Christine Pae and Boyung Lee (New York: Palgrave Macmillan).

2 이 글에서는 "home"을 집, 가정, 고향 등 하나의 의미로 제한하지 않고, 맥락에 따라 다층적으로 이해할 수 있도록 영어 단어의 음역대로 "홈"으로 표기하고자 한다. 귀향으로 번역될 수도 있는 "homecoming"도 같은 이유로 "홈커밍"으로 음역하여 사용할 것이다.

넘어서 집단적인 성격을 가지게 된다. 디아스포라 홈을 찾는 여정은 내가 속한 민족 공동체의 역사를 외부의 관점에서 반성하게 하고, 우리의 역사가 타자의 역사와 긴밀하게 조우한 지점이 있었는지를 탐색하게 한다.[3] 다시 말해, 디아스포라에 살면서 나의 홈에 대한 갈망(homing desire)은 한국전쟁이라고 하는 잊혀진, 그러면서도 친밀한 역사의 기억을 더듬어 가도록 이끌었다.[4] 타국에서 떠나온 내 나라를 뒤돌아볼 때, 집단적인 자의식, 예컨대 민족주의 같은 사상도, 초국가적인(transnational) 관점에서 바라보게 된다. 그래서 새삼 확인하게 된 것들이 있다면, 한국전쟁이 동족 간의 전쟁만이 아니라 냉전의 산물이었다는 것, 한인들의 미국 이민 초기 역사가 식민과 전쟁 경험으로부터 시작되었다는 것, 인종주의, 특히 흑인 인종차별주의는 미국에만 존재하는 것이 아니라 우리나라에도 존재해 왔다는 것, 그리고 제국적 식민주의를 아시아–태평양 지역에 확장하려던 미국이 전쟁 개입과 유지로 한반도 분단에 기여하면서 인종주의도 이식했다는 내용들이다. 물론 이 글에서 이 모든 내용들을 비판적으로 성찰할 수는 없을 것이다. 대신, 한반도의 분단 사회속에서 나의 성장 과정과, 이후 미국에서 한인 디아스포라로서 살

---

3 권헌익은 한국전쟁의 체험된 역사를 가족과 친족이라는 친근한 관계를 통해 조명한다. 권헌익, 『전쟁과 가족: 가족의 눈으로 본 한국전쟁』 (창비, 2020); Heonik Kwon, *After the Korean War: An Intimate History* (New York: Cambridge University Press, 2020). 리사 로우는 18세기 후반부터 19세기 초에 식민주의와 노예제로 형성된 유럽, 아프리카, 아시아, 그리고 아메리카 대륙의 역사적 관계를 "친밀함"이란 개념으로 탐구한다. Lisa Lowe, *The Intimacies of Four Continents* (Durham: Duke University Press, 2015).

4 아브타 브라는 홈과 홈에 대한 갈망의 차이에 대해 설명한다. Avtar Brah, *Cartographies of Diaspora: Contesting Identities* (London: Routledge, 1996), 187-94.

아온 20여 년의 삶은 나의 주체 형성뿐 아니라 성서 학자로서의 연구에도 큰 영향을 끼쳐왔기에, 나는 디아스포라의 관점에서 한국전쟁, 제국주의, 그리고 인종주의의 폭력이 교차하는 지점을 홈(home), 유령의 출몰(haunting), 치유(healing)의 주제를 통해 살펴보고자 한다.

한국전쟁이 일어난 뒤 20여 년 후 비무장지대(DMZ) 가까운 파주어떤 마을에서 어린 시절을 보내면서, 집 앞의 좁은 도로에 무장한 군인들이 탄 트럭이나 장갑차가 지나가는 것을 볼 수 있었다. 전쟁을 겪고 휴전선 근처에 사는 사람들에게 미군은 구원자로서의 표상을 가지고 있었지만, 어린 나에게, 군인과 헌병은, 한국인이든 미국인이든, 두려움의 대상이었다. 어른들이 들려주는, 일제강점기와 전쟁 중에 가족에게 무슨 일이 일어났었는지에 관한 생생한 이야기를 들으며, 나는 간혹 그 억압의 시대와 1970년대에도 생활의 곳곳에 스며들어 있던 전쟁의 잔재들을 혼동하곤 하였다. 가령, 인근 야산은 북한이 파견한 간첩이 숨어 살고 있다고 하여 아이들이 가지 말아야 할 곳 중 하나였다. 김일성 주석을 찬양하는, 소위 "삐라"라고 부른 작은 전단지들은 소문을 증명해주는 듯이 마을 어귀 어디에서나 발견이 되었다. 라디오 주파수를 잘못 맞추면 들렸던 이북 방송은 이미 우리 안에 내밀하게 존재하는 적의 존재를 각인시켜주었다. 6월이면 학교 숙제로 냈던 반공 포스터와 표어, 매달 15일 반공 훈련 때면 소등하고 암흑 속에 듣던 사이렌 소리 등을 통해, 내 또래의 어린이들은 두려움과 혐오를 만들어내는 기제의 일상화에 익숙해져 있었다.

부모님은 우리 사 남매에게 더 좋은 교육을 받게 하려고 둘씩 차례로 고향에서 가장 가까운 서울 북단의 학교로 전학을 시켜, 할머니의 보살핌 아래 살게 하셨다. 그때 주말마다 한 시간 남짓 시외버스를 타고 부모님을 보러 가는 길은 참으로 멀게 느껴졌는데, 통일로의 검문소들을 통과해 돌아올 때면, 헌병들의 검문에 겁을 먹어 언니 품에 얼굴을 묻고 숨죽이곤 했다. 그보다 더 공포스럽게 남아있는 이미지는, 두꺼운 철문이 장치된 콘크리트 군사 구조물이었다. 다시 전쟁이 나면 북한군이 서울로 진입하기까지 시간을 벌기 위해 설치한 철벽 바리케이드라고 들었다. 북한과 서울 사이에 갇힌 부모님이 희생당하는 것에 대한 상상은 분리의 슬픔으로, 전쟁 재발에 대한 두려움으로 이어졌다. 이렇게 상상된 전쟁은 성인이 되기까지 나의 무의식에 계속되고 있었다. 첸 관싱(Kuan-Hsing Chen)은 그의 책 *Asia as Method*에서 "식민주의와 냉전은 동아시아인들에게 상이한 정동적(affective) 경험들을 유발시켰다"라고 한다.[5] 그는 우리의 몸을 통해 전해지는 전쟁의 뒤얽힌 효과들은 국가, 가족, 개인사 속에 아로새겨진다고 주장한다. 냉전의 산물인 한국전쟁은 나라와 가족들을 뿔뿔이 흩어 놓았다. 전후 세대인 나에게 전쟁의 기억은 내 몸에 전해 내려왔고 나의 주체성의 형성에 영향을 끼쳤다.

그런데 그 기억 속에 의식하지 못했던 한 낯선 이가 있다. 그는 내 어린 시절에 스쳐 갔던 흑인 병사이다. "깜둥이"라는 비하된 명칭

---

5 Kuan-Hsing Chen, *Asia as Method: Toward Deimperialization* (Durham: Duke University Press: 2010), 118, 214.

으로 불린 흑인 병사는, 나에게 기피와 동정심을 동시에 유발시키는 모순된 존재의 이미지로 남아있었다. 나는 이 복합적인 형상, 구원자를 체현하면서도 의심의 대상인인 그에 대해 잊어버리고 있었다. 토니 모리슨이 2012년 출간한 역사적 상상과 호소력으로 가득한 단편 소설 『홈』(Home)을 읽기까지는 말이다.

『홈』은 1950년대, 짐 크로우(Jim Crow) 법이 막을 내리기 전 미국 남부에서 인종적 폭력과 트라우마로 고통을 피하여 한국전쟁에 참전하게 된 프랭크 머니라고 하는 흑인 남성의 이야기를 전한다.[6] 모리슨은 아프리카계 미국인들이 남부에서 견뎌내었던 인종분리 정책으로 인해 비인간화된 현실, 인종주의와 전쟁으로 생겨난 트라우마, 그리고 공동체 안에서의 치유를 묘사한다. 비평가들은 모리슨이 식민주의와 인종화 된 폭력의 전 지구적 트라우마의 이야기를 묘사한다고 하는데, 그가 그리는 전쟁은 역사적으로 구체적인 전쟁이라는 점도 분명히 할 필요가 있다. 여기서, 모리슨의 주인공이 경험한 불의는 타자의 역사, 이 경우, 한국인들의 역사와 밀접하게 관련되어 있다.[7] 트랜스내셔널 아시안 아메리칸 연구자들은 어떻게 백인 우월주의와 흑인 인종차별주의가 아시아-태평양 지역에서의

---

6 Toni Morrison, *Home* (New York: Vintage, 2012).

7 이 글에서 "타자"(the Other)라는 용어를 역사적 또는 문화적 조우에서 일어나는 현상학적이고 심리적인 차원의 자기-타자의 관계라는 측면에서 사용할 것이다. 타자는 공동체, 민족, 국가 등의 경우에서처럼 집단적일 수도 있는데, 그러한 경우에도 자기와 타자 간의 만남의 단독성(singularity), 그리고 그 관계에서의 윤리적 반응을 수반한다는 점을 강조하고자 한다.

미국 제국주의 확장과 얽혀 있는지를 논의해왔다.[8] 나의 관심은 어떻게 모리슨의 이야기 속의 타자가 아프리카계 미국인들, 그리고 미국 내 아시아계 디아스포라 공동체의 구성원들이 은밀하게 목격한 폭력적인 장면들을 불러내며, 그리하여 그들이 그 역사적 연결점으로 보다 깊숙이 들어갈 수 있는지, 나아가, 가능하다면 어떻게 서로의 상처들을 치유하는 것이 가능할지를 탐색하는 데 있다.

덧붙여서, 현재에도 지속적으로 사로잡는 전 지구적 폭력의 환영들이 떠도는 현장에 주목하며, 홈, 유령의 출몰, 그리고 치유라는 주제들을 중심으로 성서의 텍스트를 읽고자 한다. 나는 요한복음에서 묘사하는 예수를 로마제국이 배후에서 행한 국가폭력의 희생자로 보면서, 그가 십자가의 죽음 후에 상처 입은 몸을 가진 혼령으로서 자신의 제자들을 찾아가는 모습을 하나의 홈커밍 이야기로 읽으려고 한다. 이야기 속에서 예수는 갈릴리의 홈으로 돌아가니 말이다. 홈이지만 낯설게 느껴지는 홈(unhomely home)에서 기억과 치유가 일어날 수 있다.

망령이 출현하는 이야기들을 상호텍스트적(intertextual)으로 읽는 이 과정 속에서, 나는 시간과 지리적 공간을 교차하며 출몰하는 환영들이 텍스트들 사이를 넘나들고, 식민화되고 인종화 된 주체들의 조우를 어떻게 중재하는지 살펴볼 것이다. 텍스트들 간에, 그리고 텍스트들을 넘나드는 상호관련성들이 의미를 창출하듯이, 타자의 역

---

8 다음의 책들을 참고하라. Nadia Y. Kim, *Imperial Citizens: Koreans and Race from Seoul to LA* (Stanford: Stanford University Press, 2008); Nami Kim and Wonhee Anne Joh, eds., *Critical Theology against US Militarism in Asia* (New York: Palgrave Macmillan, 2016).

사에 깊이 관여하는 것은 상호주체성(intersubjectivity)의 형성을 가능하게 할 것이다. 이러한 상호텍스트적 읽기는 과거와 현재의 텍스트들에 새겨진 트라우마와 치유의 이야기들을 경청하는 것으로부터 시작하는데, 이 글이 주변화된 공동체들의 집단적인 애도와 회복을 통해 전 지구적인 연대를 위한 작은 공간을 제공하기를 바란다.

모리슨의 홈

토니 모리슨은 그의 소설 창작에서 지배적이고도 밀접하게 연결된 두 개의 모티프를 인종과 홈이라고 본다. 그는 이미, 항상, 인종화 된 작가("an already-and always-raced writer")로서 인종적 집("racial house")에서 살아갈지라도, 그 집을 "창 없는 감옥"으로부터 "인종이 구체적으로 인지되지만 인종주의는 존재하지 않는 집"으로 재건하려고 시도한다.[9] 하지만 모리슨의 "홈"은 상처 입은 주체들이 마침내 발견하는 물리적인 장소로서의 집 이상임을 보여준다. 그 인종적인 집은 흑인 남성의 정신세계 안에 세워졌기에, 그는 감금된 마음으로부터 해방되어야 한다. 이 때문에 모리슨은 자주 남성성의 주제를 인종적 트라우마의 이야기로 엮어낸다.

모리슨은 홀수 장에 프랭크 머니의 일인칭 화법을 담고, 짝수 장에는 삼인칭 해설자가 이야기하게 하는 문학 기법을 사용해서 인종주의의 심리적 영향을 그려낸다. 첫 번째 장에서 프랭크는 조지아주

9 Toni Morrison, "Home," in *The House That Race Built: Black Americans, U.S. Terrain*, ed. Wahneema Lubiano (New York: Pantheon, 1997), 4-5.

의 로터스(Lotus)에서 그의 어린 여동생 씨(이씨드라)와 비밀리에 목격한 말 격투 장면으로부터 이야기를 풀어나간다. 그런데 두 남매가 보는 것은 단지 잔혹한 말 격투 장면 만이 아니라 어떤 남자들에 의해 묻힌 사람의 몸이다. 무덤 속에 파묻힌 진흙으로 얼룩진 옅은 분홍 빛깔의 검은 발바닥이, 그것이 사람의 몸임을 알려준다.[10] 비평가들은 그러한 폭력의 기억들이 프랭크의 남성적 정체성에 새겨져 있는 동시에, 오빠로서 여동생을 보호하려는 본능, 특히 그가 씨의 공포에서 오는 몸의 전율을 자신의 뼛속까지 끌어안으려는 시도와 모순됨을 관찰한다.[11] 이 짧은 첫 장은 다음과 같은 서술로 끝난다.

당신이 나의 이야기를 하려고 하니까, 당신이 무슨 생각을 하든 무엇을 써 내려가든 이걸 알아줬으면 해요. 난 정말 그 매장에 대해 잊었어요. 내가 오직 기억하는 것은 그 말들이에요. 그들은 정말 엄청났죠, 무자비했고요. 그 말들은 남자답게 우뚝 서 있었어요.

여기서 프랭크가 한 말은 누군가 그를 들어주고 있다는 것을 암시한다. 그래서 그는 계속해서 그의 이야기를, 특히 그가 기억해내지 못하는 것, 그리고 어떻게 트라우마가 그의 인종적, 남성적 정체성에 연루되어 있는지 들려준다.

---

10 Morrison, *Home*, 4. 모리슨은 과거를 회고하는 프랭크의 일인칭 화법을 이탤릭체로 나타낸다. 이후로 프랭크의 증언은 본문에 나타난 바처럼 이탤릭체로 표기할 것이다.

11 Morrison, *Home*, 4.

두 번째 장에서 해설자의 이야기는 스물네 살의 퇴역군인 프랭크가 경찰에 의해 수감된 시애틀의 정신병원에서 맨발로 도망쳐 나와 여섯 구획 떨어진, 존 로크라고 하는 목사의 집에 이르는 것에 대한 설명으로 시작한다. 그의 여동생이 위기에 처했다는 전갈을 받은 프랭크는 바로 조지아로 향하려고 마음먹는다. 그리고 오래전 프랭크가 네 살 때 일어난 일, 그의 가족이 텍사스의 집으로부터 피신해 나온 해설자의 이야기가 이어진다. 다른 열네 가족과 더불어, 프랭크의 부모는 과격한 인종주의 집단의 위협을 받고 목숨을 건지기 위해 스물네 시간 내에 집을 비워야 했다. 떠나기를 거부한 한 노인은 강제로 실명당한 뒤 린치를 당해 죽고 만다. 프랭크의 가족은 로터스로의 긴 여정에 오르고, 그 길에 임신 중이던 엄마는 한 교회의 지하에서 프랭크의 동생 씨를 출산한다. 가족은 프랭크의 조부모 집으로 들어가는데, 그의 부모가 밭에 나가 하루종일 일을 하는 동안, 의붓할머니는 두 남매를 제대로 돌보지 않았다. 이렇게 프랭크의 어린 시절 기억은 린치와 방치 등 폭력으로 점철되어 있었다.

로터스가 십대인 프랭크에게 더 견딜 수 없는 곳이 되었을 때, 그는 끔찍한 인종차별을 벗어나기 위한 일환으로 고향 친구, 마이크 그리고 스터프와 함께, 미군 최초로 인종 통합 군대를 실시한 한국전에 지원한다. 인종차별이 제도적으로 없는 그곳은 인종주의의 출구처럼 여겨졌지만, 로크 목사가 묘사하듯, "통합 군대는 온갖 비참함이 통합된 곳이지. 당신은 싸우러 가고, 돌아오겠지. 그런데 당신은 개처럼 취급을 받지. 그걸 바꿔봐. 그들은 개들을 좀 더 낮게 대우할

거야."[12] 중간의 장들을 생략하고 아홉 번째 장으로 빠르게 옮겨 가면, 프랭크가 근무 중 쓰레기 더미를 뒤져 음식을 구하려던 어린 한국 소녀를 발견하게 된 장면에 이른다. 그가 진술하기를, "교대병이 와서 그 소녀의 손을 보고 웃으며 머리를 저었다…. 소녀는 한국말로 뭐라고 말했는데, '얌얌'이라고 하는 것 같았어. 아이는 웃으면서 그 병사의 가랑이로 손을 뻗쳐 그곳을 만졌지. 그게 그를 놀라게 했어." 프랭크가 소녀의 얼굴에서 "두 개의 빠진 이"를 보았을 때, 그 교대병은 그 아이의 머리를 날려버렸다.[13] 프랭크의 설명에 따르면, 그 경비병은 성적으로 흥분된 것이 역겨운 나머지 소녀를 죽인 것이다.

열 번째 장에서 삼인칭 해설자는 일장에서 언급한 이야기, 즉 돌아온 퇴역군인 프랭크가 조지아에서 위험에 처한 여동생을 구하기 위해 떠난 이야기를 계속한다. 남부로 향하는 여정 중 경험한 인종주의적 폭력은, 한국전 중 그가 친구 마이크를 구할 수 없었던 죄책감과 교차한다. 그 와중에, 동생 씨는 백인 우월주의 의사의 불법적 우생학 실험의 희생자가 되고, 프랭크가 그 의사의 집에 도착했을 즈음 씨는 죽음의 지경에 이른다. 프랭크는 "현저하게 비폭력적인" 방식으로 동생을 구해내고, 이는 어렸을 적 가졌던 그의 영웅적 자아, 즉 "그 말들에 관한 기억과 낯선 이의 매장에 관련한 강인하고 좋은 남성"상을 변화시킨다. 그가 여동생을 홈으로 데려왔을 때, 그는 비로소 "한 남자로서 서게 된다."[14] 어떤 이들은 이것이

---

12 Morrison, *Home*, 18.

13 Morrison, *Home*, 95.

14 Irene Visser, "Fairy Tale and Trauma in Toni Morrison's Home," *Melus* 41, no. 1 (2016): 153-54.

모리슨이 항상 젠더와 인종을 함께 엮는 방식이고 전쟁에서의 승리가 아닌 비폭력적 용기에 의해 성취되는 "진정한 남성성" 또는 "아프리칸 아메리칸 영웅주의"를 그려내는 방식이라고 논한다.[15] 하지만, 그의 남성성의 재발견이 그의 트라우마로부터의 회복을 의미하는 것은 아니다. 그의 어린 시절 홈, "세상에 존재하는 최악의 장소, 전쟁터보다 더 끔찍한 곳," 로터스가 남매에게 새로운 홈이 되기 위해서는 소속과 치유가 필요하다.[16] 그는 생명의 막바지에 이른 여동생을 로터스의 여성 공동체로 데리고 간다. 씨의 몸은 그들의 민간요법과 헌신적인 돌봄을 통해 온전히 치유된다. 모리슨의 다른 저작에서 그러하듯이 여성들의 공동의 보살핌과 나눔은 아프리칸 아메리칸의 독특한 문화의 일부분인데,[17] 이는 "반흑인, 여성 혐오"를 근간으로 하는 인종화된 의료 산업과 정반대의 실천을 보여준다.[18] 리더인 에썰과 다른 공동체 여성들은 씨에게 지극한 치료와 보호를 베푸는 나머지 오빠인 프랭크의 방문도 허용하지 않는데, "그의 웅성(maleness)은 씨의 상황을 악화시킬" 뿐이기 때문이다. 에썰이 씨를 확신시키기를, "너는 이제 집에 돌아온 거야."

15 Linda Krumholz, "Dead Teachers: Rituals of Manhood and Rituals of Reading in Song of Solomon," in *Toni Morrison's Song of Solomon: A Casebook*, ed. Jan Furman (Oxford: Oxford University Press, 2003), 220.

16 Morrison, *Home*, 83.

17 Gay Wilentz, "Civilizations Underneath: African Heritage as Cultural Discourse in Toni Morrison's Song of Solomon," *African American Review* 26, no. 1 (1992): 61-76; cited in Visser, "Fairy Tale and Trauma," 158.

18 A. J. Yumi Lee, "Repairing Police Action after the Korean War in Toni Morrison's Home," *Radical History Review* 137 (2020): 119.

그 누구도 나의 나 됨을 결정할 수 없도록 해야 하는 것이, "그게 바로 노예제"이기 때문이다.[19] 씨는 이렇게 응답한다: "나는 다른 어느 곳에도 가지 않을 거예요, 미스 에썰. 이곳이 내가 속한 곳이니까요."[20]

씨는 육체적, 정서적 건강을 회복하면서, 오빠와 다시 만나 그들의 집을 재건하기 시작한다. 씨가 프랭크에게 그의 불임 사실을 이야기할 때, 그는 오빠의 위로가 필요하지 않을 만큼 강인해졌다. 자신이 여자 아기의 웃음을 집안 곳곳에서 본다는 이야기를 한다. 그 작은 소녀는, 백인 우월주의 의사에 의해 미리 살해당한 태어나지 못할 아이일 수 있다. 그 말을 듣고 프랭크는 "어떤 이가 젊은 여성에게 그런 짓을 할 수 있지? 그 의사가?"라고 물으며 발끈하지만, 이내 씨가 묘사한 어린 소녀의 환영으로 인해 마음에 괴로움을 느낀다. 억눌렸던 기억이 되살아나기 시작하면서, 열네 번째 장에 이르러 그는 해설자에게 진실을 털어놓는다.

> 씨가 나에게 어린 아기의 웃음에 대해 말했을 때… 그것은 나를 충격에 빠뜨렸어요. 그 작은 소녀는 동생에게 태어나기를 기다린 게 아닐지 몰라요. 그 아이는 아마도 이미 죽었을 거예요. 내가 어떻게 그럴 수 있었는지 말하기를 기다리면서.
> 내가 그 한국인 소녀의 얼굴에 총을 쏘았습니다.
> 내가 그 아이가 만진 바로 그입니다.

---

19 Morrison, *Home*, 119.
20 Morrison, *Home*, 125-26.

내가 그 웃음을 보았던 그 자예요.

내가 그 아이가 "얌얌"이라고 말한 그 사람이에요.

나라는 사람이 그로 인해 흥분되다니…[21]

그가 성적 자극으로 한국인 소녀를 죽이게 한 일을 기억해내지 못하는 것을 외상 후 스트레스 장애(PTSD)로 이해할 수 있겠다.[22] 트라우마 이론에 따르면, 직접적으로 폭력적인 경험을 당한 사람이 무슨 일이 일어났었는지를 부정하고, 오직 이후에 그 사건을 고통 중에 인식하게 된다는 것이다. 따라서 프랭크가 "뒤늦게" 소녀의 살해에 관한 진실을 기억해낸 것은 그의 이야기를 말로 해내는 치료의 과정을 통해서 가능하고, "그의 가장 깊은 트라우마의 기억을 구성하는 것"에 직면했을 때에야 그의 수치심과 죄책감을 극복할 수 있는 것이다.[23] 하지만 어떤 비평가들은 『홈』이 단지 개인의 트라우마 서사가 아니라 "아프리칸 아메리칸의 예속의 역사, 인간성의 박탈, 그리고 계속된 억압과 차별에 깊이 관여하고" 있다고 주장

---

21 Morrison, *Home*, 134.

22 Manuela Lopez Ramírez, "The Shell-Shocked Veteran in Toni Morrison's Sula and Home," *Atlantis* 38, no. 1 (2016): 129-47.

23 Visser, "Fairy Tale and Trauma," 156-57. 프랭크의 증상을 "도덕적 손상"(moral injury)으로 볼 수도 있겠다. 왜냐하면, 외상 후 스트레스 장애로 인한 트라우마 증상의 완화와 함께, 그는 이제 그의 경험을 일관된 기억으로 구성해낼 수 있으며, 수치심과 죄책감을 느끼기 때문이다. 전쟁으로 인한 도덕적 손상 이론에 관해 다음의 책을 보라. Rita Nakashima Brock and Gabiella Lettini, *Soul Repair: Recovering from Moral Injury After War* (Boston: Beacon Press, 2013), xiii. 내가 아는 한, 프랭크의 트라우마와 의식의 혼돈을 도덕적 손상과 관련시킨 연구는 없다.

한다.[24] 맥신 몽고메리가 단언하듯, 흑인의 몸, 특히 씨의 몸에 가해진 치명적 손상은 "잔존하는 트라우마의 현장"이며 "대서양 횡단 노예무역의 비극에서 비롯된 균열된 역사"의 상징으로 기능한다.[25] 치유와 회복에 요구되는 것은 기억 또는 과거에로의 정신적 회귀를 의미하는 재기억("re-memory")이다.[26] 소설의 마지막에 프랭크와 씨는 어린 시절 폭력의 기억의 장소를 방문해, 오래전 린치에 의해 희생된 그 사람의 뼈를 씨가 만든 퀼트로 감싸 다시 묻는다. 이 의식은 남매가 상처로 얼룩진 과거를 다시 모으는(re-membering) 일을 완성하고 마침내 치유와 소속의 자리인 홈을 발견하기 위해 필요로 하는 일이다.

홈이 어떤 의미인지를 말해주는 이러한 결론은 어떤 비평가들에게 홈은 "기원이 아닌 도달할 곳"이라는 정의로 이끌 것이다.[27] 홈은 모리슨 식의 유토피아, 즉 이 세상 가운데 "바로 이곳"에서 끊임없는 집단적인 노력을 통해 이루어지는 곳이지, 상상 속의 또는 비역사적인 장소가 아니다.[28] 이러한 점에서 모리슨의 "우리가 일구어

---

24 Irene Visser, "Entanglements of Trauma: Relationality and Toni Morrison's Home," *Postcolonial* Text 9, no. 2 (2014): 6.

25 Maxine L. Montgomery, "Re-membering the Forgotten War: Memory, History, and the Body in Toni Morrison's "Home," *College Language Association Journal* 55, no. 4 (2012): 333.

26 Montgomery, "Re-membering the Forgotten War," 324. 아이린 비써는 모리슨의 작품에서 "재기억"을 "기억을 다시 방문하는 의도적인 행위"로 설명한다. 그러한 기억은 세대 간의 전달을 통한 연속성 때문에 집단적이라고 할 수 있다. Visser, "Entanglements of Trauma," 11-14.

27 Mark A. Tabone, "Dystopia, Utopia, and 'Home' in Toni Morrison's Home," *Utopian Studies* 29, no. 3 (2018): 295.

28 Tabone, "Dystopia, Utopia, and 'Home'," 292-93.

나가는 홈으로서의 세상"은 주변화된 전 지구적 공동체가 경험하는 고통에 대한 희망찬 포부"를 반영한다.[29] 모리슨의 홈의 개념은 분명 역사적 구체성, 윤리적 실천성, 그리고 전 지구적 시각을 담보하며, 디아스포라 주체들이 한시적이나마 의미 있는 홈을 찾을 수 있는 공간을 열어 놓는다.

그러나 나는 이러한 홈에 관한 착상에서 여전히 존재하는 긴장에 주목해야 한다고 본다. 먼저, 전 지구적으로 상상된 것일지라도, 많은 비평가들이 보는 홈이 여전히 미국 패권주의에 갇혀 있지 않나 하는 것이다. 모리슨의 의도가 그렇지 않다는 것은, 그가 프랭크의 생각을 통해 하는 말로 짐작할 수 있다: "그들은 한국에 대해서는 알지만, 그것이 어떤 것인지를 이해하지 못했다. 그들은 프랭크가 당연히 관심을 기울여야 한다고 생각하는 심각성을 이해하지 못한 것이다."[30] 모리슨은 "미국 역사에서 가리워진 순간들을 발굴해내고 그 순간들을 직접 경험한 주변화된 주체들의 입지에서 재구성함"으로써 이상화 된 1950년대의 껍데기를 벗겨내고자 하는 작가적 노력을 기울인다.[31] 인종통합의 미군은 새로운 병력을 모집해 "자유주의" 혁신의 모습을 보여주었는지 모르지만, 그러한 미국의 전쟁 장치는 아시아-태평양 지역을 가로지르는 미국 제국적 확장을

---

29 Tabone, "Dystopia, Utopia, and 'Home'," 293; Montgomery, "Remembering the Forgotten War," 332.

30 Morrison, *Home*, 136.

31 Montgomery, 322; Lisa Shea, "Toni Morrison on 'Home'," Elle (June 15, 2012). https://www.elle.com/culture/books/interviews/a14216/toni-morrisonon- home-655249/

위한 것이었다.[32] 한편, 프랭크 머니와 같은 흑인 참전 용사들은 트라우마를 가지고 여전히 인종주의로 참혹한 홈으로 돌아왔다.

무엇보다도, 미국의 역사적 순간들 속에 묻힌 것은 미국이 관여한 전쟁들을 통해 다른 나라들에 초래한 비극이다. 미국은 셀 수 없는 도시들과 지방들을 파괴하고, 이백만 민간인을 포함한 사백만 명의 죽음과, 삼백만 이상의 난민을 초래한 한국전쟁을 "전쟁"이라고 명명하지 않았다.[33] 더욱 중요한 것은, 이 전쟁이 미국의 국가 의식에서 잊혀진 끝 없는 전쟁이라는 점이다.[34] 외상 후 스트레스 장애를 경험한 퇴역군인들은 전쟁의 피해자들이지만, 미미 티응우옌이 지적하듯, 가해자로서 그들의 역할은 은폐된다. 대신, "그들의 고통은 전시 행위의 범죄로부터 자유주의적 제국을 구해내는 서사로 이용된다."[35] 모리슨의 이야기 속에서, 균열된 역사 가운데 회복되지 않은 채 남겨진 인물이 있다면, 그는 흑인 병사에 의해 살해된 한국인 소녀이다. 모리슨은 『홈』에 관한 어떤 강연에서, "당신들이 알지 못하는 것에 대해서 쓰는 것을 결코 무서워하지 말라"고

---

32 Lee, "Repairing Police Action," 124-25: citing Christine Hong, "The Unending Korean War," in *The Unending Korean War*, ed. Christine Hong and Henry Em, special issue, *positions: asia critique* 23, no. 4 (2015): 606.

33 Gary Y. Okihiro, *The Columbia Guide to Asian American History* (New York: Columbia University Press, 2001), 26.

34 Dong-Choon Kim의 *The Unending Korean War: A Social History* (Honolulu: University of Hawaii Press, 2009)를 참조하라.

35 Nguyen, Mimi Thi, *The Gift of Freedom: War, Debt, and Other Refugee Passages* (Durham: Duke University Press, 2012), 113. 이유미도 PTSD의 진단이 미국 제국의 전쟁들에 특이하게 관련된 현상이라는 응우옌의 논의를 인용한다. Lee, "Repairing Police Action," 131.

조언한다.³⁶ 그의 글쓰기는 "노예제로 얼룩진, 혼령들이 떠도는 미국의 역사 속으로의 여행"과 다름없는데, 그는 그 가운데 타자, 그 산산이 부서진 또 다른 역사를 마주한다. 이 역사는 씨의 태어나지 못한 아이의 유혼을 통해 드러나고, 이내 또 다른 파편화된 인물을 소환한다. 자신의 홈에서 집을 잃어버린 그 한국 소녀가 기억된다는 것은 어떤 것일까? 그녀는 과연 집으로 돌아갈 수 있을까?

모리슨의 『홈』을 읽으면서, 나는 홈을 문화적 국가주의 관점에서 이해하는 것에 대해 의문을 가지게 된다. 데이빗 엥은 홈을 도달할 곳, 특히 아시아인들에게 아메리칸 드림이 성취되는 곳이라고 바라보는 관점을 문제시한다. 아시아인들의 미국으로의 이주는 미국의 아시아-태평양 지역의 패권적 확장과 관련 있기 때문이다.³⁷ 출발과 도착 사이에 멈춰져 있는 상태로, 아시안 아메리칸들은 영구적으로 홈으로부터 제외된 존재라고 느낀다. 그러한 존재 의식은 홈을 잃어버린 것에 대한 향수, 또는 이룰 수 없는 것에 대한 기원과 같은 감정으로 귀속된다.³⁸ 홈에 대한 이러한 디아스포라적 이해는 "성취가 영구히 유예된 상태, 즉 살기에 적합하지 않은 영역"으로 표현된다.³⁹ 인종적으로 상처 입고 주변화된 주체인 프랭크와 씨는

---

36 Joanna Connors, "Nobel laureate Toni Morrison, a Lorain native, talks at Oberlin College about new book, 'Home'" (March 15, 2012). https://www.cleveland.com/metro/2012/03/nobel_laureate_toni_morrison_a

37 David L. Eng, "Out Here and Over There: Queerness and Diaspora in Asian American Studies," *Social Text* 15, no. 3-4 (1997): 31-52.

38 Eng, "Out Here and Over There," 31.

39 Eng, "Out Here and Over There," 32.

마침내 홈에 이르지만, 살해된 한국 소녀는 오직 프랭크의 인종차별과 전쟁의 트라우마적 기억, 그의 젠더 폭력 경험에 대한 증언을 통해 혼령의 존재로 떠돈다. 어떤 비평가들은 남매가 살해된 무명의 흑인 남성을 재매장하는 행위 속에 또 다른 죄 없는 한국 소녀가 상징적으로 묻혔다고 추론한다.[40] 하지만 나는 이 소녀의 유혼을 구체적으로 불러내야 한다고 주장한다. 인종화된 미국인들과 트랜스내셔널 주체들이 함께, 미국의 제국주의적, 인종차별주의적 프로젝트의 희생자들의 기억을 다시 모으는(re-member) 길을 찾기 위해서 말이다.

요한복음이 전하는 예수의 홈커밍 이야기[41]

---

40 "무명의 남자에게 올바른 매장을 행하는 데서, 그들[프랭크와 씨]은 표면적으로는 관련되지 않은 세 가지의 사건에서의 영혼들—씨의 강제 불임화, 프랭크의 한국 소녀 살해, 그리고 남매의 유년 시절, 살해 후 매장 장면의 목격—을 상징적으로 안식하게 한다." Lee, "Repairing Police Action," 133. 쉐릴 월은 프랭크가 자신이 모르는 피해자의 뼈를 다시 묻는 예식이, 그 자신의 피해자에게 가한 잘못을 바로 잡는 "속죄(atonement)의 행위"라고 주장한다. 오직 그때에서야, 그들은 "아픔과 고통의 원천인 홈을 구원과 사랑의 장소로 변화시킬 수 있다." Cheryl A. Wall, "Trying to Get Home: Place and Memory in Toni Morrison's Fiction," in *Toni Morrison: Memory and Meaning*, ed. Adrienne Lanier Seward and Justine Tally (Jackson: University Press of Mississippi, 2014), 64.

41 이 본문의 보다 자세한 해석은 곧 출판될 다음 글을 참조하기 바란다. Jin Young Choi, "Epistemology of Intimacy and Haunting Diaspora: Rereading the Johannine Jesus' Journey Home," in *A Pact of Love with Criticism, A Pact of Blood with the World: Towards Geopolitical Biblical Criticism, Essays in Honor of Fernando F. Segovia*, ed. by Amy L. Allen, Francisco Lozada, and Yak-hwee Tan (Atlanta: SBL Press, 2024). 나는 현재 글에서, 나의 요한복음의 마지막 장 해석의 요점을 모리슨의 홈에 관한 사상과 관련시키고자 한다.

모리슨의 『홈』과 요한복음 마지막 장의 이야기는 직접적인 상호 관련성이 없지만, 나는 두 텍스트 간에 중첩되는 모티프들이 있다고 본다. 팔레스타인과 같은 로마의 식민지에서의 반란, 로마의 잔혹한 유대인들의 처벌과 응징으로서 유대 전쟁은 초기 그리스도인들의 역사적 경험이었다. 그들이 따르던 예수의 십자가 죽음은 예수 공동체에게 깊은 역사적 트라우마를 남긴 사건이었다. 내가 하려고 하는 작업은, 복음서에서 역사적 기억이나 언어로는 온전히 담아낼 수 없는 트라우마 읽어내려고 하는 것이다. 모리슨의 『홈』이 아프리칸 아메리칸 퇴역군인이 홈을 찾는 여정을 그리듯이, 요한복음의 예수는 천상의 아버지 집을 떠나와 이 세상에 거하면서 새로운 공동체를 형성하지만, 그의 삶의 여정에서 배척과 위협을 겪으며 결국 로마에 의해 십자가 처형을 당하는 길을 묘사한다. 그러나 십자가 상의 죽음이 그의 여정의 마지막은 아니다. 프랭크와 씨가 유년기 홈으로 돌아가듯이, 복음서 이야기는 예수가 자신과 제자들의 고향인 갈릴리로 돌아가는 것으로 막을 내린다. 로터스가 남매들에게 트라우마와 치유의 장소였던 것처럼, 갈릴리는 예수를 따를 자들이 트라우마로 얼룩진 과거를 기억해내고 치유되는 홈이다. 무엇보다 흥미로운 것은 모리슨이 자신의 다른 에세이 "홈"에 요한복음의 구절을 암시하고 있는 점이다.

나는 테마 유원지나, 혹은 이루어지지 않은 그리고 언제까지나 이룰 수 없는 꿈, 혹은 거할 곳이 많은 아버지의 집과는 다른, 인종이-사안이-되지-않는-그러한-세상에 대해 생각

하기를 원한다.[42]

요한복음의 예수는 "내 아버지 집에 거할 곳이 많다"고 말한다
(14:2). "아버지의 집"은 예수와 아버지인 하나님 사이의 긴밀한 관
계와 소속의 장소이다. 아버지의 품속에 있는 예수는(1:2, 18), 그 친
밀한 관계와 집을 떠나 세상으로 행한다(1:9). 예수는 이 세상에서
사람들과 더불어 새로운 홈을 만들어 살면서도, 여전히 아버지 안
에 "거한다." 이러한 친족의 관계는 예수를 사랑하는 다른 이들에
게까지 확대되어, 그들은 그 안에, 그리고 아버지 안에 거하게 된
다. 예수는 세상에서의 공생애 후 마침내 그의 본래 집, 아버지의
집으로 돌아갈 것이다. 무엇보다 중요한 것은 그 영원한 집은 아버
지와 아들만을 위한 것이 아니고(8:35), 예수를 사랑하는 자면 누구
나 거할 수 있는 "많은 방"을 가진 홈이다(14:2): "내 아버지께서 그
들을 사랑하실 것이요, 우리가 그에게 가서 그와 홈을 만들 것이
다(14:23)."[43]

"거할 곳이 많은 아버지 집"은 포용적으로 들리는데, 왜 모리슨
은 그러한 이미지의 홈을 거부할까? 이는 그가 집(house)과 홈(home)
의 은유 사이에 근본적인 차이를 두기 때문이 아닌가 한다.[44] 인종
적 집에서 인종으로 규정된 작가로서 그의 의식은 아버지가 다스리
는 집을 상상하도록 이끈다: "애초부터 나는, 주인의 목소리와 백인

---

42 Morrison, "Home," 3.
43 내가 "홈"으로 옮기는 헬라어 monē 는 신약성서에서 오직 두 곳, 요한복음
   14:2, 23에 나타난다.
44 Morrison, "Home," 3.

아버지의 전지한 법의 가정들을 재생산할 수도, 하려고도 하지 않을 것임을 알았다."[45] "인종이 없는 세상"으로서 "거할 곳이 많은 아버지의 집"은, 그러한 세상은 존재하지 않을 것이기에, 모리슨에게 중요한 것은 홈을 만들어가는 과정, 즉 인종이 존재하지만 그것이 문제 되지 않는(unmattering race) 세상을 만들어가는 인내를 요구하는 작업이다.[46]

예수는 이상적인 홈, 즉 그를 사랑하는 자가 환영받는, 초월적인 천상의 아버지 집으로 돌아가리라 말하지만, 실은 복음서 이야기 속에서 그곳이 그의 여정의 종착지는 아니다.[47] 예수의 십자가에서의 죽음은 그의 여행의 완성으로 표현된다: "다 이루었다 하시고 머리를 숙이니 영혼(프뉴마)이 떠나가시니라"(19:30). 이후 부활한 예수는, 두려움에 가득 차 집의 문을 걸어 잠그고 있는 그의 제자들에게 돌아간다. 그는 그들에게 그의 숨(프뉴마)을 불어넣는다(20:22). 모리슨의 소설들에 등장하는 유령이 출몰하는 집들에 있는 혼령들이 트라우마적 기억을 불러일으키듯, 부활하신 예수는 상처와 흉터가 있는 몸을 가진 혼령의 모습으로 두려움에 사로잡혀 있는 그의 제자들에게 나타난다. 도마의 의심을 거두고 평안을 전해주는 예수의 모습을 마지막으로, 저자는 그가 글을 쓴 목적이 예수께서 하나님의 아들 그리스도임을 믿게 하고 그 이름을 힘입어 생명을

---

45 Morrison, "Home," 4.

46 Morrison, "Home," 3-4.

47 나는 다른 글에서 "아버지와 아들"이라는 이성애주의 가부장제 언어를 해체하면서 요한복음 읽기를 시도하는데, 나의 "아버지 집"에 대한 이해는 모리슨이 그 이미지를 받아들이는 방식과 상통한다.

얻게 하려는 것임을 설명하며 복음서를 마칠 수도 있었다(20:31).

그러나 요한복음 21장의 연장된 결론은 예수가 하늘 집으로 돌아가는 승천 이야기나, 제자들이 부활한 그리스도를 선포하는 장면 대신, 불안을 자아내는 예수의 홈커밍 이야기로 마무리된다. 예수는 아버지의 집으로 향하지 않고 제자들이 있는 갈릴리 집으로 돌아가는 것이다. 그들의 갈릴리 홈은 실패, 고립, 그리고 좌절의 장소이다. 예수는 제자들을 방문해 생선과 떡이 차려진 조반을 함께하고자 한다. 이때 생선을 굽기 위해 놓인 숯불은, 이 친밀한 자리는, 베드로가 로마 군대와 부대장, 유대 경비병들이 예수를 잡아 결박할 때, 자신의 사랑하는 선생을 부인하며 불을 쬐던 그 잔인했던 배신의 기억의 현장을 떠올리게 한다(18:12, 18; 21:15-19). "나를 사랑하느냐"고 거듭 묻는 선생의 질문에 베드로의 마음은 근심으로 가득 찬다. 그러나 고통의 기억을 소환하고 예수가 음식을 베푸는 공동체의 의식을 행할 때 그제서야 베드로에게는 치유가 시작된다. "내가 당신을 사랑하는 것을 당신이 아십니다." 이제 베드로의 이 대답이 무엇을 의미하는지를, 독자들은 알아차릴 것이다. 베드로뿐 아니라, 십자가에 죽임당한 예수를 따르는 이들은 누구나, 끊임없이 마음에 떠오르는 그 목소리를 들을 것이다. "당신은 나를 사랑하는가, 나를 사랑하는가. 그렇다면 나의 사람들을 돌아보라." 그것은 자신의 생명을 위태롭게 하는 일일 수도 있다.

어떤 이는 『홈』의 결론이 "치유와 소속, 자기 결단을 가능하게 하는 사랑의 공동체에 대한 긍정"을 의미한다고 본다.[48] 유사하게, 불

---

48 Tabone, "Dystopia, Utopia, and 'Home'," 292.

의한 죽임을 당하고 홈 외에는 그 어느 곳으로도 돌아갈 수 없는 사랑하는 사람에 대한 대답은, 살아남은 자에게 원혼으로 다가오는 그 존재와의 감정적 결속 그리고 보살핌이라는 "윤리적 프락시스"를 요구한다.[49] 모리슨이 인종을 무효화하는 끝없는 작업을 수행한다면, 예수의 홈커밍 이야기는 우리가, 제국의 통치하에 있는 죽음의 지대에서 "발가벗겨진 삶"을 살 수밖에 없는 자들을 위해 끊임없는 애도의 자리로 나가도록 이끈다.[50] 이러한 맥락에서 볼 때 공동의 보살핌은 끈질긴 저항의 표현이라고 할 수 있다.

모리슨과 요한의 이야기에서 홈이라는 것은 존재의 기원이나 마침내 도달해야 할 이상적인 장소가 아니라, 폭력과 상흔으로 채워진 과거를 함께 기억하고, 애도하고, 회복하는 과정이다. 이렇게 함께 홈을 갈망하고 만들어가는 일에는 아픔이 있을지라도 말이다. 예수의 홈커밍 또는 그의 영속적으로 지연된 귀향을 그리면서, 요한의 이야기는 기억과 치유를 가능하게 만드는 친밀하면서도 불안한 조우를 그려낸다. 이 열려진 결말에서 상처 입은 몸의 혼령으로서 출현한 예수는 그를 따르는 자들을 떠나지 않으며, 제국주의적, 인종주의적, 성적 폭력과 트라우마에 영향을 받은 역사적 순간들

---

49 Tabone, "Dystopia, Utopia, and 'Home'," 303은 다음 글을 인용한다. Shari Evans, "Programmed Space, Themed Space, and the Ethics of Home in Toni Morrison's Paradise," *African American Review* 46, no. 2-3 (2013): 381-96.

50 Tat-siong Benny Liew, "The Word of Bare Life: Workings of Death and Dream in the Fourth Gospel," in *Anatomies of Narrative Criticism: The Past, Present, and Futures of the Fourth Gospel as Literature*, ed. Tom Thatcher and Stephen D. Moore (Atlanta: SBL Press, 2008), 175.

가운데 과연 홈이란 무엇인가를 묻는다.

맺는말: 여전히 낯선 홈에서

모리슨은 독자들이 "궁극적인 홈으로서의 몸," 즉 세계주의 또는 트랜스내셔널 상황 속에서 "소외된 몸, 법으로 규제된 몸, 욕보이고, 거절되고, 박탈당한 몸"을 증언하도록 초대한다.[51] 그레이스 조는 그러한 몸—한인 디아스포라에게 가족적, 지정학적 비밀과 상처의 전조인 양공주(군인의 신부)를 찾아낸다. 양공주는 "'잊혀진' 전쟁과 성폭력이 초래한 트라우마의 기억을 전달하는 조합된(assembled) 몸"을 예시한다.[52] 출몰하는 존재는 집단적으로 각인된 트라우마의 기억을 세대와 지리적 공간을 교차하여 전달하고 "새로운 형태의 친족과 새로운 종류의 몸들을" 만들어낸다.[53]

나는 요한복음, 모리슨, 그리고 조의 글들에서 유령의 출현들을 통해 트라우마의 기억들을 지닌 상처 입은 몸들의 합체(assemblage)를 보게 된다. 이 이야기들에서 출몰하는 존재들은 상처 입은 타자들을 만나게 하며, 여전히 억압적인 현실 속에서 함께 저항할 수 있는 길을 지시해준다. 애버리 고든이 정의하듯, 유령에 사로잡히는 순간, 홈은 낯선 곳이 된다. 그리고 그러한 일은 단독적이지만 반복

---

51 Morrison, "Home," 5.

52 Grace M. Cho, *Haunting the Korean Diaspora: Shame, Secrecy, and the Forgotten War* (Minneapolis: University of Minnesota Press, 2008), 40-41.

53 Cho, *Haunting the Korean Diaspora*, 39.

하여 일어난다.[54] 나의 상호텍스트적 읽기에서 독자적이면서도 연결되어 있는 출몰 이야기들은 얽혀 있는 인종화된 식민주의 역사를 초역사적, 교차문화적, 그리고 초국가적 현상으로서 폭로한다. 이렇게 끊임없이 출몰하는 유령은, 그를 목격한 자에게 스피박이 말하는 "윤리적 관계성"이라는 응답을 요구한다.[55] 따라서, 망자의 출몰을 경험하는 것(haunting)은 회복 또는 치유를 위해 "되어져야 하는 어떤 것"을 행하게 하므로 트라우마와는 다른 개념이다.[56]

나 역시 디아스포라 가운데 살면서 아직 도달하지 못할, 어쩌면 도달할 수 없는 홈을 갈망하면서, 예시적으로 또는 뒤늦게 다가온 혼령과 같은 존재들과 조우해왔다. 어렸을 때에 기억 속에 스쳐 간 타자로서의 흑인 병사는, 대서양의 노예무역선, 미국 남부, 그리고 태평양을 가로질러 잊혀질 수 없는 "잊혀진" 전쟁, 소위 인종통합의 한국전에 참여했다. 트라우마 투성이의 이 흑인 병사는 자신의 홈에서 경찰에게 단속되고, 동시에 해외에서는 인종화된 타자들을 향해 경찰의 임무를 수행하는 역사적 복합성을 체화하고 있다.[57] 프랭크 머니는 1950년대를 넘어, 아시아-태평양 지역에서의 미국 패권주의를 확장하기 위해 사용된 군사 기술들이 어떻게 경찰 규

---

54 Avery Gordon, *Ghostly Matters: Haunting and the Sociological Imagination* (Minneapolis: University of Minnesota Press, 1997), xvi; cf. Jacques Derrida, *Specters of Marx: The State of the Debt, the Work of Mourning and the New International* (New York and London: Routledge, 2011), 10.

55 Gayatri Chakravorty Spivak, *A Critique of Postcolonial Reason* (Cambridge: Harvard University Press, 1999), 383-84.

56 Gordon, *Ghostly Matters*, xvi.

57 Lee, "Repairing Police Action," 126-27.

제와 대규모 교도소 수용을 통해 흑인들을 억누르는 데 사용되고 있는지 여전히 진행되고 있는 이야기들을 들려줄 것이다.[58] 그의 이야기를 들으며, 전쟁의 기억을 물려받은 나는 미국이라는 낯선 땅에서 여전히 차별 받고 있는 그를 다시 만나고 그와 친밀한 관계에 있었던 망자들을 마주한다. 그와 동생이 비밀스럽게 목격했던 린치의 희생자, 동료 군인과 함께 미국 땅에 와 비밀스러운 삶을 살아온 양공주, 그리고 백인 우월주의 테러에 희생된 그의 여동생의 채 태어나지 못하고 죽은 아기, 즉 도태된 미래의 가능성, 그리고 그에 의해 살해당한 한국 소녀…. 이 혼령들을 경청한다.

　지금도 경찰의 잔학 행위에 의해 또 한 사람의 아프리카계 아메리칸이 희생을 당할 때, 그 전의 피해자들 한 사람 한 사람의 모습은 Black Lives라는 복합체로 나와 같은 타자의 존재를 사로잡는다. 2020년 3월 23일 내가 사는 지역의 한적한 거리에서, 시카고로부터 형의 집을 방문한 대니얼 프루드(Daniel Prude)라는 또 한 명의 흑인 남성이 경찰 강제 진압에 의해 사망한 사건이 있었다. 정신 질환을 가지고 있었던 그는 한 밤 중 형의 집에서 달려 나왔다. 경찰은 그에게 수갑을 채우고, 그가 저항하자 머리를 도로 위에 처박은 뒤, 그의 머리에 두건을 씌웠다. 옷을 벗고 맨발로 달리던 이 흑인 남성의 잊혀지지 않을 이미지는, 한 밤에 신발 없이 정신병원에서 빠져

---

58 Jian Neo Chen, "#Blacklivesmatter and the State of Asian/America," *Journal of Asian American Studies* 20, no. 2 (2017): 269, https://doi.org/10.1353/jaas. 트루만 대통령은 한국 내 갈등에 미국이 개입한 사건을 "경찰 행위"(the police action) 라고 명명했다. 이유미는 모리슨이 치안과 군사주의를 인종주의와 자유주의 제국을 보호하고 추진시키는 동력으로 묘사한다고 본다. Lee, "Repairing Police Action," 119-20.

나와 자신이 시카고를 거쳐 조지아로 내려갈 수 있도록 도와준 목사의 집으로 피신한 프랭크 머니의 모습과 겹쳐진다.

나의 상호텍스트적 읽기는 전쟁으로 처절하게 갈라진 나라에서 고통을 겪은 어린 소녀와 그녀를 기억하지 못한 채 나라를 떠나온 나와 같은 주체가, 인종 때문에 말로 할 수 없는 고난의 역사를 살아온 아프리카계 아메리칸이라는 주체와, 억압의 역사 가운데서 불편하면서도 친밀하게 조우하는 자리라고 할 수 있다. 나아가, 나는 로마에 점령된 팔레스타인에서 국가권력에 의해 처형된 예수의 이야기를 전하는 요한복음을 다시 읽어보고자 시도하였다. 모리슨의 홈에서처럼, 복음서 마지막의 예수의 홈커밍 이야기는 망자의 귀환을 통해 기억과, 치유가 일어나는 낯선 홈을 그리고 있다. 이러한 출몰의 이야기들을 기억, 시공간, 문화를 교차하며 읽는 것은 주변화된 공동체들이 서로의 발설되지 않은 역사를 경청하도록 초대한다. 그리고 우리는 자유주의적 제국주의와 백인 우월 인종주의에 의해 촉진된 전지구적 부정의에 대항하는 어느 지점에서 우리 자신의 이야기의 연결점을 발견할 수 있는지 숙고해보아야 할 것이다.

너희의 평화는 없다 :
한국 그리스도교의 반공주의는 베트남전을 어떻게 정당화했나

이찬수 (레페스포럼)

'부당한 정당성'을 생각하며

전쟁은 어떤 명분을 내세우더라도 없어야 한다. 전쟁의 가능성 자체가 없는 세상은 그리스도교적 이상 세계이기도 하다. 그러한 상태의 다른 언어가 '평화'다. 그리스도교는 인간이라면 평화의 길을 걸어야 한다고 선포해왔다.

가령 예수는 '목숨이 온 세상보다 소중하다'면서(마 16:26), "칼을 가지는 자는 다 칼로 망한다"(마 26:52) 말했고, '살인하지 말라'는 계명에서 더 나아가(마 5:21) "원수를 사랑하라"(마 5:44) 가르쳤다. "평화를 이루는 이들은 복이 있으며 그들은 하나님의 자녀들로 불리리라"(마 5:9)고도 선포했다. 예언자 스가리야는 "에브라임의 병거를 없애고 예루살렘의 군마를 없애며, 군인들이 메고 있는 활을 꺾어버리고 뭇 민족에게 평화를 선포하리라"(슥 9:10)며, 전쟁 없는 세상, 나아가 전쟁의 가능성 자체가 사라진 상태로서의 평화를 꿈꾸었다. 그리스도교는 한편에서 이러한 메시지를 전승해왔다.

그런데 현실은 이러한 가르침대로 돌아가지 않았다. 거의 전 세계에서 그리스도교의 이름으로 특정 정치 이념이나 집단주의에 편승하고 분쟁이나 전쟁을 정당화하는 경우를 여전히 볼 수 있다. 성경에서 전쟁의 필연성을 읽어내는 이들도 많거니와, 신의 이름으로 전쟁에 참여하고, 평화를 앞세워 살상을 정당화하며, 승리를 위한 예배와 기도를 하기도 한다. 상대편의 죽음은 도외시하거나 당연시한다.

한국도 이러한 현실에서 예외는 아니었다. 가톨릭이나 개신교를 막론하고, 20세기 중반 이후 한국교회는 반공주의를 종교적으로 전용하면서 대북 적대성이 신앙인의 태도인 양 가르쳐왔다.[1] 북한을 악마화하고, 베트남전 파병을 당연시했으며, 상대편의 죽음은 아무리 처참해도 아랑곳하지 않았다. 한국의 승리가 신앙의 승리인 것처럼 생각했다.

정당성은 누구의 몫인가

아우구스티누스 같은 이는 "정당한 전쟁"(just war) 담론의 근거를 제공했다. 그는 상대편이 '불의하게' 싸움을 걸어오면 그에 대응하지 않을 수 없고, 현자라면 그에 근거한 '의로운 전쟁'을 수행하지 않을 수 없다고 생각했다.[2] 토마스 아퀴나스는 전쟁을 개시하는 군주에게 '권위'가 있고 전쟁의 정당한 '이유'와 올바른 '의도'가 전제된다면, 성직자들이 전쟁을 하는 것도 합법적이라고 보았다. 아퀴나스는 이렇게 말했다.

---

1 강인철, 『한국의 개신교와 반공주의』(중심, 2006) 제3장, 54-56쪽, 139쪽.
2 아우구스티누스, 성염 옮김, 『신국론』 제3권(분도출판사, 2004), 19권 7항.

때로 전쟁을 하는 일은 옳고 칭찬받을만한 일이기도 하다. 왜냐하면 다음과 같이 쓰여있기 때문이다. "만일 어떤 사람이 참된 신앙을 위해 죽거나 그의 조국을 구하거나 그리스도인들을 지켰다면 하느님은 그에게 천국의 상을 내리실 것이다." 그러므로 주교들과 성직자들이 전쟁에 나가는 일은 합법이다.[3]

이런 해석들이 전승되면서 선한 동기, 올바른 의도에 따른 전쟁이라면 정당하다는 생각이 자리를 잡아갔다. 합법적 '국가'가 국민 보호를 위해 정당한 '근거'와 '의도'를 가지고 하는 전쟁이라면 옳다는 것이었다. 부당한(unjust) 침략을 받을 때 그에 대한 방어적 전쟁은 정당하다(just)는 것이 그 핵심이었다. 이것이 '정당한 전쟁' 이론의 근간이다.[4]

하지만 이 논리는 완결적이지 않다. 다른 물음으로 이어진다. '누가' '왜' 침략했느냐의 문제가 여전히 남아있기 때문이다. '침략자'의 입장에서는 침략할만한 필연적인 이유가 있을 수 있기 때문이다. 합법성의 기준 및 정당성과 부당성 사이에 객관적 경계를 확보하기 힘들다는 뜻이다. 누가 왜 그런 폭력을 행사했는지 그 이유를 명백히 객관화하기가 늘 쉽지 않다. 현재로서는 전쟁을 촉발시킨 '물리적 폭력'의 일차 제공자가 부당하다는 잠정적 결론을 내릴 수

---

3 Thomas Aquinas, *Summa Theologiae*, Pt. IIa-IIae QQ.40 2절(박문수, "가톨릭은 '정당한 전쟁' 교리를 폐기할 수 있을까"『평화의 신학』, 동연, 2019, 194쪽에서 재인용)

4 정주진, 『평화학: 평화적 공존을 위한 이론과 실행』(철수와 영희, 2022), 45-53쪽 참조.

있을 뿐이다. 중요한 것은 구조적 폭력을 줄이고 물리적 폭력을 예방하는 일이다. 한반도에서는 왜 전쟁이 일어났으며, 베트남 전쟁에는 왜 참전하게 되었을까. 한국 사회와 그리스도교에 내면화된 반공주의의 역사를 베트남 전쟁과 연결지으면서 이런 문제의식을 구체화 시켜보자.

베트남전의 원인, 반공주의

1940년 제2차대전 당시 프랑스가 독일에 점령당하며 무력해지자 일본이 베트남에 주둔했다. 그러자 호치민은 베트남독립동맹(Viet Nam Doc Lap Dong Min, 약칭 '베트민'/越盟)을 결성해 프랑스 식민 세력 및 일본의 지배에 저항했고, 하노이를 장악한 뒤 '베트남민주공화국'(하노이정부)을 세웠다. 2차대전에서 일본이 패망하는 사이 힘을 충전한 프랑스는 기존의 연고권을 내세우며 남부 베트남에 군대를 파견해 친프랑스 현지 정권을 수립했다. 미국은 인도차이나에서 공산주의 소련과 중국의 영향을 차단한다며 이러한 과정을 묵인했다. 그러자 베트민은 베트남의 민족의식을 일깨우며 독립을 위한 게릴라전을 시작했다. 당시 호치민의 연설(1946)은 결기에 찬 명문으로 남아 있다. "베트남 인민들은 다시 노예가 되기를 결코 원하지 않습니다. 그들은 자유와 독립을 잃는 것보다 차라리 죽음을 택할 것입니다."[5]
베트민은 '디엔비엔푸 전투'에서 승기를 잡으며 프랑스에 잠정 항

---

5 Bernard B. Fall, ed., *Ho Chi Minh on Revolution: Selected Writings*, 1920-1966(New York: Frederick A. Praeger, 1967), p.174.

복을 받아냈다. 그 뒤 프랑스와 베트민은 제네바에서 북위 17도 선을 기준으로 베트남을 남북으로 나누는 협정(제네바협정, 1954)을 체결했다. 남부는 프랑스군이 지배하는 '베트남공화국'으로, 북부는 공산주의적 '베트남민주공화국'으로 분단되었다.

그 뒤 미국은 '중화인민공화국'의 수립(1949) 이후 강성해지는 공산주의의 확산을 막는다며 프랑스를 대리하여 남부 베트남공화국에 정치적으로 개입했고, 군사 및 경제적 원조를 통해 반공체제를 구축해나갔다. 하지만 북베트남(베트남민주공화국)의 지원을 받은 이들이 반미, 반정부, 공산 계열의 '남베트남민족해방전선'을 결성하는 등 남베트남에는 민족주의적 공산주의 세력이 커졌다. 그러자 미국의 존슨 대통령은 베트남에서 공산주의의 세력을 약화시키고 베트남을 통일시킨다는 명분으로 '호치민 통로'(북베트남의 물자이동통로)에 대한 공습 명령(1964.8.5.)을 내렸다. 그렇게 베트남전이 발발했다. 베트남에서는 '대미항전'(對美抗戰, Kháng chiến chống Mỹ), '항미구국전쟁', '미국전쟁'(American War) 등으로도 부르는 전쟁이었다.

전술한 '정당한 전쟁'론에 의하면, 미국이 선제공격을 했으니 베트남 공산세력의 군사적 방어는 일단 '정당한' 대응이라고 할 수 있다. 미국은 공산주의는 불의하다는 전제를 가지고 자국의 군사적 개입을 정당하게 여겼지만, 그 실질적 속내는 미국의 세계 패권 전략에 따른 국익을 위한 것이었고, 그 전략을 뒷받침한 이념은 반공주의였다. 미국의 선제적 공습 명령에 반대한 국회의원은 겨우 두 명뿐이었을 정도로[6] 당시 미국 내 반공주의적 조류는 거셌다.

---

6 리영희, 『베트남 전쟁』(두레, 1994), 67-69쪽.

6.25 전쟁을 경험한 한국 사회에서의 반공주의는 더 강력했다. 미국의 파병 요청을 받은 한국의 국회나 사회에서 파병에 반대하는 목소리는 거의 없었다. 박정희 정권은 미국의 파병 요청을 적극 수용했고, 자진하여 군대를 파견하기도 했다. 1964년부터 1973년까지 9년에 걸쳐 총 31만 2,853명의 군인을 베트남에 파병했다. 미국은 1965년 18만 4천 명, 1968년에는 약 54만 명의 병력을 파병했다. 베트남전 파병 8개 국가 중 한국의 파병군은 미국 다음으로 많았다. 인구 대비로 치면 한국군 숫자가 더 많은 셈이었다.

한국군은 1,170회의 대대급 이상 대규모 작전과 566,000회의 소규모 작전을 수행했다. 남베트남 내 친북적 무장세력인 이른바 '베트콩' 44,100여 명을 사살했고, 한국군은 5,099명 이상(집계기관에 따라 4,687명)이 전사했으며 10,962명이 부상당했다. 미군은 1,100명, 연합군의 지원을 받은 남베트남 정부군은 2,300명 정도가 전사했다. 기본적으로 무서운 살육전이었다.

한국군이 '베트콩'을 제거한다며 베트남의 무고한 양민을 살상하는 일도 벌어졌다.[7] 그나마 전쟁이 최소한의 정당성을 확보하려면 비전투원(민간인) 사상자가 전투원(군인) 사상자보다 적어야 하는

---

7 베트남전 당시 한국군에 의한 민간인 학살은 2,500여 명 정도로 보기도 하고, 80여 건, 5,000명~9,000명 정도가 희생당한 것으로 추산하기도 한다. 남베트남군과 미군이 가담한 민간인 학살은 60,000명 정도로 추산된다. 한국군에 의해 가족이 학살당했던 응우옌 티탄 씨가 최근 한국정부를 상대로 손해배상청구소송을 제기해 일심에서 승소했다(2023.2). 한국 국방부는 그런 사실을 부정하며 항소를 했지만, 한국군에 의한 베트남 양민 학살 관련 증언은 이미 많이 나와 있다. 관련 정황과 사례에 대해서는 권헌익, 『학살, 그 이후: 1968년 베트남전 희생자들에 대한 추모의 인류학』(Archive, 2012)에서 생생하게 소개하고 있다. 특히 18-19, 63-65, 83-91, 236-239쪽; 서보혁, 『배반당한 평화: 한국의 베트남·이라크 파병과 그 이후』(진인진, 2017), 219-221쪽 등 참조.

데, 남베트남 민간인 사망자는 전투원 사망자보다 훨씬 많은 195,000~430,000명 정도였다.[8] 민간인 희생에 개입한 한국군도 '정당한 전쟁'을 한 것은 아니었다는 뜻이다. 6.25 전쟁에서 군인에 의한, 특히 미 공군의 무차별 폭격에 의한 민간인 희생이 엄청났음에도 불구하고,[9] 민간인 피해를 전쟁의 불가피성으로 치부해버린 것과 같은 일이 베트남에서도 벌어진 것이었다.

공산주의에 대항해 민주주의를 지킨다는 것이 한국정부의 참전의 공식적 명분이었지만, 정치적 속내는 사실상 '국가이익'과 '정권이익'을 위한 것이었다. 이때 '국가이익'이란 북한의 남침에 대비하여 주한미군이 계속 주둔하면서 미국으로부터 한국군의 현대화를 위한 지원을 받는다는 것이었다. 그리고 '정권이익'은 그런 미국의 지원을 박정희 정권의 장기집권을 위한 정치·경제적 수단으로 삼는다는 것이었다.[10] 속내로 들어가 보면, 한국의 파병 자체가 애당초 정치적 계산에 따른, 그런 점에서 '불의한' 것이었다는 뜻이다.

이러한 참전을 거국적으로 정당화시켜준 제일 큰 동력은 '친미적 반공주의'라고 할 수 있다. 전쟁의 이유와 의도에 대해 대다수의 국민이 별반 의심하지 않았다. 더욱이 베트남전이 발발했을 때는 북한 '공산당'과의 전쟁 트라우마로 인해 한국인 대다수가 반공을 하

---

8 이상의 통계에 대해서는 서보혁, 앞의 책, 157-158쪽, 217-224쪽; 유인선, 『새로 쓴 베트남의 역사』(이산, 2002), 415-417쪽 참조.

9 김태우, 『폭격: 미 공군의 공중폭격 기록으로 읽는 한국전쟁』(창비, 2013)에서는 미 공군과 한미 지상군이 전폭기 폭격과 기총소사로 수백 명의 민간인을 학살한 노근리 사건 등(221-228쪽)을 비롯해 전쟁 시 민간인 학살을 불가피한 것으로 당연시했던 역사를 비판적으로 상세하게 다루고 있다.

10 서보혁, 위의 책, 313쪽.

늘의 뜻처럼 여기던 시절이었다. 한국의 반공주의는 거의 '종교적'이었다.

친일파의 친미화, 반공주의와 한국식 시민종교

한국에서의 반공주의는 일제강점기부터 시작되었고, 미국과의 관계성 속에서 강화되었다. 미국은 한국에 군정을 시작한 또 다른 점령자였지만, 한국인에게는 일본을 넘어선 해방자라는 인식이 더 컸다. 식민지 시대 엘리트 친일파들에게는 생존의 열쇠를 진 권력이었다. 해방 후 친일파는 친미적 자세로 전환하면서 미국이 지닌 힘과 관용의 그림자에 숨어 자신들의 흑역사를 은폐하고, 미국이 수호하는 반공주의(및 민주주의와 자본주의)를 옹호하며, 일제강점기 때의 기득권을 유지해 갔다. 해방 후 친일파 청산이 어려워진 이유였다.[11] 반공주의는 식민지 엘리트들에게는 과거청산의 흐름으로부터 자신들을 보존하기 위한 생존수단이었다.

더욱이 6.25 전쟁 이후 거의 종교 수준으로 고양된 반공 이념에 민족주의가 습합되면서 반공주의는 '시민종교 신념체계'의 중심부에 자리 잡았고, 이승만 정부 이후에는 '국시'로 격상되었다. 미국

---

11 1947년 '남조선과도입법회의'에서 격론과 진통 끝에 '부일협력자·민족반역자·전범·간상배에 관한 특별법률조례'를 제정했지만, 미군정장관이 조례에 대한 인준을 거부하면서 미군정기 친일파 청산은 사실상 무효가 되었다. 근본적인 이유는 패전국 일본을 친미국가로 만들어 소련 공산주의의 남하를 막고자 했던 미국의 영향 때문이었다. 미국의 입장에서는 굳이 한국의 친일파 청산 정책을 뒷받침함으로써 일본의 친미화에 기운을 뺄 이유가 없었던 것이다. 게다가 '남조선과도입법회의'에도 친일파들이 상당수 포진해있었다. 홍승표, 『태극기와 한국교회: 국가상징과 기독교의 관계사』(IYAGI, 2022), 331-332쪽 참조.

이라는 친구와 소련/북한이라는 적을 이원론적으로 구분했고, 민주주의·공산주의를 선·악의 도식으로 간주했다. 윤리적 이원론을 기반으로 공산세력과의 투쟁을 성전(聖戰)처럼 간주했다.[12] 미국은 '북조선 괴뢰정권'의 적화야욕으로부터 한국을 지켜주는 구세주였고, 반공, 민주, 발전 등의 '교리'를 통해 한국을 움직이는 동력으로 한국 사회에 현현해왔다.

국제적 반공주의와 한국 그리스도교의 전쟁 옹호

'미국'이 반공주의를 정당화 및 강화시키는 원천이었다는 사실에 함축되어 있거니와, 반공주의는 국제적 차원의 이념이었다. '동아시아 대분단 체제'[13] 개념에 들어있듯이, 6.25 전쟁도 반공주의가 국제적 진영 논리의 한 축으로 작동하는 과정에서, 다시 말해 동아시아 전반이 이념적이고 정치적으로 분단된 상황에서 벌어졌다. 베트남전 자체도, 한국의 베트남전 참전도 그랬다.

한국의 그리스도인은 국제적 차원의 분단상황을 선·악의 이원론

---

12 강인철은 "반공주의", "민족주의", "발전주의", "민주주의", "친미주의"가 현대 한국에서 사실상의 종교적 신념체계, 즉 '국가적이고 세속적인 성(聖) 체계'의 중추적 역할을 해왔다는 사실을 주도면밀하게 정리하고 있다. 강인철, 『경합하는 시민종교들: 대한민국의 종교학』(성균관대학교출판부, 2019), 제2장, 250-252, 260, 263, 269-271쪽; 강인철, 『전쟁과 종교』(한신대학교출판부, 2003) 326쪽.

13 1949년 중화인민공화국의 출범 이후 미·일과 중국 간 대립, 나아가 한·미·일 대 북·중·러의 대립, '중공'(중국)과 '자유중국'(대만), 남북 베트남 간 대립 구도를 설명하기 위해 이삼성이 붙인 표현이다. 이삼성, 『한반도의 전쟁과 평화』(한길사, 2018), 805-815쪽.

구도 속에서 규범화하는 데 앞장섰다. 반공주의를 거의 신앙의 영역으로까지 승화시켰다. 강인철이 잘 규명한 바 있듯이, 교리 및 신념체계, 교회 법규와 제도, 의례와 신심운동, 복음화운동과 선교 등의 영역 전반에서 한국에서 '반공주의는 종교적으로 전용'되었다. 특히 대형 개신교회는 대중 전도 집회들을 통해 박정희 정권이 추진해온 '반공주의와 성장주의의 결합'을 추구했다.[14] 반공을 국시로 내건 정권과 교회가 반공을 매개로 공생 관계를 유지했다. 교회와 교회 지도자의 대사회적 영향력이 커지면서 개신교회가 한국 사회에서 주류 종교로 자리 잡는 데 기여했다. 이것은 그리스도교의 반공주의가 순수한 종교적 이념이라기보다는, 사회적 이해관계와도 얽힌 세속적 현상이기도 했다는 뜻이다.

이런 분위기에서 한국의 베트남전 파병도 신앙의 이름으로 독려되었다. 베트남전은 반공주의라는 시민종교적 교리를 확산시켰고, 부차적으로는 발전주의 교리도 활성화시켰다.[15] "파병된 국군 장병들은 '베트남의 자유와 세계 평화를 위한 십자군'으로 칭송되었다. 박정희는 베트남 파병을 '건국 이래 처음 있는 역사적 장거'로 규정했고, 파견군인들을 '자유의 십자군', '반공십자군', '화랑의 후예'라고 표현했다. 그렇게 전 사회를 병영화하고 군사화해 일종의 병영국가를 만들어갔다.[16] 각종 기념 및 상징물을 통해 전쟁의 정신은

---

14 강인철, 『한국의 개신교와 반공주의』, 제3장(반공주의의 종교화 기제들) 참조.

15 강인철, 『경합하는 시민종교들』, 447쪽.

16 한홍구, "박정희 정권의 베트남 파병과 병영국가화", 『역사비평』(2003), 126, 128-129, 135쪽; 윤충로, "베트남전 참전의 안과 밖", 오제연 외 『한국현대생활문화사, 1960년대: 근대화와 군대화』(창비, 2016), 167쪽.

미화되었고, 전사자는 국민적 존경의 대상으로 고양되었다. 여기에 발전주의가 덧붙여지면서 시민종교의 이념으로 자리 잡았다.

근본적인 문제는 전쟁 참여라는 폭력적 사건과 그로 인한 엄청난 희생에 대해 당시 한국 그리스도교 지도자들도 침묵으로 동의하거나, 아예 참전 자체를 찬성했다는 점이다. 전술했듯이, 베트남전의 직접적 원인은 반공을 앞세운 미국의 실질적인 공격에 있었다. 당연히 한국이 미국 편을 들어 개입하는 행위는 '정당한' 전쟁과는 거리가 멀었다. 그리스도교가 생명과 평화를 존중한 예수의 정신을 계승해온 주체이기도 했다는 사실까지 염두에 두면 거리는 더욱 멀었다.

하지만 한국 그리스도교에서는 베트남전이 '성전'처럼 간주되었다. 여느 나라도 마찬가지이거니와, 한국에서도 발전주의나 민족주의가 가세한 반공주의가 사랑과 자비라는 그리스도교의 이상보다 더 크게 작용하거나 사실상 동일시되었다. 하늘의 이름으로, 그리고 그리스도인의 신앙을 동력 삼아 인명 살상을 도외시하거나 정당화해간 것이다.

진보도 포섭한 반공주의

일부 교단과 지도자들의 경우, 전쟁의 속성 및 박정희 정권의 정치적 속내(정권이익)를 전혀 모르지는 않았다. 하지만 현실에서는 반공주의의 벽이 더 두터웠다. 1970년대만 해도 진보적 사회 운동 진영조차 '공산주의'니 '용공'이니 하는 평가를 받는 것 자체를 부담스러워했다. NCCK 같은 개신교 진보진영도 공산주의 세력으로 지목되는 것을 가장 경계했다.[17] '기장'과 '예장'의 분열은 물론, '예장'이 '통합'과 '합동'으로 분열된 배경에도 공산주의 혹은 반공주의 문제가 들어있었다. 진보적 사회참여운동을 으레 용공 행위, 공산주의 운동으로 규정하고 탄압하며 해산시키려던 군사 정부의 강경한 태도가 이에 영향을 준 것은 물론이다.

그렇다 보니, 인류의 평등과 인권을 외치던 진보적 교회도 정부의 대공 척결 정책, 가령 공산주의와 연계되어 있다며 정부가 목소리 높이는 사건이나 단체, 가령 민청학련 사건이나 남민전 사건 등에 대해서는 일정한 거리를 두었다.[18] 이러한 반공 분위기가 교회의 인권운동 같은 사회 참여적 활동을 위축시키는 원인이 되었고,[19] 베트남 파병군에 그리스도인이 많다는 사실을 자랑스러워하기까지 했다. 구체적 살육은 추상화시키면서, 공산주의와의 전쟁을 신앙의 구체적 실천처럼 간주했다. 이와 관련해 교회사학자 류대영은

---

17 가령 '반공 태세를 더 강화해달라'는 이효상(당시 공화당 의장서리)의 비판적 요청(1974년)에 대해 NCCK는 '기독교야말로 근본적인 진정한 반공'이라며 다음과 같이 항변한 바 있고, 한국기독교장로회는 "우리 교회는 반공정신을 강화하고 국가의 안보를 공고히 하려는 여하한 노력에도 적극적으로 지지와 협력을 아끼지 않으려 한다"고 밝힌 바 있다. 손승호, 『유신체제와 한국기독교 인권운동』(한국기독교역사연구소, 2017) 131-132, 172쪽 참조.

18 손승호, 위의 책, 125쪽, 254쪽.

19 베트남이 공산주의적 이념으로 통일되자(1975), 민주화운동을 주도하던 19개 개신 교단들은 "베트남 적화(赤化)"에 즈음한 공동선언문(한국교회선언문)을 다음처럼 발표했다: "대한민국의 주권 없이는 이 땅에 교회도 있을 수 없음을 인정하고 현 시국 하에서는 신앙수호와 국가안보를 제1차적 과업으로 간주한다." 진보적 개신교 지도자들도 1980년대까지는 반공 이데올로기를 불가침의 영역처럼, 민주주의는 반공의 하위 개념처럼 자리매김하고 있었다. 강인철, 『한국의 개신교와 반공주의』, 84쪽, 86쪽.

이렇게 정리한다.

> 한국교회는 베트남에 파병된 부대의 지휘관 가운데 많은 사람이 기독교인이라는 사실을 부각시켰다. 주월 한국군 사령관 채명신을 비롯하여 해군 백구부대 사령관 이계호, 청룡부대장 이봉출 등 기독교인 지휘관들이 많았다. 채명신이 사단장을 겸했던 맹호부대에는 특히 기독교 지휘관이 많아 기갑연대장, 포병사령관, 6후송 병원장 등이 모두 기독교인이었으며, 한 통계에 따르면 1966년 4월 현재 총 97명의 장교 가운데 88명이 기독교인이었다. 앞의 백구부대 예에서 본 바와 같이 지휘관이 기독교인이라는 사실은 부대 전체를 '십자군'으로, 그리고 나아가 한국의 베트남 전쟁 참전을 일종의 '성전'(聖戰)으로 해석할 수 있게 해주었다… 또한 한국 교회가 베트남 전쟁에 기독교적인 의미를 부여하는 데 특별한 역할을 했던 것이 '임마누엘' 부대였다. 임마누엘 부대는 백마부대 안에 지휘관과 병사들 모두 기독교인들로만 구성된 중대(29연대 5중대)였다.[20]

전 국민 중 그리스도인 비율이 7% 남짓이던 시절에 베트남 참전 장교 중 그리스도인의 비율이 90%나 되었으니, 그리스도교 국가 미국의 호감에 맞춘 의도적인 구성이 아니었겠는가 하는 의심이 들 정도였다.[21]

20 류대영 「베트남 전쟁에 대한 한국 개신교인의 태도」, 『한국 기독교와 역사』 No. 21권(2004), 82-83쪽
21 박금표, "베트남 근대화에 비친 불교의 영향: 베트남 전쟁과 불교도 항쟁을 중심으로", 『한국선학』 제26권(2010), 584쪽.

가톨릭의 반공주의와 전쟁 독려

가톨릭도 반공주의 일색이었다. 마르크스주의가 발흥하던 일제 강점기부터 한국 가톨릭의 반공주의는 분명했다. '공산주의자는 강도'라던 일제의 표현에 동의했고, 해방 이후 가톨릭의 반공 담론은 농도와 규모 모두 급속히 확대되었다. 해방을 전후로 한반도 구성원의 주요 주제였던 '좌우합작'을 반대했고, '공산주의는 무신론', '민주주의는 유신론'이라는 대립 구도 하에 남한만의 단독정부를 원했다.

단독정부를 추진하던 이승만과의 유대감이 커지면서 한국 가톨릭교회는 교황청-미국가톨릭-한국가톨릭-한국정부의 상호연결성에 대한 의식을 키웠다. 「경향신문」을 창간해 가톨릭교회 내 강력한 반공 이데올로기를 생산하고 전파하는 전진기지 노릇을 했다. 「경향잡지」, 「가톨릭청년」, 「천주교회보」 모두 반공을 선전했다.[22] 노기남 주교는 이렇게 말했다: "불원간 장래에 저 악마적 유물론 공산주의는 이 지구상에서 자취를 감추고야 말 것이라 봅니다. 따라서 세계 평화도 머지않아 있을 것이요 한국의 완전 통일과 평화도 머지않았다고 생각됩니다."[23]

노기남 주교만이 아니라 당시 가톨릭교회 산하 잡지들은 한결같이 그런 흐름 속에 있었다. 공산주의의 척결이 세계 평화의 조건이라고 보았다. 이런 흐름 속에서 해방 후 가톨릭교회와 그 하위기구

---

22 강인철, 「전쟁과 종교」, 188-207쪽의 요약.

23 「청년」, 1949, 11·12: 86(강인철, 「전쟁과 종교」, 213쪽에서 인용)

들은 반공을 매개로 '국가화'하는 흐름을 보였다. 6.25 전쟁을 "천주와 교회에 대한 도전"으로 간주했고, 북한과의 전쟁도 유사 종교집단(공산주의자들)인 "반그리스도에 대항하는 전쟁", 선과 악의 사상전이라고 강조했다. 십자군을 '성전'으로 여겼던 옛 역사와 같은 자세로 간주했다.[24] 반공주의는 미국가톨릭-한국가톨릭-한국정부의 상호연결성을 의식하며 더 강화되었고, 순교 담론과 연결되면서 증폭되었다.[25]

베트남전에는 미국과 로마의 가톨릭도 깊게 관여했다. 가령 베트남전 당시 남베트남의 대통령이었던 응오 딘 지엠은 개인과 집안이 가톨릭 신자이기도 했거니와, 그가 1950년대 초반 2년간 미국에 체류하던 시절에는 존 F. 케네디 상원의원이나 미국 가톨릭 군종교구장이었던 스펠만(Francis J. Spellman) 추기경 등과 교류하며 그들의 지지를 받았다.[26] 스펠만 추기경은 뉴욕대주교 시절 한국을 방문하면서 루즈벨트 대통령과 비오 12세와의 각별한 관계를 바탕으로 미국정부-한국정부-한국천주교회-교황청 간의 가교를 담당하기도 했던 인물이었다.[27] 그는 1952년 12월, 전쟁 중이었던 한국 내 미 제1군단 사령부 교회를 방문하여 이 전쟁은 "무신론 폭군에 대한 신앙 자유 수호의 십자군 전쟁"이라며 다음처럼 연설한 바 있다. "이 전쟁이야말로 진정한 자유를 위하여 종교의 자유를 위하여 공격을

---

24 강인철, 위의 책, 221쪽; 윤선자, "베트남전쟁과 한국천주교회", 『전남사학』 제 18집, 125쪽.

25 강인철, 위의 책, 231-232쪽.

26 유인선, 『새로 쓴 베트남의 역사』(이산, 2002), 395쪽.

27 강인철, 『전쟁과 종교』, 203쪽.

받고 있는 천주께로부터 받은 인간의 정당한 권리를 유지하고 조국을 방어하기 위한 정당한 십자군 전쟁입니다."[28]

베트남전 발발 전에 베트남의 상황을 예의주시하던 로마 교황청은 인도차이나에서 프랑스의 지배력이 약해지면 가톨릭교회의 영향력도 약해질 것을 우려하여 미국에게 프랑스의 지배력 강화를 위한 재정적, 물리적 지원을 요청했고, 미국은 교황청의 요구를 받아들여 프랑스의 지원을 약속하였다.[29] 미국과 교황청에서 보여준 반공주의적 정서가 6.25 전쟁을 경험한 한국 가톨릭에서도 나타난 것은 자연스럽다.

반공주의의 역설, 종교의 모순

당시 미국과 한국의 반공주의의 차이는 반전운동의 유무에 있었다고 할 수 있다. 베트남전 발발 이후 미국 시민사회의 일각에서는 베트남전이 미국의 국익을 앞세운 '더러운 전쟁'이라는 인식과 그에 따른 반전운동도 활발했다.[30] 하지만 한국 사회에서는 그런 움직임이 거의 없었다. 전술했듯이, 교회에서는 전쟁을 신앙의 이름으로 독려하기도 했다. 종교학적 차원에서 보면, 이것은 신앙이라는 것이 국가, 민족, 이념의 종속 변수이기도 하다는 사실과 순수한 신앙이나 절대적 종교라는 것은 사실상 없다는 것을 의미한다. 이

---

28 『천주교회보』(1953.1.15. 1쪽)

29 유인선, 앞의 책, 371쪽.

30 서보혁·정주진, 『평화운동: 이론·역사·영역』(진인진, 2018), 172-173쪽.

것은 신앙의 이름으로 전쟁을 벌여도 반드시 승리하는 것도 아니라는 데서 잘 드러난다.

파병군 장교의 90% 가까이가 그리스도인일 정도로 교회의 후원을 받으며 반공 신앙으로 무장한 한국군은 결국 공산주의자에게 사실상 패배하고 말았다. 남베트남의 경우도 마찬가지였다. 당시 가톨릭 지향적이었던 남베트남의 응오 딘 지엠 정권은 딱히 종교에 기대지 않았던 북베트남의 공산주의 세력에 무너졌다. 미국을 위시한 연합군은 북베트남 공산주의의 지원을 받던 이른바 '베트콩'을 넘지 못했다. 연합군의 무기로 인해 베트남 공산주의자들이 더 많이 희생되기는 했지만,[31] 그것만으로 전쟁의 승패가 정해지는 것은 아니었다. 미국은 전쟁의 한계를 절감하되 패배의 인상을 주지 않으려 서서히 철군했고 남베트남군을 지원하는 방식으로 전환했다. 1973년 3월 말에는 완전히 철군했고, 1975년 포드 대통령 때는 남베트남에 대한 군사적 지원을 중단하면서 베트남전은 공산주의 북베트남의 승리로 끝났다.

베트남의 공산화는 단순히 북베트남이 남베트남의 베트콩을 물량적으로 지원했기 때문만은 아니었다. 공산주의가 민족주의적 주체성과 민중의 눈높이에 어울리게 움직이면서 민중의 힘을 더 얻었기 때문이다. 박태균은 이렇게 정리한다. "베트콩에게 북베트남의 지원은 절대적인 것이었지만, 이들의 근본적인 기반은 북베트남이

---

31 북베트남군과 공산 게릴라의 희생자 수를 레위(G. Lewy)는 666,000명으로, 베트남 정부는 110만 명으로, 미국방부는 1,011,000명으로 추산하고 있다.(서보혁, 앞의 책, 218쪽)

아니라 남베트남 사람들이었다… 베트남 전쟁의 본질은 남베트남 정부에 반대하는 남베트남 사람들의 저항이었다. 이들이 없었다면 호찌민의 지원은 아무런 효과도 보지 못했을 것이다."[32]

남베트남을 도와 북베트남과 싸운 것이 한국군의 베트남전이었지만, 사실상 남베트남 정권을 반대하는 남베트남 사람들의 힘이 한국군을 포함한 연합군의 힘보다 더 셌던 것이다. 이와 관련해 필자는 연합군의 패전을 포함해, 남베트남 정권이 몰락한 이유를 다음 세 가지로 정리한 바 있다. "① (민족주의적이기는 하되, 친미적 입장에서 자국의 전통을 열등시하는) 식민지적 민족주의, ② (가톨릭을 중시하면서 불교를 차별하고 토착적 정서를 소외시키는) 서구적 종교 편향, ③ (민중적 정서와 연결되지 못한) 하향적 반공주의."[33]

한국군이, 특히 한국의 그리스도인이 신앙적 무장을 하고 전쟁에 참여했어도, 전쟁에서의 승리를 위해 예배하고 기도했어도 결국 승리하지 못했다. 한국과 미국 등 참전국들이 신앙의 이름으로 공산주의에 맞서는 전쟁에 참여했어도, 결국 베트남은 공산화되었다. 가톨릭 신자들이 가톨릭적 성향이 강했던 남베트남의 정권을 지원했지만, 실패했다.

이유는 분명하다. 그것은 단순히 종교나 신앙의 힘의 여부가 아니었다. 호치민이 이끄는 북베트남이 상대적으로 더 민중 친화적이었고, 정권이 아닌 민중을 위하는 세력이 누구인지 베트남 민중이

---

32 박태균, 『베트남전쟁』(한겨레출판, 2015), 193쪽.

33 이찬수, "베트남공화국의 몰락: 지엠 정권의 식민지적 민족주의, 서구적 종교 편향, 하향적 반공주의를 중심으로", 『통일연구자의 눈에 비친 사회주의 베트남의 역사와 정치』(서울대학교출판문화원, 2019).

더 잘 알았기 때문이다. 어떤 전쟁이든 민중의 정서에 호응할 때 승리할 가능성이 크다는 뜻이다. 최병욱이 "호치민은 베트남과 결혼했고, 응오 딘 지엠은 하나님과 결혼했다"고 간명하게 규정한 바 있는데,[34] 호치민(북베트남)의 성공과 열렬한 가톨릭 신자인 응오 딘 지엠(남베트남)의 실패의 원인, 나아가 한국과 미국의 가톨릭과 개신교 등 '성전' 지향적 참전국들의 사실상 패배의 원인을 잘 보여주는 문장이라고 할 수 있다.

베트남의 공산화 과정에서 중요한 것은 단순히 전쟁에서 승리했느냐 아니냐보다는, 민중의 힘을 얻었느냐 얻지 못했느냐에 있다고 할 수 있다. 토착적, 민중적, 나아가 민족적 기층의 정서를 읽지 못한 일방적 반공주의는, 그것이 남베트남 내부세력이든 미국이나 한국 같은 외세든, 내부에서부터 무력해지면서 베트남의 공산화를 앞당기는 촉매제로 작용했다고 해도 과언이 아니다. 일방적 반공주의만으로는 베트남인의 민족의식 속에 뿌리내린 외세에 대한 저항감을 이길 수 없었던 것이다. 그렇게 반공주의를 내세운 외세의 일방적 개입은 도리어 베트남식 민족주의와 공산주의의 전선을 강화하는 데 기여했다.

그뿐 아니라 한국군의 베트남전 참전은, 사랑과 평화를 말하는 종교가 전쟁을 격려하는 주체가 되는 자기모순의 전형적 사례이기도 하다. 보편적 메시지를 선포한다는 그리스도교도 실제로는 특정 국가와 이념의 틀 안에서 생존하는 어느 정도 '세속적' 인간 현

---

34 최병욱, 『베트남 근현대사』(산인, 2016) 제16장의 제목이 "베트남과 결혼한 주석, 하나님과 결혼한 대통령 – 호찌민과 응오딘지엠"이다.

상이라는 뜻이라고도 할 수 있다. 하늘의 이름으로 신앙을 걸고 참 전하고서도 왜 패전했는지에 대해 공식적으로 반성해본 적이 없다. 한국의 그리스도교 교회는 한국군에 의해, 그것도 그리스도인 군인에 의해 죽임당한 베트남인의 아픔에 대해 염려하거나 공감해보지 못했다. 전쟁의 모순은 한국인 희생자에 대해서만 안타까워하는 수준에 가려지고 말았다.

베트남의 통합과 그리스도교적 평화에의 길

이 점에 관한 한 베트남의 상황도 비슷했다. 베트남도 자국의 희생자를 중심으로 위로하고 추모했다. 이른바 '대미항전'이 끝나고 우리의 보훈처에 해당하는 "보훈사회부", 정확하게는 "상병사회부"(傷兵社會部)를 설치했고, 대규모 열사묘역을 건설하는 방식으로 국가적 정체성의 확립을 도모했다. 새 헌법에는 상이군인과 열사 및 그 가족에 대한 지원을 베트남의 의무로 명기했고, 전문에 "온 민족의 의지와 힘으로, 우리 인민은 민족해방투쟁, 국가 통일, 조국 수호의 위대한 승리를 쟁취하였다"고 명문화했다.[35]

베트남은 1990년대에 들어 민간의 오랜 조상숭배 전통을 부활시켰다. 특히 죽은 이를 편 가르지 않는 전통은 베트남의 정서적 통합에 기여했다. 권헌익에 의하면, 베트남에서는 "전쟁에서의 죽음을

---

35 심주형, "'공이 있는 사람들의 은혜를 알자': 베트남 '유공자' 보훈정책 변화의 역사", 보훈교육연구원·신한대학교 탈분단경계문화연구원 공동기획, 『아시아의 보훈과 민주주의』(모시는사람들, 2021), 123-129쪽.

남녀노소, 군인, 민간인, 당원, 비당원, 공산주의자 혹은 반공산주의자를 가리지 않는 모든 종류의 사람들의 죽음"으로 보면서, "'잘못된 편'(미국의 편)에 있는 망자의 오명화된 기억을 '옳은 편'(혁명의 편)에 있는 망자의 지배적인 기억과 함께할 수 있는 계보적 공통성의 영역으로 끌어들였다." 베트남 민중의 정서에서 망자는 전쟁을 기억하지 않으며, 망자들은 '우리편'과 '그들편'으로 나누어 싸우지 않기 때문이다.

베트남은 이러한 민중적 정서를 소환하면서 사회적 통합을 도모했다. 친족에 대한 기억을 국가적 기억의 정치학과 연결지으면서, "양극적 역사의 상처와 고통을 넘어 인류의 연대라는 윤리적 지평을 지향하는 창조적인 문화적 실천"을 시도해왔다.[36] 분단에서 통일로 나아간 국가의 자연스러운 정치 행위라고 할 수 있을 것이다. 그 정치적 속내와 의도를 감안한다 하더라도, 여전히 반공주의와 반사회주의의 휘둘리며 '적'의 죽음을 위로하지 못하는 한국 사회와 한국 그리스도교 교회가 눈여겨보아야 할 시도라고 할 수 있다.

한국에서는 여전히 반공주의가 정치적 진영 논리의 한 축을 주도하면서 '적'의 죽음을 도외시하거나 당연하게 여기는 일들이 벌어지고 있다. 그리스도교는 원칙적으로 피·아를 넘어선 우주적 메시지를 선포한다면서도, 6.25 전쟁 당시 한국군과 미군에 의한 북한군 및 주민의 '희생'에 대해서는 아직도 제대로 생각해본 적이 없다. '적'의 살상, 대북 적대성을 당연시하는 근원적 모순이 계속되

---

36 이상의 인용문은 권헌익, 박충환 옮김, 『베트남 전쟁의 유령들』(산지니, 2016), 40, 325, 274, 28쪽.

고 있다. 베트남전 당시 민간인 학살이 없었다면서, 일본군 위안부나 일본에 의한 강제 징용은 없었다고 주장하는 일본과 같은 태도를 보이고 있다. 한편에서는 전 세계가 사랑과 평화로 가득 차길 기도하면서도, 다른 한편에서는 그 역시 자기와 자기 집단에 손해를 끼치지 않는 한에서 그렇게 되기를 내심 바라는 모순적 수준에 머물고 있다. 일방적 '반(反)의 논리'의 폭력적 결과와 자기중심적 종교성의 한계에 대한 자기 성찰의 길로 나아가야 하는 것이다.

"평화는 폭력을 줄이는 과정이다." 한 마디로 "감폭력(減暴力)의 길"이다.[37] 대립으로 인한 상처를 치유하고 용서, 화해, 조화로 나아가는 과정이다. 일방적 반공주의가 남긴 돌이킬 수 없을 정도의 상흔을 기억하며, '반(反)의 논리를 '용(容)'의 논리로 전환시키는 길에 나서야 할 뿐이다. 그것이 그리스도교적 평화의 길, '하느님의 자녀들'의 길이다. 전쟁을 응원했던 역사에 대해 반성적으로 성찰하는 데서 평화의 문도 차츰 열리기 시작할 것이다.

---

37 이찬수, 『평화와 평화들: 평화다원주의와 평화인문학』(모시는사람들, 2016), 84-86쪽; 이찬수, "감폭력의 정치와 평화의 신학", 『평화의 신학: 한반도에서 신학으로 평화 만들기』(동연, 2019), 23-31쪽.

2부

기억과 용서의 공간

평화로 가는 길 :
기억의 재구성과 용서의 지역화

김희헌 (향린교회)

평화의 씨앗을 찾기

세계가 위태롭다. 한반도에서는 2018년 「판문점 선언」 이후 짧은 평화의 시대를 지나고, 남북은 다시 서로를 적(敵)으로 규정하고 있다. 남은 선제타격을 표방하며 대규모 전쟁연습을 재개하면서 확전도 불사하겠다는 태도이다. 북은 남을 향해 전술핵 사용 가능성을 열어두었다. 한반도만이 아니라 세계가 찢기고 갈라져 있다. 국가 간의 전쟁으로 군사동맹이 강화되고, 나라마다 정치적 내전이 격화되는 듯하다. 신자유주의 체제에서 구조화된 사회적 불평등이 이어지는 현실에서, 문제를 해결하지 못한 기존의 정치 체제에 대한 불신은 더욱 깊어졌다. 그 결과, 반동적 포퓰리즘과 극우주의 팬덤 정치가 확산하여, 민주주의 체제에 필요한 정당한 절차는 무시되고, 신중한 행동이나 정치적인 인내심에 대해 알레르기 증상을 보이는 선동 정치가 오히려 늘어났다.

앓고 있는 세계에서 사람들은 합리적인 대화를 존중하거나 도덕적인 명령을 경청하기보다는 마치 모든 기성 질서를 경멸하는 듯이 허무주의적 반란을 감행하고, 사회적 갈등을 이념적 적대의식으로 표출하려는 경향을 띤다. 그 근저에는 미래에 자신의 존재가 삭제될지 모른다는 불안감이 있을 것이다. 불평등에 시달리고 불안감에 쫓기는 일이 일상이 된 삶에는 생각과 행동 사이에 틈이 벌어지고, 거기에 두려움과 희망만이 아니라, 분노와 허영, 그리고 복수심이 도사리기도 한다.[1] 그러다 보니, 갈등과 대결을 씻어내고 약자와 소수자의 인권을 비롯한 사회적 불평등의 문제를 풀기는 더욱 어렵게 느껴진다.

어디에서 평화의 길을 찾을 수 있을까? 정전협정 70주년을 맞으면서도 여전히 분단과 전쟁의 파괴적 경험이 지배하는 우리 사회에서 이 과제는 매우 절실하다. 그 질문에는 전쟁에 대한 망각이나 외면이 아니라 그 참혹함을 직시하면서도, 거대한 폭력이 남긴 상처와 증오를 넘어설 수 있는 자기초월적 요소를 찾고자 하는 갈망이 담겨있다. 처절한 전투와 잔인한 학살의 들판에서 평화의 씨앗을 찾는 일은 쉽지 않다. 하지만, 만일 평화가 단지 사태에 대한 인식만이 아니라 추구할 이상으로서 동력화될 수 있는 것이라면, 한국전쟁 이후 공고화된 분단체제는 평화의 꿈을 더욱 절실히 요청하는 것이기에 평화의 씨앗을 찾는 작업이 가망 없는 일만은 아닐 것이다. 평화를 향한 길은 적대적 관계를 양산하는 제도적/심리적 틀을 해체하고, 화해와 용서로 나아갈 수 있는 토대를 구성할 때 열릴 것이다.

이 글은 평화로 나아가는 길, 분단체제를 넘어서는 인식과 실천

---

1 판카지 미슈라 외, 박지영 외 옮김, 『거대한 후퇴: 불신과 공포, 분노와 적개심에 사로잡힌 시대의 길찾기』(서울: 살림, 2017), 204.

의 실마리를 '기억의 재구성'과 '용서의 지역화'에서 찾고자 한다. 분단체제가 양산한 갈등과 증오의 인식론적 관성을 해체하기 위한 기억의 재구성, 평화의 과제를 국가에 위임하지 않고 민(民)이 해방의 주체로서 탈분단과 탈냉전의 공간을 확대하는 방안으로 용서의 지역화를 제안한다. 이 제안은 전쟁과 분단에 관한 사회학적 조명만이 아니라 신학적 이해와 상상력을 통해서 탈냉전의 공간을 확보하려는 작은 시도이다.

분단과 전쟁이라는 원죄, 그 폭력적 순환구조에 관한 신학적 인식

한국사회에서 벌어지는 각종 사회적 야만, 민중이 겪은 삶의 궁핍과 비참, 인간의 존엄성을 훼손하는 극우주의적 혐오, 끊임없이 되살아나는 반공주의적 대결과 폭력은 모두 분단과 전쟁이라는 역사와 연루되어 있다. '냉전 자본주의'의 특징을 지닌 한국사회의 여러 모순은 한국전쟁을 통해 굳어진 분단체제와 무관하지 않다. 한국전쟁으로 고착된 분단체제는 그리스도교 신학이 말하는 '원죄'와 같은 기능을 하면서, 우리 사회에서 물리적-정신적 폭력을 양산하는 원천이라 할 수 있다.

그리스도교 신학에서 '원죄'(original sin)라는 개념은 '자기 의도와는 상관없이 불의(不義)에 휩쓸릴 수밖에 없는 상황'에 관한 신학적 해석이다. 그것은 단지 인간의 유한성에 관한 추상 담론도 아니요, 생물학적 유전(遺傳) 담론도 아니다. 원죄란 죄의 불가피성 즉, '동의와 행위 이전에 존재 자체가 이미 가담한 죄악의 구조적 심층성'에 관한 것이다.[2] 그것은 마치, 노예제도를 가진 사회에서 흑인 노예의 등을 밟고 마차에 오른 백인 아이가 실제로 유죄행위(guilt)를 아니 했다 할지라도, 이미 구조화된 인종차별을 통해서 타자의 불행에 관여한 죄(sin)에 불가피하게 연루되는 경우와 같다.

여기서 죄(sin)의 의미를 분명히 하기 위해, 악(evil)과 구분할 필요가 있다. 우리는 '악'을 경험한다 하여, 그것을 곧장 '죄'로 느끼지는 않는다. 왜냐하면, 악에 대한 경험은 파괴성에 대한 관찰만으로도 가능하지만, 죄는 책임감과 희망의 관념을 동반하기 때문이다. 죄란 자기 초월성의 실패 즉, 폭력 발생을 막을 수 있는 자기초월적 행위를 하지 않음으로써 불필요한 폭력이 발생한 경우에 경험된다. 다시 말해서, 죄란 불필요한 폭력이 발생하지 말았어야만 한다는 '자책감'과 자기 행위에 대한 '책임의식', 그리고 그 폭력을 해결할 대안적 '상상력'과 관계된다.

과정신학자 마조리 수하키는 역사 안에 존재하는 생명의 자기-초월에는 세 가지 형식이 있다고 말한다. 과거에 대한 기억, 현재의 공감, 미래의 상상이 그것이다. 역사의 진보는 기억과 공감과 상상을 통한 인간의 자기초월적 활동에 기초한다. 과거가 정당하게 기억될 때 폭력적 과거를 반복하지 않을 수 있는 길이 놓이며, 현재의 폭력은 고통당하는 타자와의 공감을 통해 사회적 결속방식을 재구성하면서 극복되어가며, 미래는 다른 세계에 대한 상상을 통해 새롭게 열린다. 반대로, 과거가 왜곡된 기억으로 굳어졌을 때 과거의 폭

---

2 Marjorie Hewitt Suchocki, 김희헌 옮김, 『폭력에로의 타락』(서울: 동연, 2011), 144.

력은 오늘에 재연/현 된다. 폭력의 대상이 된 타자와의 공감이 부재할 경우 구조적 폭력은 극복될 수 없으며, 상상의 부재는 폭력적 현실의 반복 즉, 죄악의 지속을 의미한다.

원죄가 유발하는 대표적인 효과는 인간의 특징인 자기-초월성에 대한 억압이다. 원죄는 타자(빨갱이, 노동자, 소수자 등)의 불행을 당연한 것으로 여기게 만드는 방식으로 특정한 가치체계를 구조화한다. 이 원죄적 질서에 대해 '왜 그러해야 하는지'를 물을 때 자기초월적 인간이 등장하겠지만, 그것이 자연스럽게 일어나지 않는 이유는 그 원죄적 질서 자체가 의식을 왜곡시키기 때문이다.

일반적으로 유죄의식(guilty feeling)은 '옳다고 신봉된 체계'를 위반할 때 발생한다. 따라서, 특정한 가치체계(예를 들어, 반공)를 옳다고 신봉할 때, 그 신봉된 가치를 실현하는 행위(빨갱이 사냥과 같은 폭력)는 유죄의식을 동반하지 않고 감행된다. 우리가 주목해야 할 점은 원죄적 구조 속에서 발생하는 '유죄행위'와 '유죄의식'의 불일치이다. 원죄의 구조 속에서 사람들은 사회적으로 질서화된 폭력과 악의 패턴에 동화된다. 그것은 원죄의 체제를 지속하고 폭력을 유발하는 일에 가담하는 행위이지만, 역설적으로 그것은 사회적 동화의 방식으로 일어나기에 '유죄의식'을 유발하지 않는다. 그리하여, 존재는 유죄의 상태 안에 머물러 있지만, 유죄의식은 느끼지 못하는 역설이 생겨난다.[3] 이 역설이 분단체제의 폭력을 지속시키는 원죄의 효과이다.

따라서, 분단폭력의 원죄 구조는 단지 '구조악'이라는 체제론적

---

3 위의 책, 235.

시각만으로는 모두 이해할 수 없다. 거기에는 사람들의 동의와 자발적인 체제유지 요인이 있기 때문이다. 냉전체제와 분단폭력은 국가의 억압정치에만 기인하지 않고, 그 체제 속 사람들 스스로가 그 폭력구조를 바꿔낼 수 없는 성역으로 간주하고 그것을 유지하는 능동적 주체로 기능하게 한다. 계속된 폭력의 사슬구조 안에서 '갈라진 마음'은 이념의 대결로 양분될 뿐만 아니라, 다양한 기억과 감정으로 분화하여 사회적 지형을 갈라놓는다.[4] 전쟁과 학살에 대한 기억 역시 균일하지 않고, 두려움과 은폐, 수치와 혐오, 분노와 복수심 등으로 산란하면서, 전체적으로는 체제를 유지하는 집합적 기능을 수행한다.

이러한 원죄적 구조를 극복할 가능성은 자신의 존재론적 유죄 상태에 대한 각성에서 비롯된다. 시인의 탄식, "실로, 나는 죄 중에 태어났고, 어머니의 태 속에 있을 때부터 죄인"이라는 고백(시 51:5)은 원죄적 질서에 사로잡힌 존재의 실존적·사회적 구조에 관한 직시에서 생겨난 깨달음이다. 존재론적 유죄의 극복 가능성 즉, 자기 초월적 사유와 행위의 가능성은 원죄적 구조에 대한 성찰과 각성에서 비롯된다. 이 글은 그 출발점을 '기억의 재구성'과 '용서의 지역화'에서 찾고 있다.

전쟁과 학살, 기억의 재구성

기억이란 단지 과거의 인식론적 반복이 아니다. 기억은 과거에 관

---

4 김성경, 『갈라진 마음들: 분단의 사회심리학』(서울: 창비, 2020), 33.

한 현재의 끊임없는 재구성이다. 따라서 어떻게 재구성되느냐에 따라, 기억은 과거의 덫이 될 수도, 미래 가능성의 토대가 될 수도 있다. 한국사회에서 한국전쟁에 대한 기억은 역사적 사실에 대한 은폐로 인한 파편화와 국가의 공식기억이 벌인 이데올로기적 억압 과정을 거치면서, 분단체제라는 원죄 구조를 지탱하는 인식론적 토대가 되었다. 민중이 체험한 전쟁의 기억은 공식기억에 예속되면서 발설되지 못할 비밀로 남거나 유언비어로 떠돌다가 불온한 생각으로 간주하여 제거되었다. 정의로운 기억의 복원을 위해서는 국가체제의 확립과정에서 제거되고 잊힌 억압당한 민중의 전쟁체험을 복원하는 작업일 수도 있다.

그간 한국전쟁에 대한 한국사회의 공식기억은 '전쟁발발과 개전의 책임'에 관한 것으로서, '6.25라는 신화'로 집약된다. 다시 말해서, 전쟁의 거시적인 배경이나 군사적 전투 이외의 정치적 폭력(학살과 점령)에 대한 기억은 의도적인 외면과 은폐, 왜곡의 과정을 거치면서 사라져갔다. 하지만, 수정주의적 시각의 도입[5]과 비밀해제된 미국과 소

5 정병준, 『한국전쟁: 38선 충돌과 전쟁의 형성』(돌베개, 2006), 36-51. 정병준은 '6.25 남침설'에 기초한 전통주의적 해석에 반기를 든 수정주의적 시각들을 일목요연하게 설명한다. 한국, 중국, 베트남에서의 '분단과 전쟁'을 아시아 '민족주의'와 미국의 '제국주의' 사이의 대결에서 파생된 것으로 보는 수정주의 시각 가운데 몇 가지를 소개한다. 1) 한국전쟁 중 탐사 보도를 한 미국 기자 I. F. Stone의 '남침유도설'. (The Hidden History of the Korean War, New York: Monthly Review Press, 1952). 2) 인도 콜카타 대학교수 Karunakar Gupta의 1973년 논문, 「해주공격설: 한국군이 6월 25일 이른 새벽 북한 해주를 공격·점령했다는 주장」. 3) 비밀해제된 미국문서(미군정기의 문서 및 한국전쟁 시 노획한 북한문서 포함)에 대한 연구를 통해 스톤의 가설을 자료로 뒷받침한 Bruce Cumings의 '남침유도설'. 4) 존 머릴(John Merrill)이 1982년 델라웨어 대학 박사학위 논문에서 주장한 '내전설', 1948년부터 50년 사이의 내부충돌이 한국전쟁으로 전면화되었다는 주장이 담긴 Internal Warfare in Korea, 1948~1950: The Local Setting of the Korean War, Ph.D. Dissertation, University of Delaware.

련의 관련 문서를 직접 확인할 수 있게 됨으로써 감추어졌던 한국전쟁의 실체가 드러났다. 이는 한국전쟁에 대한 기존의 공식기억을 해체할 필요성뿐만 아니라, 재구성 가능성 또한 제공한다.

한국전쟁에 대한 기억을 재구성하는 작업은 방대한 일이다. 이 글에서는 두 가지를 언급하고자 한다. 하나는 분단체제를 뒷받침해온 공식기억인 '6.25 신화'를 해체하고 보다 실체적 진실에 합당한 기억을 재구성하는 것이요, 다른 하나는 공식기억이 배제·은폐·억압했던 민중의 기억 즉, 민중에게 더 비극적인 전쟁으로 경험될 수밖에 없었던 학살에 관한 기억을 복원함으로써 분단과 전쟁의 경험적 실체에 가닿는 것이다.

한국사회가 한국전쟁을 가리켜 '6.25'로 불러온 사실은 단지 명칭에 관한 문제만이 아니라 특정한 해석을 함의한다. 그것은 전쟁 발발과 개전의 책임을 북한에 돌림으로써, 분단국가를 수립하는 과정에서 빚어진 오류와 실패를 감추려는 일종의 이데올로기적 '신화'라고 할 수 있다. 이 신화의 허구는 학술적으로 많이 밝혀졌다. 존 머릴John Merrill은 한국전쟁 발발 이전에 정치폭력과 좌우대립 때문에 10만여 명의 사상자가 발생했으며, 따라서 전쟁은 1950년 6월 25일 이전에 이미 시작되었다고 주장한다. 1949년 1년 동안 38선에서 벌어진 '작은 전쟁'을 자료로 입증한 정병준은 당시의 군사적 충돌이 지닌 성격을 다음의 네 가지로 요약한다. 1) 1949년의 군사적 충돌은 이전과는 달리 정규군 간의 실질적 교전이었고, 2) 우발적이기보다는 의도적으로 생산되고 연이어 확대되는 양상을 띠었으며, 3) 현지 군 지휘관의 판단이 아닌 중앙의 일정과 연관된 정치적 계획성을 가졌으며, 4) 연대급 규모의 전투로 인해 교전 시 수백 명 단위의 대규모 사상자가 발생했다는 점이다.[6] 이런 해명과 관점은 한국전쟁을 '누가 언제' 시작하였는지보다 '왜' 시작되었는지 묻게 함으로써, 더 거시적인 배경에 관한 관심으로 이끈다. 그리고 한국전쟁이 국제전으로 옮겨가기 전에 이미 전쟁을 유발한 역사의 원죄인 '분단체제'에 주목하게 한다.

분단이 체제화되어간 국가수립 과정에는 해방 이후 폭발된 혁명의 열기와 좌우대립으로 인한 내전의 발생 등 복잡한 요인이 얽혀 있다. 그 복잡한 상황 속에서 발생한 비극은 전쟁만이 아니었다. 민중에게 더 끔찍한 경험은 전장의 전투보다 일상의 전쟁인 '학살'이었다. 학살은 한국전쟁의 역사적 배경이 되는 '분단국가의 건설, 혁명, 내전이라는 삼중주' 속에서 벌어졌고,[7] 전쟁 못지않게 남과 북의 국가권력, 그리고 미국에 의하여 계획적으로 실행되거나 의도적인 방조 속에 이뤄졌다.

김동춘은 학살을 네 개의 유형으로 구분하여 설명한다. 1) 군사작전으로서의 의도적 학살 (48년도 제주 4.3 민중항쟁, 여순지역 연대급 반란 진압 작전, 빨치산 토벌과 인근 지역주민 학살, 전쟁 당시 남북한과 미국 군인에 의한 민간인 학살), 2) 정치적 위험요소 제거를 위해 국가권력의 방조하에 벌어진 준군사조직에 의한 학살 (부역자 색출 처형, 퇴각 시 잠재적 적 처형), 3) 사법처형으로서의 학살 (계엄 시 재판권을 가진 군에 의한 학살, 국민보도연맹원 집단처형, 형무소 정치범 처형), 4) 보복으로서의 학살 (원한을 가진 민간인들 사이

---

6 정병준, 앞의 책, 258-9.

7 김동춘, 『전쟁과 사회』 (돌베개, 2000), 331.

의 충돌).[8] 이러한 '인간사냥'이 이승만의 정권수립 과정과 전쟁 전후 과정에서 진행되었는데, 그 규모가 일백만 명에 이르는 것으로 추정되지만 조직적 은폐와 망각의 강요로 인해 멀어진 기억이 되었다.

문제는 이런 대학살이 봉건적 몽매보다는 근대적 이성의 야만성에서 비롯되었다는 점이다. 따라서 학살의 기억은 이성의 참회와 함께 소환되기보다는, 공식 기록에서 삭제되거나 조작되고, 국가주의적 재구성을 통해 승리의 역사로 신화화되었다. 반대로, 피해자들에게는 침묵이 강요되었으며, 학살의 기억이 공식기억에서 배제되고 묻힐수록 역사의 트라우마는 깊어졌다.

그런 역사의 왜곡과 비극을 바로 보여주는 지점 가운데 하나가 '학살과 개신교의 관계'이다. 그동안 한국전쟁을 전후한 민간인 학살에 관한 개신교의 이해는 주로 자신의 '희생 서사'에 기초한 피해자 반공주의였다. 그것은 북한 정권에 의해 친미주의로 분류된 그리스도교인이 박해를 받고, 납치와 학살의 대상이 되었다는 논리였다. 하지만, 미 군정과 이승만 정권하에서 정치적으로 급부상한 개신교가 학살에 가담한 모습은 간과되고 회피되었다. 분단국가 수립 과정에서 개신교는 민간인의 빨갱이 분류와 처형 과정에서 지휘명령을 담당했을 뿐만 아니라, 그 학살을 정당화하는 신학적 논리까지 제공했다.[9] 한국사회에서 냉전의 진영논리를 강화하는 주동력 가운데 하나가 선교사들과 교회 연합기구의 활동이었다는 점

---

8 위의 책, 293-319.

9 최태육, "6·25전쟁 개전 초기(1950.6-9) 민간인 집단희생과 한국기독교의 관계," 「한국기독교와 역사」 제44호 (2016년 3월).

또한 기억되고 참회해야 할 사실이다.[10]

　기억의 '재구성'이란 기본적으로 한국전쟁에 대한 국가주의적 관점, 이른바 반공 자본주의의 관점만 허용된 인식의 폭력을 해체하는 작업이다. 이 작업이 필요한 이유는 한국전쟁이 단지 과거의 사건이 아니라 오늘의 한국사회를 이해하는 중요한 단서이기 때문이다. 한국전쟁은 과거에 머물지 않고 현재에도 여전히 반복되고 있다. 전쟁이 내재화된 갈등사회의 모습으로 일상에서 끊임없이 재연되거나, 국가의 폭력적 돌변이 가시화되는 사건으로 나타난다. '형제와 친구가 적이 되고, 인간이 야수로 돌변한 사실'은 쉽게 잊히지 않는다. 그 참혹한 사태에 가담한 근대 이성의 폭력성을 깊이 되돌아보는 것은 또 하나의 과제로 남는다.

　폭력의 역사를 극복하고 사회적 통합을 이루기 위해서는 화해와 용서를 실행할 수 있는 토대가 필요하다. 그 출발 가운데 하나가 과거에 대한 기억의 재구성이다. 하지만, 일상화된 공식기억을 해체하는 작업은 단순하지 않다. 기억의 재구성은 단지 논리의 재배치가 아니기 때문이다. 서로를 위험시한 이념의 적대는 복합적 관계 속에서 서로의 창끝을 교차하며, 그 기억에는 전쟁과 학살의 공포와 증오, 수치와 무관심이 얽혀 있다.

　기억의 재구성은 그 모든 것으로부터 해방되는 경험의 시작이다. 기억이 새롭게 진술되는 자리는 냉전의식이 허물어지는 자리요, 거기서 새롭게 소환된 기억의 재구성은 사회적 억압에 맞서는 작업의

---

10 홍승표, "한국교회의 한국전쟁 인식과 역사적 반성," 「한국전쟁 70년, 민족화해와 한반도 평화를 위한 교회의 과제 자료집」, (2020년 6월 12일).

시작이 된다. 이 일은 국가주의적 관점으로 구성된 공식기억을 극복하는 일일 텐데, 이 작업에는 대항 헤게모니의 기획을 지닌 민중적 관점이 필요할 것이다. 그 기획이 단지 공동체의 가치 규범만 강조하는 정치 논리의 '텅 빈 기표'가 되지 않으려면, 전쟁과 학살을 통해서 국가를 탄생시킨 역사에 대한 참회를 포함하여, 더욱 보편적인 평화의 전망을 품어내야 한다. 민족주의적 동질성 회복의 관점만큼이나 이미 커져 버린 이질성에 대한 이해도 필요할 것이다.

용서의 지역화, 해방적 주체의 재구성

분단체제라는 원죄적 질서를 극복하는 '인식'의 자기-초월 과정이 과거에 대한 기억의 재구성이라면, 그 폭력적 질서를 치유하는 '실천'의 자기-초월 과정은 용서에서 출발할 수 있다. 일반적으로 용서가 종교적인 영역이나 개인적인 차원에서 이뤄지는 것으로 여겨져 왔기 때문에 정치적·역사적 맥락에서 작동하는 용서의 의미는 적극적으로 모색되지 않았다. 하지만, 정치적 차원에서의 용서는 가능하며, 과거의 갈등으로 인해 서로 고통받는 집단의 상처를 치유하는 기능이 용서에 있다는 점은 분명하다. 남북의 대결 구도를 해소하기 위해서는 남과 북이 서로에게 고통을 주었다는 사실에 관한 정직한 인식이 필요하고, 또한 함께 수난을 당했음을 인정함으로써 용서와 화해를 이해할 필요가 있다.

도널드 슈라이버는 『적을 위한 윤리』에서 20세기의 두 차례 제국주의 전쟁과 미국의 흑인 민권운동 과정에서 전개된 정치적 용서의 의미를 제안한 바 있다. 그는 용서가 파편화된 인간관계를 새롭게 하기 위한 '진리와 관용, 공감과 헌신이 결합한 복합적 실천'으로서 다음의 네 가지 요소로 구성된다고 말한다. 1) 망각이 아닌 도덕적 판단과 기억, 2) 가해자들에 대한 처벌의 포기가 아닌 복수의 포기, 3) 적에 대한 동정(sympathy)이 아닌 적의 인간성에 대한 감정이입(empathy), 넷째, 윤리적인 고매함이 아닌, 증오가 낳은 분열을 치유하고자 하는 목표. 이 네 가지 요소가 결합한 정의는, 과거의 악을 망각하거나 변명하지 않고, 정의를 간과하거나 복수로 축소되지 않으면서, 적들의 비인간적 행위에서조차 그들의 인간성을 찾으면서, 파괴적 정의가 아닌 회복적 정의를 통해서 과거로부터 집단적인 방향전환을 하도록 이끈다고 말한다.[11]

용서는 정서의 문제라기보다는 지성과 의지의 문제라고 할 수 있다. 용서를 불러오는데 필요한 것은 우리 세계를 물들인 원죄적 질서의 복잡성에 대한 이해이다. 내전과 학살, 점령과 탈환이 반복된 전쟁을 거친 세계 속의 죄는 복잡하며, 상호연관적일 수밖에 없다. 폭력이 발생했을 경우 피해자의 고통은 주변으로 확장되며 마침내 가해자의 삶에도 영향을 미친다. 그것이 반복되는 경우에는 가해자와 피해자 사이의 명확한 경계가 허물어지면서 모두가 죄에 연루되는 구조적 성격을 지닌다. 상호연관적 세계 속에서 발생한 죄에는 모두가 얽혀 있다. 가해자와 피해자의 이분법은 그대로 작동하지 않는다. 그런 의미에서 용서를 위해서는 폭력에 의한 침해가 벌

11 도널드 W. 슈라이버 2세, 서광선·장윤재 옮김, 『적을 위한 윤리』(이화여자대학교 출판부, 2001), 25-28.

어진 세계의 관계적 본성에 대한 이해가 중요하며, 불행을 향한 의지가 아닌 공동체의 회복을 향한 의지가 필요하다.

분단과 전쟁이 빚어낸 폭력 세계에서 과연 '용서의 주체'는 누구일까? '전쟁이 국가를 만들고, 국가는 전쟁을 요구한다.'라는 찰스 틸리Charles Tilly의 테제는 분단국가의 고착화 과정에서 벌어진 한국전쟁의 기원을 말해준다. 전쟁과 학살의 폭력은 '국가탄생의 비밀'을 드러낸다.[12] 그렇다면, 폭력으로 얼룩진 질서를 극복하고자 하는 작업은 국가라는 '물신화된' 단위를 넘어서는 사유와 실천이 필요하다. 그것은 용서의 주체로서 국가의 독점적 지위를 해체하고, 민중의 자기초월적 실천이 가능한 공간을 확보하는 것이다.

슈라이버는 마가복음 2장에 나오는 중풍병자의 치유사건을 통해서 예수의 용서에 내재한 정치신학적 의미를 '용서의 지역화'라고 설명한다.[13] 이야기는 이렇다. 예수가 무리로 가득 찬 집에서 가르치고 있을 때, 네 명의 남자가 지붕을 뚫고 중풍에 걸린 친구를 내려보낸다. 예수는 그 병자에게 '아들아, 네 죄가 용서함을 받았다.'라고 말한다. 치유는 뒤따라 일어나지 않았고, 곁에서 듣고 있던 율법학자들은 의아해한다. '이 사람이 어찌 이런 말을 할까, 하나님을 모독하는구나. 하나님 한 분밖에 누가 죄를 용서할 수 있겠는가!' 이 생각은 신의 용서를 선포하는 일은 갈릴리 마을이 아니라 예루살렘 성전에서 이루어져야 한다는 정통주의 시각을 대변한다. 예수는 이들의 생각을 알아차리고, 치유하는 힘을 보여주며, 자신에

---

12 김동춘, 위의 책, 381.
13 슈라이버, 위의 책, 90.

게 용서할 권리가 있음을 확인시킨다. 병자에게 말한다. '일어나서 네 자리를 걷어서 가지고 걸어가라.' 병자는 그 말대로 곧 일어나서 걸어갔다. 용서와 치유는 삶의 자리, 바로 거기에서 일어나야 한다.

이 이야기가 말하는 '용서의 지역화'(localization)는 용서의 작업이 먼 곳에 있는 중심 제도와 질서에 대한 의존으로부터 해방되는 것을 의미한다. 그것은 해방의 주체를 새롭게 구성하는 작업이기도 하다. 한국사회에서 용서의 지역화는 분단과 전쟁에 기초한 폭력적 질서를 해체하는 작업, 대결과 증오를 씻어내는 용서와 화해의 작업을 국가에 전가하지 않고, 아래로부터 민(民)의 평화운동을 전개하는 것이다. 그것이 민도 살고, 역사도 사는 길이다.

용서의 지역화란 용서의 일반적 적용이 불가능하다는 점을 의미한다. 용서에 관한 하나의 정답이 있을 것으로 본다면, 용서는 불가능할 것이다. '지역화'란 용서를 상상할 수 있는 사회적 공간의 다변화를 의미한다. 전쟁을 경험한 세대와 전후 세대, 386세대와 청년 세대 등 다양한 사회적 지형 속에서 용서는 단지 망각의 합의가 아니라 끊임없이 되물어야 하는 과정이다. 국가의 역할은 여전히 중요하고 용서의 과정에서 배제할 수 없다. 하지만, 국민을 포획하거나 배제하는 지배행위로 작동하는 국가주의의 한계를 극복하는 문제는 늘 고려되어야 한다.

평화를 향한 신학적 상상

한국전쟁이 남긴 숙제를 풀기 위해 평생 살아간 사람이 있다. 분단의 상처를 몸에 새기고 평화를 향한 모험의 길을 걸어온 김낙중은 '세상에 남기는 나의 유서'라고 부른 책에서, 한국전쟁에 관한 오랜 성찰의 결과를 다음과 같이 역설적으로 말한다. 한국전쟁은 "약육강식하며 살아온 인류 문명사에 새 방향을 찾아 주고, '세계 문명사적 전환'의 사명을 갖게 되었음을 알려주는 날"이다.[14] 분단과 전쟁의 원죄적 질서를 극복해가는 과업을 단지 하나의 민족국가를 수립하는 '민족통일'의 문제로만 보는 것을 넘어서, 전 세계 인류가 평화롭게 더불어 사는 세계사적 사명을 다하기 위한 문제로 보자는 제안이다.

함석헌 역시 한국전쟁을 가리켜 '통일 정부를 세우지 못한 죄의 결과'라고 평가하면서, 다가오는 시대의 '시작을 알리는 나팔 소리'라고 말한 바 있다. 민족의 허리를 가른 '38선'의 의미를 '현대문명의 낙제선'이라고 해석하면서, 동시에 '하나님이 이 민족에게 낸 시험문제'라고 보았다.[15]

냉철한 역사 인식과 함께 작동하는 신학적 상상력이 정전협정 70주년을 맞은 오늘 절실히 요청된다. 평화의 상상력은 광활할수록 신학적이다. 대립과 증오의 기억을 새롭게 하여 평화로 가는 인식의 토대를 마련하는 것, 그리고 용서를 베푸는 신의 본성에 참여하는 삶의 실천은 그 자체로서 이미 해방의 시작이다. 그리스도교 신학의 목표라고 할 수 있는 '하나님 안에서 이루어지는 만물의 화해'는 우리 사회에서 탈냉전의 사회적 공간을 확보하는 삶과 분리

---

14 김낙중, 『인류 문명사의 전환을 위하여』 (도서출판b, 2013), 19-20.
15 함석헌, 『함석헌 저작집』 (한길사, 2009), 제30권 412.

되지 않는다. 원대한 신학적 꿈이 그 삶을 지켜내는 믿음의 토대가
될 수 있을 것이다.

탈냉전의 사회적 공간과 용서의 공동체

양권석 (성공회대학교)

여는 말 : 다시 화해와 통일을 꿈꾸며

이 글은 2020년 6월 25일 "전쟁 70주년: 탈냉전의 사회적 공간을 향하여"라는 주제로 향린교회에서 열렸던 〈평화와신학〉 제2차 연례포럼에서 발표했던 내용을 이 책을 위해서 다시 정리한 것이다. 그때는 2019년 하노이 북미회담의 결렬 이후 한때 피어올랐던 평화와 통일을 향한 꿈이 절망으로 바뀌면서, 모두가 백일몽에서 깨어나듯 허탈해했고, 분단질서의 복잡함과 강고함을 다시 한번 절감해야 했었다. 한층 더 패권들의 대결이 노골화되고 적대의 논리가 국내외적으로 강화되고 있는 지금의 현실에 비추어 그때를 되돌아보면, 어쩌면 우리가 품었던 꿈과 희망이 너무 낭만적이었던 것인지도 모르겠다. 하지만 그 꿈은 한 번의 시도와 실패로 좌절되거나 포기될 수 그런 것이 아니다. 상황이 더욱 위태로워지고, 곳곳에서 물리적 대결의 분위기마저 감지된다고 할지라도, 잠시라도 접어둘 수 있는 꿈이 아니다. 왜냐하면 그 꿈을 포기하고 다시 분단과 대결의 질서 속으로 되돌아간다는 것이 무엇을 의미하는지 우리 모두 너무나 잘 알기 때문이다.

나는 다시 한번 우리가 꿈꾸는 화해와 통일이 어떤 것인지 더욱 구체적으로 그리고 더욱 분명하게 말해야 할 때라고 생각한다. 지금 국제적 패권들은 자신들의 권력을 지키기 위해서 다른 사람들과 다른 공동체와 나라들을 얼마든지 제물로 삼을 수 있다는 태도를 노골적으로 보여주고 있다. 화해와 용서를 약자들의 하소연 정도로 치부하면서, 편 가르기와 줄 세우기 논리가 국내외의 정치를 좌우하고 있다. 친구와 원수를 가르고 내 편과 네 편을 가르고, 타자에 대한 증오심을 정치적 동력으로 하는 파시즘적 정치가 다시 살아나고 있다. 패권들의 대결 속에 참혹한 전쟁과 분단의 역사를 경험한 우리는 이와 같은 국제적인 정치 현실들이 무엇을 의미하는지 잘 안다. 그것이 누군가의 희생을 합법화하고 정당화하기 위한 시도라는 것을 설명 이전에 육감적으로 우리는 안다. 이런 상황에서 현실정치는 패권들의 갈라치기에 따라 줄타기하면서 살길을 찾으려고 할 것이다. 하지만 그것은 결국 대결의 질서를 받아들이는 것이고 타자를 향한 적대와 폭력을 받아들이는 것이며, 희생을 다시 합법화하는 길이다. 그것은 우리의 삶을 근본적으로 지켜 낼 수 있는 길이 될 수 없다. 진정으로 삶을 지키는 길은, 첫째로 패권들이 만들어내려는 대결과 희생의 질서가 가진 폭력성을 더욱더 선명하게 폭로하고 증언하는 일이어야 할 것이며, 둘째로는 그 폭력적 대결의 질서에 대항해서, 지난 한 세기를 품어 길러낸 정의와 평화 그리고 화해와 용서를 향한 우리의 꿈을 더욱 분명하게 표명하는 노력이어야 할 것이다.

우리의 화해와 용서와 평화와 통일을 향한 꿈은 그냥 어딘가에서 빌려 온 꿈이 아니다. 그것은 전쟁과 분단의 질서와 그것이 개인과 공동체에 가한 상처의 깊이가 품어낸 꿈이다. 그러므로 화해와 평화의 꿈을 이야기하기 위해서는 무엇보다 먼저 분단질서와 그 분단질서가 가한 상처의 깊이를 최선을 다해 헤아려 내는 일이 가장 중요하다. 그 일은 이미 수없이 반복해 온 일이고 앞으로도 끊임없이 계속해야 할 일이다. 그리고 이 글 또한 그 폭력적 분단질서와 그것이 가한 상처를 다시 열어 깊은 곳에서 울려 나오는 화해와 평화를 향한 소망을 읽어내려는 한 시도다. 첫째로 여순사건을 중심으로 하는 역사적 사건들을 통해서 분단질서의 성격을 다시 설명해 보려고 노력할 것이다. 둘째로 이청준의 『소문의 벽』을 통해서 전쟁과 분단질서가 개인과 사회에 가한 상처의 깊이를 가늠해 볼 것이다. 마지막으로 용서에 관한 예수의 이야기를 다시 읽어내는 과정을 통해서, 분단질서의 폭력성과 그 질서의 희생자들이 간직한 상처는 우리에게 어떤 화해와 용서의 과정과 어떤 새로운 질서를 요구하는지 생각해 볼 것이다.

영토의 냉전화와 정신의 식민화

분단질서의 성격과 그것의 사회적 정신적 영향을 이해하기 위해서는, 45년 미소에 의한 남북의 분할 점령으로부터 전쟁을 거쳐 분단질서가 고착되기까지의 과정에 대한 이해가 필요할 것이다. 박명림은, 전쟁으로 이어지는 분단질서의 구축과정을 다섯 단계로 설명한다.1 제1단계는 미소의 점령으로 45년에 이미 이루어진 영토적 분할 단계다. 제2단계는 45년 말에서 46년에 걸쳐 탁치 논쟁을 둘

---

1 박명림, 『한국 전쟁의 발발과 기원 II』 (서울 : 나남, 2016), 376-377.

러싸고, 친일과 항일의 구도가, 반공과 친공, 친소와 반소, 친미와 반미의 구도로 재편됨으로써, 국제적 냉전질서를 내화(internalize)할 수 있는 토대가 마련되는 단계다. 제3단계는 46년부터 진행된 북한의 사회변화를 위한 노력을 통해서 남북한에 매우 이질적인 사회적 질서가 구축되는 단계이며, 제4단계는 47년 정도에 이르러 법적 제도적 선언과, 국제적 승인을 제외하고는 모든 것이 이미 구조적으로 분할되어 있는 상태가 된 단계이다. 마지막 제5단계는 양쪽에서 단정을 수립하여 소위 말하는 48년 체제가 수립되는, 제도적 분단 단계다. 이런 과정의 결과로 나타난 전쟁과 학살을 통해서, 남북 양 진영 각각 자신의 영역 안에서 상대방의 요소를 완전히 뿌리 뽑아 버리는 철저한 일원화의 과정이었다고 보고 있다.[2]

조금 더 새겨 보면, 이 과정은 남북 양쪽에 존재하던 다양한 목소리들을 자신들의 정파적 입장을 따라 배제하고 수용하고, 억압하고 포섭하면서, 단일하고 통일적인 집단으로 만들어가던 과정이었다. 암살과 학살은 물론이요, 남에서 북으로 그리고 북에서 남으로 내부의 반대파들의 밀어내기 등의 배제적 정화 전략이 거침없이 작동되었다. 항일과 친일에 기초한 민족주의적 동기들과 식민주의 극복을 위한 모든 동력을 친소 대 반소 혹은 친미 대 반미의 구도 속으로 철저히 재편하면서, 그 구도 안으로 들어올 수 없는 개인들과 세력들을 철저히 배제해 내는 과정이었다. 이렇게 친공 대 반공이라는 이원론적인 대결 구도 안으로 한반도를 분할 재편하는 과정은 영토와 제도는 물론이요 개인들의 정신영역까지 포함하는 삶

---

2 같은 글, 377.

의 전 영역에 해당하는 것이었으며, 그 전체를 순수한 단색으로 정제(purify)해 내는 과정이었다. 한 마디로, 냉전 권력에 의한 정신과 영토의 철저한 독점 과정, 곧 철저한 식민화 과정이었다.

박명림은, 한국 내의 냉전질서가 세계적 냉전질서보다 먼저 고착화 되었다고 분석한다.[3] 이는 단순히 냉전질서의 구축 시기에 관한 주장이 아닐 것이다. 정말 하고 싶은 이야기는 한반도가 가장 철저하게 국제적 냉전질서를 내화했다는 사실일 것이며, 또한 냉전 대결의 주축국이나 종주국보다 더 철저하게, 영토와 제도와 정신의 모든 면에서 냉전적으로 변화되었다는 뜻일 것이다.

식민주의자들은 모국에서 이루진 못한 열망을 식민지에서 이루려고 한다. 모국에서 충분히 인식하지 못한 자신들의 우월성을 실체적으로 확인하고 싶어 하고, 동시에 자신들이 가진 부정성을 구현하고 있는 존재들을 실물로 확인하고 싶어 한다. 그래서 자신들이 생각하는 가장 이상적인 긍정과 부정의 형식에 따라, 백지상태(tabula rasa)의 피식민자들을 주조해 낼 수 있다고 생각한다. 신대륙, 발견, 원시, 자연과 같은 말들이 식민주의자들에게 갖는 신비함은 곧 그와 같은 실험 혹은 야망의 실현이 가능할 것이라는 환상으로부터 오는 것이다. 이와 같은 식민주의자들의 환상과 그들이 자신들의 욕망을 식민지와 피식민지인들에게 투사해 왔던 방식을 생각하면,[4] 한국 내의 냉전이 그리고 한국의 분단이 세계의 냉전질서보

---

3 같은 글, 164.

4 Frantz Fanon, *The Wrteched of the Earth*, Trans. Constance Farrington (New York: Grove. 1968), 41-42; *Black Skin White Masks*. Trans. Charles Lam Markmann (London: Pluto Press, 1986), 109-162.

다 앞서서 확립된 측면이 있다는 말은 전혀 예외적인 경우가 아니다.

하지만 짧은 시간 동안 그처럼 철저하게 영토와 정신 모두를 냉전적으로 재편하는 것은 엄청난 억압과 폭력과 학살 없이는 불가능한 과정이었다. "미국은 제주도가 필요하지, 제주도민은 필요치 않다"[5]고 했던, 미 군사 고문단장 로버츠의 말은 한반도를 향한 제국의 잔인한 의지를 가감 없이 드러내고 있다. 이 말이 나온 배경을 생각해보면 더욱 그러하다. 제주도에서 유격대와 협상을 주도하고 있던 (그리고 이후에 여순항쟁을 일으킨 14연대의 연대장을 잠시 맡았던) 김익렬 중령의 대화 의지와 동족에 대한 연민을 배제하는 과정에서 그와 같은 잔인하고 노골적인 표현이 나왔으며, 그것은 곧 제주도민을 대화상대가 아니라 자신의 틀대로 주조하거나 아니면 제거해야 할 대상으로만 보고 있는 냉전적 분단질서의 본심이다. 여순항쟁을 시작하면서 14연대 병사위원회는 이렇게 선언한다.

우리들은 조선 인민의 아들 노동자, 농민의 아들이다. 우리는 우리들의 사명이 국토를 방위하고 인민의 권리와 복리를 위해서 생명을 바쳐야 한다는 것을 잘 안다. 우리는 제주도 애국 인민을 무차별 학살하기 위하여 우리를 출동시키라는 작전에 조선 사람의 아들로서 조선 동포를 학살하는 것을 거부하고, 조선 인민의 복지를 위하여 총 궐기한다.[6]

5 주철희, 『동포의 학살을 거부한다』 (전주 : 흐름출판사, 2019), 76.
6 같은 글, 64. 1948년 11월 30일 자 〈동아일보〉에서 인용한 글을 재인용한다.

48년 체제와 분단질서의 수립과 고착화 과정이라는 것은, 이렇게 동포의 학살을 거부하면서 항쟁을 시작했던 병사들이 인간으로서 느꼈을 정신적 심리적 한계선 같은 것을 유린하지 않고서는 이루어 질 수 없는 과정이었다.

김득중은 여순항쟁의 역사를 기록하고 있는 자신의 책의 제목과 부제를 "빨갱이의 탄생 : 여순사건과 반공국가의 형성"이라 하였다. "빨갱이의 탄생"이라는 이 제목이 말하는 것은, 자신의 책이 단독 정부를 세우고 반공국가로 자신을 정제해 나가는 과정에서 여순항 쟁이 매우 중요한 분수령이었음을 정치적으로 혹은 역사적으로 설 명하는 것에 그칠 수 없다는 작가의 의지다. 단정수립, 4.3과 여순 항쟁, 그리고 숙군(肅軍), 보안법 입법 등을 통해서 48년 체제 혹은 분단질서를 만들어가는 과정은 수천수만의 민간인 학살과 암살과 숙청을 통한 반대파의 제거 과정이었으며, 나아가 남한 사람들의 의식 속에 "빨갱이"라는 비인간의 이미지를 분명히 자리 잡게 만드 는 과정이었음을 보여준다.

하지만 여순항쟁의 과정에서 만들어지고 있는 심리적 배역은 빨 갱이만 있는 것이 아니다. 진압군이 여순항쟁을 진압하고 나서, 시 민들을 학교 운동장으로 모아 놓고 그중에서 반군에 협력한 사람 들을 색출해 내는 과정을 상기해 보자. 김계유는 이렇게 기록하고 있다.

생존 경찰관을 선두로 우익 진영 요인들과 진압군 병사로 이루어진 5~6명의 심사 요원들이 시민들을 줄줄이 앉혀 놓고, 사람들의 얼굴을 쑥 훑고 다니다가 '저 사람'하고 손가락 질만 하면 바로 그 자리에서 교사 뒤에 파 놓은 구덩이 앞으로 끌려가 불문곡직하고 즉결처분(총살) 되어버렸다. 그 자리에는 일체 말이 필요 없었다. 모든 것이 무언(無言)인 가운데 이루어졌다. 사람을 잘못 봤더라도 한번 찍혀 버리면 모든 것이 끝장이었다.[7]

다음은 외국 기자로서 여순 현장을 취재했던 칼 마이던스의 글이다.

그러는 동안 그 광경을 여자들과 아이들이 가만히 보고 있었다. 그런데 괴로운 체험 가운데서도 가장 두려웠던 것은, 방관자들의 침묵과 자신들을 잡아 온 사람들 앞에 꿇어 앉은 사람들의 너무나도 조심스러운 모습─그리고 총살되기 위해서 끌려가면서 완전히 침묵하고 있었다는 사실이었다. 한 마디의 항변조차 없었고, 동정을 바라는 울부짖음도 없었고 신의 구원을 바라는 어떤 중얼거림도 없었다. 또다시 이런 세기가 그들에게 주어진다면, 어찌해야 좋을 것인가?[8]

무심한 듯 손가락총을 쏘아 대고 있었을 우익 인사들, 아마도 그

---

7 김득중, 『빨갱이의 탄생』 (서울 : 선인, 2015), 300.

8 같은 글, 390, Carl Mydens, *More than meets the Eye* (New York: Harper & Brothers, 1959), 292-293.

들은 이미 증오심으로 자신을 무장한 사람들이거나, 아니면 다시 충성심을 보여주려는 사람들이었을 것이다. 그리고 그 손가락 총에 찍혀 아무 소리도 내지 못하고 총살을 당해야 했던 사람들은 자신을 변호하거나 변명할 수 있는 가능성을 원천 봉쇄당한 상태처럼 보인다. 오직 총을 들고 있는 자의 의지만이 자신의 생사를 결정하게 되는데, 그 결정자와 그 결정을 만드는 공간을 향한 철저한 무력함이 극한의 대비를 이루고 있다. 한편에는 끊임없이 총을 쏘아 대고 또 구덩이에 반쯤 산 시신들을 파묻고 있던 그들이 있었고, 다른 한쪽에는 생각과 말이 모두 정지된 상태로 그것을 바라보고 있는 시민들이 있다. 이들이 얽혀 있는 이 공간의 정체는 무엇인가? 무엇인가 말해야 하지만, 전혀 말을 허락하지 않는, 색출과 학살의 현장은 도대체 어떤 곳인가?

그 현장에 있었던 사람들의 모습을 떠올려 보면, 빨갱이의 탄생은 우리가 일반적으로 가지고 있는 낙인찍기에 대한 상상을 훨씬 초과하는 것처럼 보인다. 현장에 드러나고 있는 인물상들을 생각하다 보면, 빨갱이의 탄생이 그렇게 단순하지 않았음이 분명해 보인다. 빨갱이의 탄생은 손가락총의 탄생이고 동시에 생사의 갈림길에서도 소리조차 낼 수 없게 되어 버린 방관과 침묵의 탄생이었다. 그래서 그들이 함께, 철저하게 냉전적인 심리적 공간과 사회적 공간을 만들어내고 있음을 볼 수 있다. 이것이 분단질서의 실상일 것이다.

파농은 정신의 식민화 과정을 투사와 배제의 과정으로 설명한 바 있다.[9] 식민주의적 억압은, 식민주의자가 피식민자라는 타자 위

---

9 Fanon, *The Wretched of the Earth*, 41-42.

에 자신 안에 있는 모든 원하지 않는 것과 부정적인 것들을 투사해서, 그들을 존재 밖으로 배제하게 된다는 것이다. 그리고 그 과정이 피식민자들에게는 식민주의자들의 가학적인 슈퍼에고와의 동일화를 강요받는 억압적 상황이라고 분석한다. 그래서 식민주의자의 에고를, 식민주의자의 부담을 그대로 자신의 몸에 복사한 피식민자가 만들어지는가 하면, 동시에 식민주의자가 자기 내부로부터 피식민자에게 투사하고 있는 모든 부정성을 그대로 구현하는 피식민자가 주조된다. 이런 파농의 설명이 손가락총과 빨갱이라는 분단의 상징 질서를 대표하는 두 배역의 탄생을 보다 구체적으로 설명하고 있다고 여겨진다. 이 두 배역의 배후에, 두 가지가 더 있다고 생각한다. 결국 이 두 배역의 탄생을 가져온 것은, 식민주의적 냉전 주체들이 억눌러 놓은 자신들의 죄의식과 폭력성이다. 그래서 손가락총과 빨갱이를 만들어내는 과정은, 동시에 그들의 폭력성과 야만성을 드러내는 과정이 될 수밖에 없다. 또한 그 과정은 자신의 존재 이유를 근본에서 부인당하고 있다고 여기거나 스스로 부인해 버리는 침묵과 방관의 탄생이다. 이 침묵과 방관은 새로운 언어를 찾는 과정도 아니고, 자신 내부의 모순이나 소외를 성장을 위한 다른 힘으로 전환시키기 위해서 거쳐 가는 단계가 아니다. 오히려 어떤 언어도 소통도 찾지 않겠다는 자기 부인의 과정으로 보인다.

　냉전의 내면화로서, 분단질서가 만들어 놓은 식민화된 심리적 지형은 바로 이런 것이라고 생각한다. 손가락총과 빨갱이, 학살자와 극단적 자기부정의 방관과 침묵으로 구성되는 지형이다. 철저하게 냉전적으로 식민화된 심리지형, 그 안에서 문익환 목사가 말한 "사팔뜨기가 된 우리 눈"[10]이 만들어져 왔다. 그러므로, 이 심리적이면서도 동시에 사회적인 분단질서의 공간을 해체하고 새로 세우는 일이, 바로 분단 극복을 위한 우리의 노력이 되어야 할 것이다.

상처의 심연

이청준의 『소문의 벽』은 단순한 근대 작가론이나, 시대정신과 작가로서의 사명 사이의 갈등 같은 근대적 소설론의 한 주제로 환원될 수 없는 작품이다. 비록 그렇게 읽을 수 있는 단서들도 풍부하고, 그 중편 소설이 실린 책에도 그와 같은 입장을 전개하는 평론이 실려 있는 것도 사실이다.[11] 하지만, 빌미가 풍부하고 그렇게 읽는 것이 가능하다 할지라도, 그와 같은 일반화는 작중 인물들이 대면하고 있는 특별한 문제를 보편적인 것으로 환원시켜 버림으로써, 그 인물들에게 대리만족을 구하도록 촉구하거나, 아니면 문제를 해결할 수 없는 미궁 속에 점점 깊이 밀어 넣는 결과를 초래하는 것처럼 보인다. 이미 작품의 표면에 분명히 드러나 있는 대로, 분단질서에 집중해서, 그 분단질서가 개인들의 정신과 심리영역에 가한 영향을 가장 구체적으로 설명해 내려는 소설로 이 작품을 읽을 때, 오히려 이 작품의 기여와 한계를 보다 분명하게 볼 수 있다고 생각한다. 소설의 전개 순서와 상관없이 그 줄거리를 요약해 보면 다음과 같다.

---

10 문익환, "꿈을 비는 마음", http://www.newsnjoy.or.kr/news/articleView.html?idxno=27460

11 이광호, 「진술불가능성과 소설의 가능성」, 이청준 전집 4, 『소문의 벽』 (서울 : 문학과지성사, 2011), 356-368.

주인공 박준은 심한 진술 공포증에 사로잡혀, 자신의 정체를 파악하려는 모든 사람들, 즉 자신에게 질문하는 모든 사람들을 향한 대인기피증을 가진 소설가다. 그리고 누군가가 자기를 쫓아오고 있는 것 같은 강박에 시달리는 사람이다. 그는 자신이 진술 공포증을 피하려면, 정신병자로 인정을 받아 정신병원으로 도피하는 길밖에 없다고 판단하여, 불쑥 정신병원의 김 박사를 찾아간다. 정신병자로 인정받으면, 자신의 정체에 대한 질문을 원천 봉쇄할 수 있을 뿐만 아니라, 자신에 관해서 어떤 진술을 하든 그것이 고려 대상이 될 수 없다는 생각으로 그렇게 했던 것이다. 하지만 현대적 정신분석의 기술을 익힌 정신과 의사 김 박사는, 박준이 정신병자가 아니라 진술을 거부하는 노이로제 환자라고 진단하고, 박준의 진술을 끝내 이끌어내서, 그 노이로제의 병인을 반드시 밝히겠다는 각오로 그를 대한다. 그래서 이제 도피처로 택했던 정신병원이 자신의 정체를 향해 끊임없이 질문하는 억압적 심문 기관임을 확인하면서, 박준은 정신병원의 탈출을 시도한다.

　그 첫 번째 탈출 시도에서, 정신병원 근처의 어떤 어두운 골목에서, 박준은 자신이 전에 원고를 보낸 적이 있는 잡지사의 편집자와 조우하게 되고, 그리고는 그가 누구인지도 모른 채 그 편집자의 방에서 하룻밤의 도피처를 구하게 된다. 박준의 정체를 알지는 못했지만, 박준의 기이한 행동 때문에 근처의 정신병원에서 탈출한 사람이라고 직감한 그 잡지 편집자는 다음 날 아침 — 이미 박준은 새벽에 집을 나가고 없었지만 — 정신병원을 찾아가게 되고, 거기서 그가 어제 정신병원을 무단 이탈한 박준임을 비로소 알게 된다. 그리고 그가 꽤나 이름이 알려졌던 소설가이며, 무슨 영문인지 모르지만, 그의 원고가 "안" 형으로 불리는 잡지의 소설담당자에 의해서 출판을 거부당한 채 잡지사 안에 잠자고 있다는 것을 깨닫게 된다.

마치 박준의 정체 곧 박준이란 작가의 기이한 정신병적 현상을 이해하기만 하면, 자신의 답답한 정신상태는 물론이요 지지부진한 잡지의 편집과 다른 모든 일이 잘 안되는 원인을 찾을 수 있기라도 하다는 듯이, 그 잡지 편집자는 박준이라는 작가의 기행의 원인을 추적하기 시작한다. 우선 박준이 잡지사에 보냈던 원고와 그리고 다른 신문사에서 연재가 중단된 소설, 인터뷰 기사 등등을 찾아 읽어 가기 시작한다. 동시에 잡지사의 소설담당자라는 문학권력의 대변자와, 현대 정신의학을 대표하는 김 박사와의 끊임없는 논쟁을 해가면서, 박준의 정체와 그의 진술거부증과 대인기피증의 근본 원인을 해명해 보기 위해서 달려든다.

박준의 진술 공포증을 이해하기 위한 단서들은 일단 그가 쓴 소설들로부터 나온다. 그 편집자가 첫 번째로 읽게 되는 박준의 소설은 『괴상한 버릇』이라는 제목으로 되어 있는데, 문제가 생기면 문제와 씨름하기보다는 무조건 피하려고만 하는 기피증을 가진 주인공에 관한 이야기다. 어린 시절에는 부모의 꾸중을 피해 광 같은 곳으로 숨어 버리는 버릇이었다가, 성장하면서 문제만 생기면 잠든 척하면서 피하는 상태가 되어서, 이 버릇이 주인공에게는 일종의 휴식 방법이 되기도 하고 놀이가 되기도 한다. 그런데 결혼하고도 그 버릇은 계속되었고, 끝내 죽음을 가장한 가수면이 진짜 죽음으로 끝나 버리고 마는 이야기다.

두 번째는 『벌거벗은 사장님』이라는 제목의 소설인데, "임금님의 귀"라는 민담과 거의 비슷한 이야기다. 사장의 운전기사가 되면, 사장님의 비밀을 알게 되고, 그 비밀을 절대로 안 듣고 못 본 것으로 하라는 사장의 엄명에도 불구하고, 운전기사는 알게 된 비밀을 결국 누군가에게 털어놓지 않고는 못 배기고, 결국 그 운전사는 해고의 운명을 맞게 된다는 이야기다. 그런데 주인공은 보고 들은 것을 안 보고 안 들을 것으로 하기 위해서 발버둥 치다가, 끝내 비밀을 누군가에게 털어놓았기 때문에 해고된 것이 아니다. 오히려 털어놓지 않기 위해서 참다가 보니까, 주위의 모든 사람이 자신이 비밀을 털어놓는지 아닌지를 감시하는 감시자로 보이고, 그래서 모든 사람을 의심하는 상태가 되고, 이어서 이 심한 의심증이 운전을 방해하는 무기력과 주의력 결핍 현상으로 나타나면서, 결국 해고되고 마는 이야기다. 작가 이청준의 말로는 박준의 처지는 자신의 비밀을 후련히 털어놓을 수 있는 〈구원의 숲〉을 허락받지 못한 상황이다.[12] 한마디로 그의 진술을 들어줄 공간, 공동체, 관계가 모두 정상 작동하지 못하는 상황이다.

세 번째 소설 안의 소설은, 제목이 명시되지 않지만, 전쟁과 분단에 관한 원체험에 관한 이야기이며, 박준의 정신상태를 그와 같이 만든 전쟁과 폭력이 가했던 충격을 보여준다. 낮과 밤에 따라 세상의 주인이 경찰에서 빨치산으로 거듭 바뀌는 상황이다. 양쪽이 다 친구와 적을 구별하기 위해서, 때로는 반대편으로 위장하여, 사람들이 어느 쪽인지를 확실히 분간해 내려는 시도까지 거듭되는 상

---

12 이청준, 『소문의 벽』, 207.

황이다. 그러던 어느 날 밤, 아버지는 피신하고 없는 상황에서, 정체를 알 수 없는 무장한 사람들이 집에 들이닥치고, 앞을 볼 수 없을 정도로 밝은 전짓불을 어머니와 자신의 얼굴에 쏘아 대며 총을 겨눈다. 그리고는 당신의 아들이 어디로 가서 어느 편에 가담하기 위해서 집을 나갔느냐고 묻는다. 정면으로 쏘아 대는 밝은 불빛 때문에 묻는 자의 정체를 전혀 알 수 없는 상황이다. 끊임없이 묻는 자의 정체를 의심하면서, 그리고 자신의 대답이 가져올 결과를 전혀 예측할 수 없는 상태에서, 대답을 강요당하는 상황에 직면했던 경험이다. 자신과 자신의 어머니가 했던 것과 같은 경험을 했던 사람들을, 전짓불의 강한 불빛 때문에 그 뒤에 선 사람이 어느 편인지 죽어도 알아낼 수 없었던 사람들, 곧 "전짓불 뒤에 숨은 사람의 정체를 점치려다 실패한 사람들"[13]이라고 주인공은 표현한다.

그런데 박준의 이 원체험이 주인공에 의해서 진술되는 곳은, 그 주인공의 정체를 식별하여 징벌을 가하려는 심문관 앞에서다. 이 심문관은 이 소설의 제목 "소문의 벽", 곧 뚜렷하게 보이지 않지만 강고하게 작동하고 있는 냉전적 분단과 억압의 질서를 대표하는 배역이다. 진술 공포증과 묻고 질문하는 자에 대한 의심과 공포증이 기인하게 된 원체험에 대한 진술이 끝나자, 자신의 소설 속에서 주인공 G로 등장하는 박준에게 그 심문관은 최종 판결을 내린다. 이 심문관의 판결은 주인공 G 곧 박준의 정신적 문제의 구조적 원인을 드러내고 있다. 우선 심문관은 주인공 G의 진술 내용은 자신의 판단에 아무런 영향을 줄 수 없다고 이야기한다. 주인공의 심리 내

13 같은 글, 231.

부에서 일어나는 문제와, 그가 자신이 누구인지 스스로 설명하려는 어떤 내적 동기나 원인도, 주인공의 정체에 대한 심문관의 판단을 위한 어떤 단서가 근거가 되지 못한다고 잘라 말한다. 냉전적 분단질서가 사람을 판단하는 방식은 그 사람과의 관계에서 정해지는 것이 아니다. 그 질서는 외부로부터 절대적으로 주어지는 것이다. 냉전적 분단질서 안에 있는 박준과 그 주인공에게서 일어나는 모든 정신적 작용은 어떤 결실을 맺을 수도 영향을 줄 수도 없는 불임과 불통의 그것이다. 그래서 분단질서 안에 있는 한 개인으로서 주인공과 박준은 자신을 말하고 세울 수 없는 비존재다. 애초에 주체의 가능성을 허락받지 못한 존재라는 면에서, 정신분석적 용어로 "비체(abject)"에 가깝다. 심문관이 대표하는 분단질서는 그 질서와 그 안에 사는 개인 사이의 어떤 관계 가능성을 원천적으로 차단하고 있기 때문에, 분단질서 하에서 박준과 주인공을 포함한 개인들의 자기 진술은 무의미하다. 오직 주어진 분단질서, 곧 심문관과 심문관이 속한 질서를 향한 박준의 태도만이 판단의 대상이다.

심문관은 유죄판결의 첫 번째 이유를 말하면서 자신들이 주인공 G를 체포하게 된 경위는 전혀 문제도 아니고 문제도 될 수 없다고 단정한다.[14] 경위야 어떻든 상관없이, G는 지금 새로운 질서를 만들어 내고 있는 심문관들의 세계에 의해서 체포되어 있고, 그래서 당연히 그들이 심문할 수 있는 권리를 가지고 있는데, G가 계속 그 절대적으로 부인할 수 없는 사실을 인정하려 하지 않는다는 것이다. 심문관과 심문관의 질서는 주인공 G나 박준이 선택할 수 있는

---

14 같은 글, 35.

문제도 아니고, 그들이 개입해서 어찌할 수 있는 문제도 아니다. 그 자체가 적어도 주인공 G와 박준과 함께 분단질서 안에 살아가는 사람들에게는 절대적 가치와 절대적 질서다. 그런데 주인공 G 곧 박준이 그 사실을 그대로 받아들이지 못하는 상태라는 것이다. 처음부터 주인공과 박준이 문제 삼거나 개입하거나 참여할 가능성으로 열린 질서나 가치체계가 전혀 아닐 뿐만 아니라, 그들에게 그러한 개입이나 참여할 능력을 허락하지 않는 질서임을 분명히 하는 것이다. 그런데 이 분명한 사실을 그대로 접수하지 못하는 것이 주인공 곧 박준의 죄라는 것이다.

심문관은 유죄판결의 두 번째 이유를 이렇게 밝힌다.

당신이 줄곧 우리의 정체에 대해 불요부당한 의문을 품고 있었다는 점입니다. 당신은 진술을 하면서 자꾸만 우리의 정체를 알아내려고 했습니다. 그러나 우리의 비밀은 영원한 것입니다. 어쩌면 우리 자신도 그것을 모르고 있는 것일지 모릅니다. 그것을 알아내고 싶어하는 것은 죄악입니다.[15]

유죄판결에 더해지는 판관의 언도는 더욱 잔인하다.

당신의 전짓불과 나에 대한 두려움, 그것은 이미 스스로 선택한 수형의 고통이지요. 그리고 당신은 그렇듯 스스로 선택한 수형의 고통 속에 이미 반쯤 미친 사람이 되었거나 앞

---

15 같은 글, 236.

으로도 계속 미쳐갈 게 분명합니다. 당신은 우리들의 심판에
앞서 자신의 형벌을 그렇게 스스로 선고 받고 있는 것입니다.
[...] 16

    심문관과 주인공의 대화에서 드러나는 박준의 딜레마는, 자신의
생각을 언어화하고 상징화하고 의미화해서 다른 사람들이나 자신
이 속한 공동체와 소통할 능력을 거세당한 사람임에도 불구하고,
그래서 애초에 진술 불가능한 불임의 존재로 정의되어 있는데, 끊
임없이 진술을 요구받는다는 점이다. 박준은 그 노이로제 상황에
서 벗어나려면, 자신에게 그와 같은 상태를 야기시킨 충격을 자신
의 언어로 진술하는 과정을 통과해야 한다. 하지만 박준은 애초에
그렇게 할 수 있는 능력을 강제로 거세당했다. 그렇다면 더 이상의
진술 요청이 그에게 주어져서는 안 되는데, 그는 계속 진술을 요청
받는다. 이때 그가 할 수 있는 진술의 성격과 범위는 어떤 의미와 해
석도 달 수 없는, 아직은 의미화되거나 소통될 수 없는 기표나 괴성
같은 것일 수밖에 없다. 소설이라는 고급진 문학 장르를 통해서 표
현해도 그것은 불임의 언어다. 박준은 이처럼 진술 능력을 부인당
한 존재이면서 동시에 진술을 강요받는 존재다. 그래서 진술을 통
해서만 벗어날 수 있는 병증이고 억압인데, 진술을 하면 할수록, 불
임의 언어와 기표를 날리면 날릴수록, 메아리 없는 소리가 되고, 결
국은 그 소통 불능으로 인해서 더욱 고통스럽게 미쳐가거나, 아니
면 자살의 길을 갈 수밖에 없는 천형을 받은 존재다.

16 같은 글, 238.

나는 이청준의 이 소설이 단순히 근대적 작가론의 문제로 치부되어서, 서구의 탈근대비평가들이 말하는 서구의 주체 이해를 비판하기 위한 또 하나의 전거로 환원될 수 없는 이유가 작품 그 자체 안에 충분히 드러나고 있다고 생각한다. 소설에서 보면, 박준의 정신적 상태에 개입하고 있는 세 사람이 등장한다. 한 사람은 이 소설을 이끌어 가고 있는 잡지 편집자다. 그는 답을 모른 채 제시되는 모든 해결책에 대해서 의심하는 존재이며, 문제의 원인을 알려고 애쓰지만 끝내 알지 못하는 사람이다. 그리고 안형으로 불리는 잡지사의 소설담당자다. 그는 박준이 현대인 누구나 느끼는 증세를 진술하고 있을 뿐, 작가로서 시대정신을 가지고 책임적으로 해석해 내고 방향을 제시하지 못한다고 비판하면서, 그의 작품의 출판을 거부한다. 말하자면 박준이 증세를 말하는 것은 의미가 없다는 것이다. 시대정신에 따른 해석이 있어야 한다는 말이다. 이렇게 박준을 혹평하는 그 안에는, 이미 박준의 증세에 대한 정형화된 철학적 심리학적 해석이 자리잡고 있다. 그래서 박준이 그 해석을 보여주지 않는다는 점에서, 박준이 작가로서 책임을 다하지 못하고 있다고 비판한다. 박준의 문제에 직접적으로 개입하는 또 한 사람의 등장인물은 정신과 의사 김 박사다. 그는 정신과학적 방법으로 반드시 박준의 노이로제의 원인을 밝혀낼 수 있다고 믿는 사람이다. 그래서 박준이 전짓불에 대한 심한 공포증이 있다는 것을 알고서는, 전짓불로 위협하여 끝내 박준의 진술을 받아 내기 위한 시도를 한다. 하지만 그 폭력적 시도는 결국 실패하게 되고, 박준은 다시 정신병원을 탈출하여 사라지고 만다.

박준의 문제에 개입하기 위해서 소설에 등장하는 전문적인 개입자들은 모두 실패하고 만다. 박준이 정신병원을 탈출함으로써, 문제는 한 가지도 해결되지 않은 채 그대로 남겨진다. 시대의 문화 권력도 시대의 과학 권력도 이 문제를 해결하는데 그 무기력함을 여실히 드러내고 있을 뿐이다. 박준과 그 세 명의 개입자들은 어떤 소통의 관계도 만들어내지 못할 뿐만 아니라, 도스토옙스키의『죄와 벌』에 나오는 모두가 어쩔 수 없는 범법자이거나 피해자가 될 수밖에 없는, 공동의 범법이나 피해의식으로 인한 공감도 전혀 없다. 그래서 헤겔식의 노예와 주인의 변증법도 작동할 수 없는 구조다. 그들 사이에 소통 가능한 언어가 만들어질 수 없는 구조적 문제 상황이다. 그리고 바로 여기에, 분단질서 안에서, 철저하게 진술의 권리와 능력을 부인당한 채로, 진술을 요구받고 있는 존재들의 비극이 있다고 생각한다.

이것이 억압적 분단질서가 한 개인의 심리에 가하고 있는 가해의 실상이며, 철저하게 냉전화되고 식민화되어 있는 정신 공간의 모습이다. 이는 단순히 서구의 근대 주체가 느끼는 소외의 문제로 환원될 수도 환원되어서도 안 되는 문제다. 왜냐하면 박준에게는 자신의 공동체로부터 소외를 느끼는 것 자체가 범죄이기 때문이다. 분단질서 안에 갇힌 주체는 소외를 느낄 수 있도록 허락된 존재도 아니고, 그 소외로부터 자신과 공동체 사이를 매개할 수 있는 새로운 가능성을 찾을 수 있는 존재도 아니다. 철저하게 진술 능력과 진술 가능성을 거세당한 사람들, 자기 진술을 통해서 공동체와 사회를 향한 개입 가능성을 거부당한 사람들, 하지만 진술하고, 말하고,

그리고 행동하지 않고서는 존재를 회복할 수 없는 사람들, 그들은 소설 『광장』의 이명훈, 영화 〈JSA〉의 이수혁 병장, 그리고 이 소설의 박준 같은 사람들이다. 그들은 하나 같이 자살하거나 미치는 길을 가야 했던 사람들이다. 그들이 자살이나 광인의 길이 아니고, 정말 살 수 있는 공동체, 그들이 자신의 몸과 무의식의 깊이에서 일어나는 다양한 추동이나 충동들을 언어로 만들어내고, 소통 가능한 의미로 만들고, 그래서 정말로 살아서 상통할 수 있게 해주는 관계와 공간은 어떻게 가능할까? 나는 이 소설이 우리에게 묻고 있는 것이 바로 이 질문이라고 생각한다. 그리고 이 소설은, 분단질서를 너머 탈냉전의 사회적 공간을 향해, 아직은 열지 못한 꿈을 말하고 있다고 생각한다.

예수의 치유와 용서

분단질서 너머의 탈냉전의 사회적 공간을 그려보기 위해서, 다시 말해 분단과 전쟁의 상처가 품은 새로운 관계와 질서를 향한 꿈을 읽어내기 위해서, 성서에 있는 용서에 관한 여러 가지 이야기들 중 하나를 읽어보려고 한다. 루가복음 17장 11절에서 19절에는 예수가 나병환자 열 사람을 치유한 이야기가 나온다. 이 이야기는 예수가 용서와 용서에 대한 믿음을 반복해서 말하고 있는 문맥과 연결되어 있다.

먼저 예수가 용서를 이야기하는 방식을 생각해보면, 우리의 상식적인 이해와는 전혀 다른 방향을 취하고 있다. 우리가 상상하는 용서의 과정은, 먼저 죄지은 사람이 죄의 고백과 참회를 해야 하고, 이어서 피해자나 공동체에 의해서 용서와 화해가 베풀어지고, 그래서 최종적으로 깨어진 관계를 회복되는 그런 과정이다. 하지만 예수는 죄지은 사람이 아니라 반대로 죄를 짓게 만든 사람들을 문제 삼는다. 심지어 다른 사람을 죄짓게 만드는 사람은 연자 맷돌을 매고 바다에 빠져 죽는 편이 더 낫다고도 하였다. 예수에게 죄인은 피해자이고 죄짓게 한 사람들이 가해자다. 예수는 가해자가 아니라 피해자인 죄인을 하루에 일곱 번이라도 용서하라고 말하고 있다. 용서는 피해자가 가해자에게 베푸는 것이 상식인데, 예수에게서 용서는 오히려 피해자들이 피해자들에게 베푸는 형식에 가깝다. 사실상 용서해야 하는 사람과 용서받아야 하는 사람이 다르지 않아 보인다. 그래서 예수의 죄의 용서는 피해자들 사이의 관계와 연대를 가리키고 있는 것처럼 보인다. 예수의 용서 안에서 피해자의 삶의 진정한 회복은, 죄짓게 만드는 질서에 대한 철저한 부정과, 그 질서에 의해서 죄인이 된 사람들이 서로를 용서하는 과정을 통해서다.

여기에 겨자씨 한 알만한 믿음에 관한 이야기가 덧붙여지는데, 그 믿음이 루가복음에서는 뽕나무가 뿌리째 뽑혀 바다에 심어지게 할 수 있는 능력과 연결되지만, 마태복음에서는 산을 들어서 움직일 수 있는 능력이 된다.(마태오 17:20) 그리고 앞에서 말한 죄짓게 만드는 사람과, 예수가 들어서 바다에 던질 수 있다고 하는 산 사이에는 분명히 무슨 관련이 있다. 죄짓게 하는 자는, 곧 사람들의 죄를 판단할 뿐만 아니라 그 죄를 면할 수 있는 대책까지 제공하면서, 죄의 판단과 보속에 대한 독점적 권한을 가진 자들일 것이다. 그들은 예수가 직접 손가락으로 가리키면서 옮기거나 내던져 버릴 수 있다고 했던 바로 그 산에 자리 잡고 있는 성전을 배경으로 활동하는 자들일 것이다.

결국 예수에게 용서란 죄짓게 만드는 질서에 갇혀 끊임없이 죄인으로 살아가는 사람들을 그 질서로부터 해방하는 일이다. 예수의 용서는 그 죄짓게 만드는 질서를 해체하는 일이고, 그 죄짓게 만드는 질서의 포로가 되어 죄인으로 살아가는 사람들이 그들에게 덧씌워진 죄의 굴레가 근거 없는 것임을 알게 되는 것이다. 무책임하게 손가락 총을 쏘던 사람들과, 그리고 어떤 항변이나 저항도 못하고 죽어 갔을 사람들을 생각하면, 예수가 말한 죄짓게 만드는 질서의 잔인함과 죄인들의 처참한 상태가 더욱 선명하게 보인다. 질문과 의심을 원천 봉쇄해 놓고, 말을 하라고 강요하는 질서에 의해서, 끊임없이 환자로 죄인으로 내몰리고 있는 박준과 그의 소설 속의 인물들을 생각해 보면, 예수가 말한 죄짓게 만드는 질서의 실상과 그 질서가 죄인들(피해자들)에게 가한 상처의 깊이가 보이고, 그 질서를 향한 예수의 심정을 이해할 수 있을 것 같다.

그런데 예수가 열 명의 나환자를 치유하는 이야기에서 용서의 이야기는 매우 복잡한 국면으로 접어든다. 예수는 갈릴리와 사마리아 사이를 지나다가 열 명의 나환자 무리를 만난다. 아마도 이 열 사람의 나환자들은 같은 민족 혹은 같은 공동체에 속한 사람들이 아니었을 것이다. 열 사람 중 적어도 한 사람은 분명히 사마리아 사람이었다. 열 사람의 출신 마을이나 지역이 서로 달랐을 것이고, 사마리아 사람이나 유대인이 아닌 사람이 그들 중에 있었다고 해도 전혀 이상하지 않다. 하지만 열 명 모두가 자신들이 본래 속했던 공동체로부터 정죄당하고 배제당하는 고통을 겪어야 했을 것이고, 그래서 같은 경험을 서로 나누는 공동체로 모여 있었을 것이다.

그런데 자비를 베풀어 달라는 그들의 요청에, 예수는 그들에게 각각 자신이 속했던 공동체로 돌아가 그 공동체의 사제에게 몸을 보이라고 말한다. 이때 예수는 분명히 복수로 "사제들"이라고 말하고 있다. 각각 가야 할 공동체가 달랐음을 의미하는 표현일 것이다. 예수의 말을 듣고 각각 자신이 본래 속했던 공동체의 사제에게로 가는 도중에, 모두 병이 낫게 된다. 그런데 아홉 명은 사제들에게 병이 나았음을 보이고, 자신들의 공동체로 돌아가게 되면서, 예수의 용서의 무대에서 사라지고 만다. 하지만 한 사람 사마리아인 환자는 도중에 병이 나은 것을 알고, 자신이 살던 사마리아 마을의 사제에게로 가지 않고, 가던 길을 돌려 예수에게로 달려간다. 그는 예수에게 엎드려 감사를 표현하고, 예수는 그의 믿음을 칭찬하고 있다.

본래 자신들이 속했던 공동체로 돌아간 아홉 명의 선택과 이 사마리아 사람의 선택 사이에는 어떤 차이가 있는 것인가? 아홉 명은 자신들이 나환자였던 시간을 지극히 예외적인 순간으로 생각하고 본래 속했던 공동체로 되돌아갔을 것이다. 그들은 한때 자신들을 정죄하면서 트라우마적 고통을 안겨주었던 그 공동체의 정죄와 배제의 구조를 더 이상 문제 삼을 이유가 없어졌다고 믿었다. 그리고 그것이 그들에게는 용서의 완성이었다. 하지만 아홉 명의 선택은 죄짓게 만드는 폭력의 구조 안으로 다시 포섭되어 들어가는 선택이다. 그래서 치유와 용서의 과정은 유보되고 중단되어 더 이상 나아갈 수 있는 길을 잃고 만다.

하지만 사마리아 사람의 선택은 달랐다. 어쩌면 그에게는 정죄하고 배제하는 질서에 대한 보다 복잡한 경험이 있었을 것이다. 인종적이고 종교적인 이중적 배제의 경험을 살아온 그에게는, 죄짓게 만드는 질서의 실상이 보다 복잡하고도 구체적인 모습으로 각인되어 있었을 것이다. 어쨌든, 그는 자신이 본래 속했던 공동체로 되돌아가던 발길을 멈추고, 다시 예수에게로 향한다. 그 사마리아 사람에게서 병이 낫는 경험은 그냥 원래 속했던 공동체로 되돌아가 살 수 없게 만드는 경험이었다. 그에게 치유의 경험은 자신의 공동체를 포함해서 배제하고 차별하는 질서에 대해 도전할 수 있는 사람으로 자신을 거듭나게 하는 경험이 되었다. 그래서 그는 자신이 본래 속했던 공동체로 돌아가 과거를 잊은 채 안주하기보다는, 오히려 그 공동체들을 근본적으로 문제 삼는 위치에 있는 예수에게로 되돌아간다.

용서의 과정이 본래 속했던 공동체로 돌아가는 것으로 끝나게 될 것 같았는데, 전혀 그렇지가 않다. 오히려 예수는 그렇게 자신이 속했던 공동체로 돌아가기를 거부하고 다시 공동체의 경계 밖에 머물기를 택한 사람을 향해 그 믿음을 칭찬한다. 예수는 그에게서 산을 옮길 수 있는 믿음, 곧 정죄의 질서의 뿌리를 뽑아서 던져 버릴 수 있는 믿음을 보았을 것이다. 하지만 사마리아 사람의 선택은 여전히 많은 질문을 담고 있다. 무엇이 그로 하여금 자신이 본래 속했던 공동체로 돌아가는 것이 아니라, 오히려 다시 안정된 경계 밖에 머무는 선택을 하게 만들었을까? 그리고 그가 이전에 다른 환자들과 함께 모여 있던 배제당한 사람들과 희생당한 사람들의 공동체로 있을 때와, 지금 병이 나은 사람으로서 스스로 공동체 밖에 머물기로 선택한 삶 사이에는 어떤 차이가 있는 것일까? 그로 하여금 다시 불안정한 삶을 자발적으로 선택할 수 있게 했던 힘은 무엇이었을까? 이미 말했듯이, 그가 입은 상처의 복잡한 성격이 다른 선택을 하게 만든 한 가지 중요한 원인이었을 것이다. 하지만 자신의 공동체로 돌아가는 것이 근본적인 문제의 해결책이 아니라고 해서, 돌아가지 않는 선택을 해야 할 이유가 다 설명되는 것은 결코 아니다. 부분적으로라도 안정을 찾으려고 하는 것이 보통의 사람들의 바람이다. 그럼에도 불구하고 그가 다시 경계 밖으로 나오는 선택을 했다면 거기에는 더 많은 설명이 필요하다.

그가 자신의 본래 공동체로 돌아가지 않았다는 것은 그에게 어떤 변화도 일어나지 않았다는 말이 아니라, 반대로 다른 사람과 비교할 수 없는 큰 변화가 일어났다는 말이다. 예수에게 자비를 요청하며 다른 환자들과 함께 모여 있던 그와 지금 자발적으로 다시 예수에게로 온 그 사이에는 근본적인 변화가 분명히 있었다. 그는 다른 사람의 자비를 기다리는 수동적 희생자가 더 이상 아니다. 죄짓게 만드는 질서를 자발적으로 떠나기로 결단한 사람이며, 능동적으로 그 질서에 도전하기를 선택한 사람이다. 그는 더 이상 상처와 절망의 포로가 아니다. 그는 더 이상 치유와 용서의 수혜자로 머물고 있지 않다. 오히려 치유와 용서를 실천하는 사람으로 다시 일어서 있다. 이러한 변화는 어떻게 가능했을까? 그리고 우리가 말하는 탈냉전의 사회적 공간이라는 곳도, 우리가 말하는 화해나 평화나

통일의 추구도, 결국은 이런 변화를 향한 희망이 아닐까?

　　과도한 상상이라 할지 몰라도, 나는 예수가 보여준 죄인이 죄인을 용서하는 관계, 죄짓게 만드는 질서의 희생자들이 서로를 치유하고 용서하는 과정 속에서 그와 같은 변화가 일어났던 것이라고 생각한다. 예수 스스로가 죄인이 되어 죄인을 용서하는 사람이었다. 예수와 예수의 무리들이 죄짓게 만드는 질서의 또 다른 희생자들이었다고 볼 수 있다. 죄짓게 만드는 질서의 희생자들, 곧 죄인들이 만들어내고 엮어내는 용서의 연대가 결국은 사람을 근본적으로 변화시키는 힘이었다고 생각한다. 자신들의 상처 깊이에서 품고 있는 희망은 특정한 정치나 종교 질서로 환원될 수 없음을 깨닫게 한 것도, 그래서 능동적으로 경계 밖에 머물 수 있게 한 것도, 결국은 그 죄인들의 용서의 연대였다고 생각한다.

　　예수의 용서에 대한 믿음은 보다 철저하게 모든 종류의 정죄하고 배제하는 힘에 대한 끝없는 저항이며 해체였다. 그것을 위해서, 피해자는 자비를 필요로 하는 희생자로서 머물거나, 임시방편적인 치유 기적의 수혜자가 되기보다는, 능동적으로 용서의 과정에 참여하는 사람이 되게 하는 것이 곧 예수가 말하는 용서의 내용이었다. 엄밀히 말하자면, 예수의 용서는 시작과 끝이 정해진 과정으로 보이지 않는다. 일회적 사건으로 끝날 수 있는 일도 아니다. 희생자로서의 삶 그리고 희생의 서사에 포로가 된 삶으로부터 용서와 화해를 능동적으로 실천하는 개인과 공동체를 이루어 내기 위한 지속적인 노력이어야 한다. 예수가 말하는 용서는 한 번으로 끝나지 않고 계속되는 회심의 과정이며 용서의 과정이다. 그 과정은 분단질서를 포함한 죄짓게 만드는 질서의 희생자들 곧 죄인들이 서로를 용서하는 계속적인 과정을 통해서, 죄짓게 만드는 질서의 해체를 수행해 내는 끊임없는 과정이다.

맺는말 : 꿈은 하나가 아니다.

지금까지의 전개를 한마디로 말한다면, 그것은 식민적 냉전질서와 한반도가 만나고 있는 그 접촉지대의 복잡한 성격을 살펴보려는 것이었다. 예수 시대의 죄짓게 만드는 질서와 그 질서의 희생자들과의 만남은 모두 동일하지도 결코 단순하지도 않았다. 오히려 매우 복잡한 깊이를 가지고 있었다. 죄짓게 만드는 질서는 다양한 각도로 죄인들을 만들어내고 있었고, 같은 죄목의 죄인들도 그 질서가 가하는 상처를 서로 다르게 느끼고 있었을 것이다. 신분, 인종, 성 등등 다양한 요소들이 상처의 의미를 다르게 하는 요인들이었을 것이다. 그러니까 예수가 말하는 용서받아야 하는 죄인들은 단일한 성격의 집단이 아니라, 다양한 관계들과 이해들이 얽혀 있는 집단이었다고 보아야 할 것이다. 이처럼 죄짓게 만드는 질서가 어떤 시공간과 만나는 과정은 결코 일차원적이지 않다. 전쟁과 분단의 냉전질서와 한국 사람들이 만나는 과정도 결코 간단하지 않다. 단순히 하나의 프레임으로 동일화될 수 없는 다양한 형식으로 상처를 경험하였고, 다양한 형식으로 기억되고 있을 것이다. 그런 경험들은 쉽게 하나의 틀로 환원되지도, 기존의 정치질서들 중의 하나를 선택하는 것으로 해결이 되는 문제도 아니다.

탈식민주의 정신분석학이, 피식민자의 소외는 그 소외를 극복함으로써 한 주체가 될 수 있는 가능성을 가진 그런 소외가 아니라고 했을 때,[17] 그 말은 식민주의에 의한 상처가 기존의 정신분석학이 이해하는 소외의 틀로 충분히 이해될 수 없을 정도로 복잡하다는 이야기로 이해될 수 있다. "하위그룹은 말할 수 있는가?"[18]라는 가야트리 스피박의 질문 역시 식민주의와 민족주의가 충돌하는 접촉지대의 복잡성을 드러내기 위한 질문이다. 그 접촉지대를 단순화하려는 식민주의자와 민족주의자의 가해와 희생의 도식 하에서, 인도의 하위계층 여성은 스스로의 이야기를 할 수 있는 공간을 과연 가질 수 있을지 그녀는 묻고 있다. 결국 이 질문이 말하려고 하는 것은 피식민지인들의 식민주의와 만나는 접촉지대의 복잡성을 말하는 것이다. 식민주의와 민족주의 둘 중의 하나의 재현이나 해석으로 환원될 수 없는 상처의 복잡성이 그 공간을 채우고 있다는 말이다.

이청준의 『소문의 벽』에서 보듯이, 전쟁과 분단질서가 가장 근본적인 문제는 그 접촉 지대의 성격을 매우 단순하고도 절대적인 도식으로 만들고 있다는 데 있다. 손가락총에서 보는 엄청난 폭력의 힘, 주인공 G의 심문관이 가지고 있는 절대적 권위, 혹은 그 시대

---

17 파농은 주체화의 가능성으로서의 소외를 갖지 못하고 있는 "흑인은 사람이 아니다"라고 하였다. Frantz Fanon, *Black Skin, White Masks*. Trans. Charles Lam Markmann (New York: Grove, 1967), 8; Kelly Oliver, *The Colonization of Psychic Space: A Psychoanalytic Social Theory of Oppression* (Minneapolis: University of Minnesota Press, 2004), xiii-xxiv.

18 Gayatari Chakravorty Spivak, "*Can the Subaltern Speak?*", in *Rosalind C. Morris*, eds., Can the Subaltern Speak?: Reflections on the History of an Idea (New York: Columbia University Press, 2010).

의 지배적인 문화권력이나 과학권력을 통해서, 분단질서는 접촉지대의 성격과 그 공간에서 이루어지는 모든 경험을 이미 정해진 해석의 경로를 따라서만 이해하도록 강요한다. 빨갱이와 원수의 당연하고 무의미한 죽음이 있고, 다른 한쪽에는 우국충정으로 인한 순국이라는 매우 대비되는 두 희생이 있을 뿐이다. 그 둘이 아닌 다른 희생의 자리는 없다. 그렇게 분단의 상처는 그 복잡성을 잃어버리고 단순화되면서, 끊임없이 친구와 원수를 갈라서 원수에 대한 적대와 증오로 뭉친 한편을 만들어 자신을 유지하는 분단권력의 희생서사로 편입된다. 분단질서 하에서 전쟁과 분단의 상처와 기억은 분단권력이 제공하는 희생서사의 포로상태에 갇혀있고, 분단의 적대관계를 더욱 강화하도록 끊임없이 동원된다. 냉전질서와 접촉지대가 갖는 경험의 복잡성과 상처의 복잡성을 말해야하는 이유가 바로 여기에 있다. 그것은 전쟁과 분단의 모든 기억과 상처들을 분단질서의 희생서사로 묶어두려는 기도를 깨뜨리기 위해서다. 그래서 희생자들의 기억과 상처가 그와 같은 희생서사의 포로 상태로부터 벗어나게 하려는 것이다. 각자의 기억과 이야기들이 수많은 다른 이야기들과 만나면서, 자신들의 상처 안에 담긴 보다 깊은 희망을 찾아내고, 그래서 더 이상 분단질서에 갇힌 희생자가 아니라, 변화에 대한 믿음과 희망을 품고 치유와 화해를 실천하고 수행하는 사람들이 되게 하려는 노력이다.

　이와 같이 수많은 다른 이야기들이 만나서 상처와 기억의 복잡한 깊이를 드러낼 수 있는 탈냉전과 탈분단의 사회적 공간은 오직 하나의 목표와 꿈만 있는 공간이 아니어야 할 것이라고 생각한다.

예수에게서 치유를 받은 사람들이 그냥 자신이 속했던 공동체로 돌아가 버리고 말듯이, 과거에 이루지 못한 민족국가의 꿈을 이루거나, 그것을 가능하게 하는 특정 정치질서를 세우는 것이 모든 것을 해결하는 최종적인 답이라고 생각하지 말아야 할 것이다. 그리고 어떤 정치적 행위를 통해서 단기간에 쉽게 이루어질 수 있다는 생각에도 저항해야 할 것이다. 철학자들이나 신학자들이 말하듯이, 화해나 용서는 애초부터 불가능성이면서 동시에 가능성이다. 손쉬운 해결의 가능성도 아니고 절망적 불가능성도 아니다. 화해와 용서는 명확하게 끝이 보이는 길이 아니다. 이미 답이 정해진 길을 가는 것이 아니라 지속적인 수행이고 삶이다. 조금 더 생각해보면, 예수의 용서 과정에서 보았듯이, 죄짓는 질서의 정죄하는 힘에 대항해서, 죄인들이 죄인들을 용서하는 일이 끊임없이 일어나는 과정이어야 할 것이다. 그 과정에서 다양한 기억들이 교차하면서, 분단의 상처와 기억들이 갖는 복잡성과 희망과 꿈의 복수성을 만나야 하고, 그래서 자신의 기억이 보다 깊은 치유와 용서를 향한 자원이 되게 만드는 과정이 일어나야 할 것이다.

우리의 소원은 통일이지만, 문익환의 말대로 아직은 "어처구니없는 꿈"이다. 지금의 분단질서 안에서 어디에서도 그 구체적인 모습을 상상하기도 파악하기도 힘든 꿈이다. 민족국가에 대한 민족주의적 열망으로도 다 설명될 수 없는 꿈이다. 그래서 아직은 어처구니없다. 문 목사는 또 이렇게 노래하고 있다. "사팔뜨기가 된 우리의 눈이 제대로 돌아/ 산이 산으로, 내가 내로, 하늘이 하늘로,/ 나무가 나무로, 새가 새로, 짐승이 짐승으로,/ 사람이 사람으로 제대로 보이는/ 어처구니없는 꿈 말이외다…"[19] 그렇다, 전쟁과 분단의 질서는 산과 하늘과 나무와 새와 짐승과 사람을 보는 모든 시각을 망가뜨렸다. 하지만 문익환의 상처 이해와 꿈의 이해는 아직도 지나치게 일인칭적이다. 상처는 나와 우리만 입은 것이 아니다. 그래서 나와 우리가 바뀌면 모든 것이 해결되는 문제가 아니다. 아니 나와 우리는 근본적으로 독립적인 존재나 존재들이 아니다. 산과 하늘과 나무와 새와 짐승들과 다른 사람들은 우리의 변화만 수동적으로 기다리고 있지 않다. 분단질서는 그 모두에게 상처와 기억을 만들어 주었다. 그들도 이야기를 가지고 있고 꿈을 만들어 가고 있다. 그래서 탈냉전의 사회적 공간 안에서는 그들 모두의 이야기와 꿈이 나누어져야 하고, 그 나눔을 통해서 끊임없이 우리의 기억과 이야기와 꿈이 새로워지는 경험을 해야 한다. 꿈은 결코 일인칭적일 수도 없고, 하나일 수도 없다고 생각한다. 아니 그런 꿈은 오히려 위험하다고 생각한다. 수많은 꿈들이 교차하는 가운데 깊어지고 구체화되는 그런 꿈이어야 한다. 보다 깊고 넓은 연대를 열린 그런 꿈이어야 한다.

탈냉전의 사회적 공간은 그런 꿈들이 만나는 공간이어야 할 것이다. 치유 받은 사마리아 사람이 선택했던 그 공간이 바로 그런 공간이었을 것이다. 그가 스스로 선택한 기존의 공동체의 밖에 있는 공간은 아직은 안정된 하나의 이야기로 통일되지 않은 공간이다. 아니 쉬운 통일을 허락하기보다는 끊임없이 이야기가 교차하고, 확

---

19 문익환, "꿈을 비는 마음", http://www.newsnjoy.or.kr/news/articleView. html?idxno=27460

장하는 공간이다. 그 안에 갈등도 있고 긴장도 있다. 하지만, 그것은 죄짓게 만드는 질서, 곧 분단의 질서가 변할 수 있다는 믿음에 기초한 긴장과 갈등이며, 그 믿음 안에서 서로가 서로를 새로운 희망과 가능성으로 재발견하는 과정에서 나오는 긴장이 될 것이다.

3부

우리 안의 타자

양심적 병역 거부, 국가 폭력 거부[1]

김나미 (Spelman College)

국가안보와 맞물린 국가 정체성

나는 자랑스런 태극기 앞에 조국과 민족의 무궁한 영광을
위하여 몸과 마음을 바쳐 충성을 다할 것을 굳게 다짐합니다.

한국에서 1970년대에 '국민학교'를 다닌 여느 아이들처럼 나도
매주 월요일 수업 시작 전에 교실 앞 벽에 걸린 태극기를 바라보면
서 오른손을 왼쪽 가슴에 올린 채로 "국기에 대한 맹세"를 소리 내
어 외운 기억이 있다. 왜 그래야 하는지, 그것이 무엇을 의미하는지
도 모른 채 "조국과 민족의 무궁한 영광"을 위해서 "몸과 마음을 바
쳐 충성을 다할 것"이라는 맹세를 셀 수도 없이 많이 하였다. 국기
에 대한 맹세를 하면서 성장한 '남자' 아이들은 "조국과 민족"을 위
해서 군대에 가는 것을 당연한 의무로 여겨졌고, 같은 맹세를 하면
서 성장한 '여자' 아이들은 군대에 다녀온 '남자'들과 가정을 이루
고, 군대에 가야 하는 남자들을 '생산'하고 '길러'내는 것이 기대되

---

1 이 글은 필자의 영문 논문을 번역하고 수정한 것이다. "'Enemies of the
  Nation, Heretics of the Church': Conscientious Rejection of National
  Security as Military Security," in *Resistance to Empire and Militarism:
  Reclaiming the Sacred*, ed., Jude Lal Fernando (Equinox, 2020).

어졌다. 국기에 대한 맹세는 1968년 충청남도의 교육위원회가 처음 작성하여 보급을 시작하였고 1972년에 문교부에 의해 전국 각 학교에서 실행되었다. 이 '맹세'는 2007년에 개정되기까지 35년 동안 사용되어졌다.

1972년 유신 선포 이후의 군사독재 상황에서 국기에 대한 맹세는 "국가 신화를 무비판적이고 무조건적으로 받아들이는 것"을 의미했다.[2] 국기에 대한 맹세는 '타자'의 생산을 통해서 한국 국민의 정체성을 형성하는 데도 필요했다. 그 '타자'들에 포함된 자들은 북한의 공산주의자들, 한국 내의 친북세력들, 군사독재에 저항하는 사람들, 그리고 그 외에 국가가 '적'으로 규정한 사람들로서 그들에게 국가는 폭력을 사용할 수 있고, 해야만 하는 '불충한' 사람들이었다. 그들은 "국기에 대한 맹세"를 하는 '나'와 '우리'의 정체성을 공고히 하는 것을 '돕는' 사람들이기도 했다.

마크 네오클리우스는 『안보 비판』에서 "국가 안보 제작이 국가 정체성 제조와 밀접히 연관되어 있다"고 한다.[3] 즉, 국가안보와 국가 정체성이 불가분하게 연결되어 있다는 것으로서, 안보는 "정체성을 규정하고 주장하는 수단"으로 기능하고, 국가 정체성은 "안보의 구성을 위한 작동 기제"가 된다는 것이다.[4] 그리고 국가 정체성

---

2 비냉전(de-cold war) 과정에 대해서는 Kuan-Hsing Chen, *Asia as Method: Toward Deimperialization* (Durham and London: Duke University Press, 2010) 참조.

3 Mark Neocleous, *Critique of Security* (Edinburgh: Edinburgh University Press, 2008), 107.

4 같은 글.

은 국가안보의 위협으로 여겨지는 '타자'와 연관되어서 규정된다.[5] 네오클리우스가 지칭하는 "안보-정체성-충성 복합체"는 "공포와 폭력"에 의해 유지되는데,[6] 이 복합체를 '위협'한다고 여겨지는 '타자'들은 '적'으로 규정되고 그들에게 가해지는 국가폭력은 '국가안보'의 이름으로 정당화되어진다.

한국전쟁의 망령이 떠다닌 지난 70년 동안 '국가안보'는 정권에 대항하거나 국가에게 위협을 가하는 것으로 인지되는 어떤 개인들, 조직, 그리고 심지어는 조직과 연관된 가치들에 대해서도 가장 편리하고 효과적인 제재 조치의 수단이고 공포의 전술로 작용되었다. 아직 한국전쟁이 공식적으로 끝나지 않은 상황 속에서, 한국의 국가 정체성에 대치되는 '타자'의 범주에 북한의 공산주의자들, '친북 빨갱이'는 물론, '게이 군인'들이나 성소수자들, 무슬림 이주자들도 포함되면서 지속적으로 확장되어 왔다.[7] 이 '타자'의 범주에 국민의 4대 의무 중 하나인 병역의 의무를 거부하는 양심적 병역거부자들도 포함된다.[8] 그들은 한국 남성들의 가장 '성스러운' 의무인 병역 의무를 거부한 국가의 중대한 '범죄자'이고, '불충한' 자들이며, 따라서 국가의 보호를 받을 자격이 없을 뿐만 아니라, 오히려 국가폭력의 대상자가 되어왔다.

---

5 같은 책, 197-108.

6 같은 책, 141.

7 Nami Kim, *The Gendered Politics of the Protestant Right in Korea: Hegemonic Masculinity* (New York: Palgrave Macmillan, 2016) 참조.

8 2018년 6월에 병역거부권이 인정되었다.

비냉전(de-cold war)과 비미국화(de-Americanize)

이 글에서는 21세기 양심적 병역거부자들의 공개 소견서의 분석을 통해서, '국가안보'를 '적'으로부터 국가를 보호하는 것으로 이해하는 것을 비판한다. 그리고 양심적 병역거부자들이 던지는 세가지의 도전에 대해서 살펴본다. 신시아 콕번이 주장하듯이, 양심적 병역 거부는 "세상의 반군사주의, 반전과 평화운동의 목록 중에서 가장 의미 있고, 명시적이며, 어려운 비폭력 행동들 중의 하나"이다.[9] 한국의 양심적 병역 거부에 대해서 이야기하는 것은 비냉전 과정(de-cold war process)에 관여하는 것이기도 하다.[10] 권헌익은 『다른 냉전』에서 냉전은 "전 세계적으로 동일한 하나의 현상이 아님"을 지적하고, "냉전이 끝나는 방식은 다양하고, 지역적으로 구체적인 방법이다"라고 말한다.[11] 소비에트공화국이 1991년에 무너진 것을 가리켜 냉전 시대가 "공식적"으로 끝났다고 흔히들 말하지만, 한반도는 여전히 냉전 정치에 의해 분리되어 있다. 대만의 문화비평 학자인 첸콴싱은 "비냉전(de-cold war)" 한다는 것은 "비미국화 (de-Americanize)" 한다는 것이고, 그것은 "동아시아인 정체성 형성의 중추적 요소로 여겨지는 미국 역할의 결과들을 검토하는 것"이라고

---

9 Cynthia Cockburn, "Preface," in *Conscientious Objection: Resisting Militarized Society*, ed. Ozgur Heval Cinar and Coskun Usterci (London: Zed Books, 2009), iiiv.

10 앞에서 언급.

11 Heonik Kwon, *The Other Cold War* (New York: Columbia University Press, 2010), 25-26.

주장한다.[12] 또한 그는 "비냉전" 한다는 것은 "말해지지 않은 이야기들과 역사가 이야기될 수 있는 공간을 마련하는 것이고, 역사적으로 형성된 냉전의 문화적 정치적인 효과들을 그려내고 인지하는 것"이라고 한다.[13] 첸콴싱은 한국 내 미군 기지 주둔과 오키나와를 가리켜 "냉전의 지속성과 확대성을 보여주는 부정할 수 없는 흔적들" 중의 하나라고 한다.[14] 미국은 1957년 이래 한국에서 군대를 주둔시켜왔고, 오키나와의 미군 점령 역사는 세계 제2차 대전까지 거슬러 올라간다. 또한 미국은 3년에 걸친 미 군정 시기(1945-1948)부터 지금까지 남한과 북한 사이의 정치적, 군사적 갈등의 한 가운데 있어왔다. 전 세계에서 가장 큰 군대를 보유한 나라들 중 하나가 된 한국은 2019년에 세계 7위의 군대 크기를 기록했고,[15] 세계 국방비 지출로는 전 세계 8위를 기록했다.[16] 또한 한국은 전 세계에서 징병제를 실시하는 26개국 중의 하나이다. 이처럼 아직까지 중무장화되고 군사화된 상황에서 양심적 병역 거부자들의 이야기를 하는

---

12 Chen, 앞의 책, 120.

13 같은 글.

14 같은 책, 119. Nami Kim과 Wonhee Anne Joh 또한 냉전의 이와 같은 역학을 *Critical Theology against U.S. Militarism in Asia: Decolonization and Deimperialization*, ed. Nami Kim and Wonhee Anne Joh (New York: Palgrave Macmillan, 2016) 서문에서 언급한다.

15 Global Firepower의 "2019 Military Strength Ranking"에 따르면 북한은 18위를 기록하고 있다.https://www.globalfirepower.com/countries-listing.asp (접속일 : 2019년 7월 5일).

16 Global Security.Org https://www.globalsecurity.org/military/world/rok/budget.htm 참조(접속일 : 2019년 7월 5일). 남한은 2017년 세계 10위의 국방 예산을 보유하고 있으며, 2017년에서 2018년 사이 OECD(경제협력개발기구) 회원국 중 가장 높은 증가율을 보였다.

것은 '비냉전' 과정에 관여하는 것이라고 할 수 있겠다.

한국의 양심적 병역거부자들

양심적 병역 거부의 첫 사례를 일제시대에 38명의 여호와의 증인
교인들이 투옥된 사건으로 보는 것이 일반적인 견해이다.[17] 반면에,
강인철 같은 학자들은 일본이 일제 치하 조선 사람들을 상대로 공
식적인 징집을 시작한 1944년과 1945년 사이에 양심적 병역 거부
사례들이 발생했을 수도 있지만, 양심적 병역 거부의 첫 사례들이
실제로는 한국전쟁 반발 바로 직전과 후에 일어난 것으로 보고 있
다.[18] 1949년에 공포되고 1951년부터 실행된 군복무시행령에 의해
남성 시민들이 일정 기간 군에 복무하는 것이 의무화되어 왔다.[19]
병역의 의무는 대한민국의 모든 시민들이 지켜야 하는 헌법에 적시
된 4대 의무(국방, 세금, 교육, 노동의 의무) 중 하나이지만 군 징병제는 남
성 시민들에게만 적용되어 왔다.[20] 이러한 병역의 의무는 '적'으로

---

17 1930년대 말 한국에서 일본 황궁 방향으로 절하는 것을 거부한 여호와의 증인
38명이 치안유지법 위반으로 체포되었고, 그중 5명이 옥중에서 사망했다. Kuk
Cho, "Conscientious Objection to Military Service in Korea: The
Rocky Path from Being an Unpatriotic Crime to a Human Right."
Oregon Review of International Law (Winter, 2007) 참조.

18 강인철, 「한국 사회와 양심적 병역 거부」, 『종교와 문화』 7호(2005.10), 111. 참조.

19 한홍구, 「찬란한 '병영국가'의 탄생」, 『한겨레21』 397호(2092.2.19.) http://
h21.hani.co.kr/arti/COLUMN/44/4532.html (접속일 : 2018년 8월 21일).

20 헌법 제39조는 "모든 국민은 법률이 정하는 바에 의하여 국방의 의무를 진다"
고 규정하고 있다. 일정 수준의 교육을 받은 20세 이상 30세 미만의 대한민국
남성은 신체검사에서 부적합 판정을 받지 않는 한 군 복무가 의무화되어 있다.
필요한 교육 수준과 군 복무 기간은 다양하다.

부터 국가를 지켜내는데 필요한 국민의 의무일 뿐 아니라, 가장으로서 경제적 의무를 책임지는 '진짜' 남자가 되는 필수적인 통과의례로도 일반인들에게 받아들여졌다.

48년 체제에서 정비된 징병제로 인해, 19,000명 이상의 양심적 병역거부자들이 병역 의무를 거부한 '범죄'로 국가로부터 '형벌'을 받아왔다.[21] 1955년 이래로 대법원은 "종교적 이유로 군대의 의무를 거부하는 '소위 양심적 결정'이 헌법에 명시된 양심과 종교의 자유에 의해 허용될 수 없다"는 입장을 유지해 왔다.[22] 양심적 병역 거부와 관련해서 여호와의 증인 교인들은 "절대적 병역 거부"를 해온 반면에 제칠일 안식일 예수재림교회(이하 안식일) 교인들은 "전투 행위에 대한 양심적 거부"를 하였다. 무장 전투 요원으로서의 복무를 거부한 안식교인들은 군법정에서 "군형법 제 33조의 불복종의 죄"로 처벌을 받았지만, 군 복무 자체를 거부한 여호와의 증인들은 "군복무법 제 88조의 징병 기피의 범죄"로 민사 법정에서 재판을 받았다.[23] 박정희 정권이 시작된 1961년부터는 두 부류의 양심적 병역 거부 사례들 모두 군사 재판소에서 판결을 받았고, 대부분의 경우 군 복무 기간보다 더 긴 기간의 감옥형을 선고받았다. 그 이유는 대부분의 양심적 병역거부자들이 군 복무를 거부한 것뿐만 아니라 제대 후 8년 동안 행해지는 예비군 훈련을 거부하는 것도 포함해서

---

21 이용석, 「대체복무제를 도입하자, 군대 인권문제가 해결됐다」, 『오마이뉴스』 (2017.10.11.) http://m.ohmynews.com/NWS_Web/Mobile/at_pg. aspx?CNTN_CD=A0002366755 (접속일: 2017년 10월 12일).

22 조국, 앞의 글, 9.

23 같은 글.

처벌을 받았기 때문이다. 결국 안식교는 심한 형벌 때문에 군 복무를 거부하지 않기로 결정을 내렸지만, 여호와의 증인은 계속해서 '절대적' 거부의 입장을 고수해 왔다.

양심적 병역 거부가 종교적 소수자들의 문제로 치부되고 일반 사회의 지지는커녕 관심조차 제대로 끌지 못해 온 배경에는 주류 그리스도교가 여호와의 증인에 대해 갖고 있는 부정적인 시각이 일반 사회에 오랫동안 영향을 끼친 것과 연관이 있다.[24] 다시 말해서, 양심적 병역 거부자들이 주류 그리스도교로부터 아무런 지지를 받지 못해 온 가장 큰 이유들을 살펴보면 그들이 병역의 의무를 거부한 것뿐만 아니라 그들의 '이단성'이 '종교적 신앙'에 근거한 양심의 자유로 간주될 수 없기 때문이라는 것이다.[25] 양심적 병역 거부와 여호와의 증인과의 연관성의 고리가 처음으로 풀어진 것은 불교 신자인 오태양이 21세기 초에 양심적 병역 거부를 공개적으로 선언하면서였다. 그는 자신의 평화주의를 불교의 살생을 금하는 가르침에 근거했다. 대부분의 양심적 병역거부자들은 여전히 여호와의 증인들이다. 하지만, 종교에 근거해서든 아니든 양심적 병역거부자들이 전쟁과 군사주의에 반대하는 자신들의 입장에 근거해서 공개적으로 양심적 병역 거부를 선언하게 되자, 양심적 병역 거부도 조금씩 사회의 관심을 받게 되었다. 반전과 평화운동에 근거한 병역 거부가 더 활발해지는 가운데, 양심적 병역 거부를 오로지 종교적 소수

---

24 진상범, 「한국사회 양심적 병역거부에 대한 국가와 종교의 대응」, 『종교문화연구』 8호(2006), 196.

25 조국, 앞의 글, 3. 한국의 에큐메니칼 교회 협의체인 한국기독교교회협의회(KNCC)는 양심적 병역 거부를 지지해 왔지만, 한국교회 내 소수의 목소리다.

자들의 문제만으로 보는 사회적 시각도 천천히 도전을 받고 있다.

2018년 11월 1일에 대법원에서는 2004년 양심적 병역거부자들에게 12대 1로 유죄를 선고했던 결정을 번복했다.[26] 대법원은 양심적 병역 거부가 헌법에서 보장되는 '양심의 자유'에 근거해서 처벌받을 수 없다고 9대 4로 결정을 내렸다. 대법원의 결정이 환영을 받기는 했지만, 비평가들은 너무 늦은 결정이라고 지적했다. 양심적 병역 거부 지지자들도 제한된 대안 제도가 양심적 병역거부자들에게 병역 의무의 두 배가 되는 공익의무를 요구하는 징벌적인 제도라고 비판했다.[27] 비록 대법원의 결정이 양심적 병역거부자들의 편을 들어준 것이지만, 양심적 병역 거부 자체가 완전히 해결된 것은 아니다. 군대와 정부는 여전히 어떤 대안 제도를 도입할지 결정을 내리지 못한 상태이다. 양심적 병역 거부에 대해 지속적으로 제기된 두 가지의 주된 논쟁점들 — 북한과 군사적으로 대치하고 있는 상황에서 받아들일 수 없다는 것과, 열악한 군대 상황 때문에 아무도 군대에 가려고 하지 않을 것이라는 점 — 에서도 보여지듯이 양심적 병역 거부에 대한 지지가 아직 크지 못한 것이 현실이다. 이와 관련해서 두 가지 다른 논쟁점들 — 징집대상자인 남성 인구가 점점 더 줄어들 것이라는 것과 아무런 혜택 없이 남성들만 군대에서 복무하는 것이 공평하지 못하다는 점 — 도 아직까지 가야 할 길이 멀다

26 2004년 22명의 국회의원이 양심적 병역거부자를 위한 대체복무제 조항이 포함된 병역법 초안을 제출했다. 조국, 같은 글 참조.

27 전쟁 없는 세상, 「논평: 양심적 병역거부자에 대한 대법원의 무죄 취지 파기환송 판결 환영한다」(2018년 11월). http://www.withoutwar.org/?p=14780&fbclid=IwAR0B2HlLTURG26cu7pLRpHONcMu7npVxRBSM1XqujomtzOSy2zShrN0pHwA (접속일 : 2018년 11월 1일).

는 것을 보여준다.[28]

21세기 양심적 병역거부자들이 던지는 도전[29]

양심적 병역 의무 거부는 전쟁과, 성차별주의, 그리고 취약층에 가해지는 폭력에 대한 저항이다

양심적 병역거부자들의 대다수가 여호와의 증인들이지만, 2001년부터는 여러 가지의 연결된 다양한 이유에 근거해서 병역 의무를 공개적으로 거부하는 양심적 병역거부자들이 생기기 시작했다. 2001년부터 2005년 사이에 나온 20명의 양심적 병역거부자들의 소견서를 보면 그중 많은 거부자가 당시 미국의 이라크 전쟁을 그들이 군 복무를 거부하게 된 결정적 사건으로 지목하고 있다. 그들은 전쟁이 이라크의 일반 시민들에게 더 많은 재난을 가져올 것이라 믿고, 이라크와 아프가니스탄에서 전개되는 미국 주도의 전쟁들이 사람들을 죽이는 것뿐만 아니라, 사람들의 생활과 그 주변의 모든 환경에도 장기간 동안 심각한 영향을 미칠 것이라고 확신하고 있다. 이들은 이라크, 아프가니스탄, 그리고 베트남에서 벌어진 미국의 군사 침입이 가져온 끔찍한 결과들을 보면서 군대는 살상 집단

---

28 이용석, 앞의 글.

29 2014년 "전쟁 없는 세상"이란 단체에서 53명의 양심적 병역거부자들의 소견서를 모아서 출간을 했고, 그 소견서들은 세 기간으로 나뉘어져 있다. 2001-2005, 2006-2009, 2010-2011. 전쟁 없는 세상, 『우리는 군대를 거부한다 : 양심에 따른 병역거부자 53인의 소견서』 (포도밭, 2014).

이라는 확신으로 병역 의무를 거부한다. 군대의 목적이 사람들과 국가를 적으로부터 보호하는 것이라는 국가안보의 차원에서 절대적으로 필요하다는 일반적 이해에 설득되지 않은 채, 그들은 군대가 살상의 도구가 되어왔다고 주장한다. 병역거부자들은 한국정부가 미국의 우방으로서 이라크에 군대를 보내기로 결정한 것에 대해서도 실망과 분노를 표현한다. 예를 들어서, 김도형은 다음과 같이 심경을 토로한다.

> 미국의 이라크 전쟁을 보며 잠 못 이루던 생각이 납니다. 그들이 그곳에 태어났다는 이유만으로 죽어가야 하는 것이, 그리고 내가 그들을 위해 아무것도 할 수 없다는 현실이 안타까웠습니다. 당장이라도 인간 방패로 참여하여 전쟁을 막는 데 참여하고 싶었습니다. 우리나라가 살인을 지지하고 참전하는 것이 정말 원망스럽고 부끄러웠습니다. 그것이 병역거부의 결심을 굳히게 되었던 계기가 되었던 것 같습니다.[30]

초등학교 선생인 최진도 자신의 소견서에서 학교 안에 잔재해 있는 군사문화를 지적하고 다음과 같이 말한다. "전쟁은 일어났고 대한민국 정부는 국익을 이유로 파병안을 통과시켰습니다. 소식을 접한 저와 아이들은 할 말을 잃고서 한참을 앉아 있었습니다."[31]

9/11 이후 감행된 미국의 2003년 이라크전에서 벌어진 미군의 폭

---

30 같은 책, 39.
31 같은 책, 58.

격을 비난하면서, 양심적 병역거부자들은 미국의 행위를 정당화되어질 수 없는 폭력이라고 한목소리로 비난하고, 미국의 그러한 폭력이 영속화되는 과정에 우방의 자격으로 참여한 한국정부의 공모에 대해서도 비난을 한다. 몇 명의 양심적 병역거부자들은 한국의 소(小) 패권 국가 지위를 지적하면서 미국의 베트남 전쟁과 이라크 전쟁을 직접적으로 연결시키기도 한다. 미국의 군사 제국주의에 의존하는 '하부 제국'(sub-empire)[32]으로서, 한국은 베트남 전쟁에 군대를 파견했다. 당시 많은 한국 군인들이 경제적인 이유로 베트남전에 참전했던 것에서 보여지듯이 그들은 "국내와 국제적 상황 속에서 계급과 인종적 대리 노동"을 감행한 것이다.[33] 김영익은 소견서에 다음과 같이 쓰고 있다.

이제 제 눈에 한국은 지배자들의 이익을 위해 한국의 평범한 자식들에게 이국땅의 양민을 억누르는 일을 맡기는 소(小) 패권 국가로 보이게 됐습니다. 불과 28년 전에 한국군은 빛고을 광주에서 힘 있는 자들을 위해 총칼로 시민들을 짓밟았습니다. 그리고 좀 더 거슬러 올라가, 베트남에서 한국군은 베트남 양민을 '인간 사냥'해 베트남 정글을 핏빛으로

---

32 Kuan-Hsing Chen and Yiman Wang, "The Imperialist Eye: The Cultural Imaginary of a Subempire and a Nation-State." *Positions: East Asia Cultures Critique* vol. 8 no. 1 (Spring 2000), 15.

33 Jin-Kyung Lee, *Service Economies: Militarism, Sex Work, and Migrant Labor in South Korea* (Minneapolis, London: University of Minnesota Press, 2010), 45.

물들였습니다.[34]

많은 양심적 병역거부자들이 병역 의무를 거부하는 이유는 베트남 전쟁이나 미국의 이라크 전쟁 등 특별한 전쟁들에 대한 반대뿐아니라, 반폭력 입장과 평화에 대한 그들의 소신 때문이다. 예를 들어, 조정의민은 그의 소견서에서 집과 학교에서 일상화된 폭력과 사회 전체의 군사화에 대해 비판한다. 그는 군대를 군사문화, 권위주의, 그리고 일상화된 폭력의 진원지로 본다.[35] 또한 그는 군대에서 군사문화를 내면화한 남자들이 어떻게 인간성을 상실하고, 일상생활에서 군사문화와 폭력, 그리고 남성 중심성을 드러내게 되는지를 토로한다.[36]

[…] 군대에서의 그런 인간성 상실은 군대에서만의 문제가아니라 군대 밖의 사회에까지 큰 영향을 미칩니다. 우리는성장하며 군사주의가 만연한 사회에서, 가정에서, 학교에서폭력적인 문화를 보고 배웁니다. 그리고 군대에서 확고하게그러한 문화를 몸과 마음속에 아로새기게 됩니다. 그러고는일상생활에서 너무나 당연하게 군사문화와 폭력, 남성 중심성을 드러내게 됩니다.[37]

---

34 『우리는 군대를 거부한다』, 129-130.
35 같은 책, 70-71.
36 같은 책, 73.
37 같은 글.

양심적 병역거부자들은 일반 시민을 상대로 행해지는 국가폭력에 대해서도 비판적이다. 예를 들어서, 강제로 퇴거 되는 상황에서 다섯 명의 철거민들이 죽고 경찰 폭력에 휘말린 자신의 후배를 포함해서 많은 사람들이 다친 '용산참사'를 떠올리며, 최기원은 도대체 누구를 위해 경찰과 군대가 존재하는지를 묻는다. 시민들을 향해서 국가가 잔인한 폭력을 쓴 역사적인 사태들을 나열하면서 그는 기득권 계층의 재산과 권력만을 지키는 파수견으로 쓰이는 공권력의 행위에 직간접적으로 참여하고 동조할 수 있는 병역 의무가 자신의 양심에 반한다고 말한다.[38] 국가의 '적'―외부의 적이든 내부의 적이든―을 상대로 싸우기를 거부하는 최기원과, 그런 불복종을 징역으로 대응하는 국가는 어떻게 국가권력이 쓰여지는 지를 잘 보여준다.[39] 자국의 불복종하는 시민들을 제압하기 위해 군대를 사용하는 국가에 대한 최기원의 거부와 저항은 신시아 콕번이 말하는 "계급에 대한 충성심의 도발적 행위"(a provocative act of class loyalty)로 묘사될 수 있다.[40]

병역 의무는 외부의 적과 국가의 권위에 도전하는 내부의 적들로부터 군대가 국가를 보호해 줄 것이라는 전제에 근거하고 있다. 이런 전제에서 군대는 '평화'를 가져오고 지탱하는 데 없어서는 안 되는 것이고, 국가안보는 다른 사회적 문제들을 제치고 우선순위가 된다. 양심적 병역거부자들의 소견서는 이렇게 편협한 시각의

---

38 같은 책, 212-213.
39 같은 글,
40 Cockburn, 앞의 책, iiiv.

평화와 국가안보에 도전한다. '평화'는 전쟁의 부재 상태뿐 아니라 사람들이 자신들의 삶이 여러 종류의 폭력—국가폭력, 경제적 폭력, 젠더폭력, 성폭력 등—에 노출될 수 있다는 두려움 없이 살 수 있는 사회적 상태라는 것을 보여준다. 양심적 병역거부자들의 소견서는 군사주의와 사회의 군사화가 어떻게 가부장제, 여성혐오, 여성의 성적 대상화, 징계적 폭력, 권위주의, 사회의 위계질서, 그리고 젠더 이분화와 "정상적인 몸"에 근거한 시민의 분류를 강화시키는지 보여준다. 그렇게 함으로써, 양심적 병역거부자들은 군대가 국가의 우선순위인 안보를 지키는 데 본질적으로 필요하다는 잘 짜여진 규범적 이해에 문제를 제기한다. 무엇보다, 이들의 소견서는 양심적 병역 거부가 페미니스트 행동임을 보여준다. 왜냐하면 그들의 병역 거부는 군사주의가 어떻게 가부장제, 이성애 차별주의, 장애인 차별주의, 그리고 계급착취와 연결되는지 보여주고 그 연관성에 도전을 제기하기 때문이다. 또한, 이들의 소견서는 미국의 대테러 전쟁이라는 전 지구적 지정학적 상황에서 평화, 안보, 자유에 대해서 이야기할 때, 성차별주의, 이성애 차별주의, 경제적 부정의, 인종차별주의, 장애인 차별주의를 종식시키려는 투쟁과 미국의 군사적 제국주의를 끝내려는 투쟁이 연결되어 있다는 것을 상기시킨다.

병역 의무의 신성화는 종교적 가치가 아니다

양심적 병역 거부가 한국에서 오랫동안 대중의 관심과 동정을 받지 못한 이유 중 하나는 "병역 의무의 신성화"를 종교적 가치로 보는 것 때문이었다. 양심적 병역거부자들은 적들을 상대로 나라를 위해 싸우기를 거부하는 '비애국자'로 비난을 받아온 것이다. 역사학자들에 의하면 집총거부자들은 '비국민,' '이적행위자,' '빨갱이보다 나쁜 부류,' '정신이상자,' '광신도,' '이단'으로 낙인이 찍혔다.[41] 이런 종류의 낙인은 1950년부터 1958년까지 지속되었는데 이 시기에 양심적 병역 거부가 국가에 대한 범죄로 확고해졌다. 하지만, 개신교 우파가 그들을 '이단,' '국가안보 위협,' 그리고 '이기적'이라고 부르는 것에서 보여지듯이, 이러한 오명들은 지금도 계속되고 있다.[42]

한때 한국에서 가장 큰 개신교 연합체였던 한국기독교총연합회(한기총)는 양심적 병역 거부를 "거짓된" 종교적 믿음에 근거한 것이라고 비난해 왔다. 예를 들어서, 2004년에 내놓은 양심적 병역 거부에 대한 논평에서 한기총은 여호와의 증인 교인들이 집총을 거부하고 병역 의무를 거부하는 이유는 그들이 국가와 정부를 "사탄의 조직"으로 보고 있기 때문이라고 주장한다. 이런 믿음이 잘못된 것이라고 주장하면서, 한기총은 잘못된 종교적 확신에 근거해서 양심의 자유에 호소하는 것은 양심적이라고 볼 수 없다고 주장한다.[43] 양심적 병역 거부를 인정하는 대법원의 결정에 강하게 반대를 표하면서, 한기총은 "대한민국의 남자라면 가정과, 이웃과, 그리고 국가를 보호할 것이라는 마음의 자세로 군대 복무를 마쳐야 한다"라는

---

41 강인철, 앞의 글, 113.

42 진상범, 앞의 글, 191-217.

43 한기총, 「양심적 병역거부, 국가안보 우려」, 『크리스천투데이』(2004.5.21.) http://www.christiantoday.co.kr/news/161537 (접속일 : 2019년 2월 10일).

성명서를 냈다.[44] 또한 한기총은 대부분의 양심적 병역 거부자들이 여호와의 증인들이므로, "양심적 병역 거부" 대신에 "특정 종교의 군 복무 회피"라고 불려야 한다고 덧붙였다.

여호와의 증인은 아니지만 자신들의 종교적 확신에 바탕해서 양심적 병역 거부를 한 사람들의 소견서는 한기총의 입장에 직접적인 도전을 제기한다. 예를 들어, 한기총에 대해 비판적인 하동기는 한기총의 입장이 예수님의 입장에 전적으로 모순된다고 주장한다.

> 2005년에 인권위원회에서 국방부와 국회에 대체복무제를 인정하라고 권고했을 때, 가장 크게 반발한 단체 중 하나가 '한국기독교총연합회'라는 개신교 조직이었습니다. 저는 이 단체의 주장을 이해할 수 없었습니다. 제가 만난 예수께서는 '이웃을 사랑하라'고 했는데, 이 단체는 적을 상정하고 그들을 찌르고 쏘는 훈련을 통해 이웃 사랑이 아닌 이웃 파괴를 자행하는 군대에 갈 수 없다는 사람들의 신념을 인정할 수 없다고 말했습니다.[45]

본인이 여호와의 증인은 아니지만, 그들의 투쟁에 감동을 받은 보챙(김석민)은 양심적 병역 거부자가 되었다. 그는 일제 식민지에서 해방된 후부터 10,000명이 넘는 여호와의 증인들이 양심적 병역거부자로 투옥되었다는 것을 알고 난 뒤에 결정을 내렸다고 한다. 그

---

44 같은 글.
45 『우리는 군대를 거부한다』, 141.

들이야말로 일제 치하에서 병역을 거부했지만 대한민국의 일등 시민으로 대우받지 못했다고 덧붙인다. 예수님이 사회적으로 소외된 사람들을 어떻게 대우했는지를 말하면서, 장애인 단체에서 일하는 권순욱도 양심적 병역 거부를 매도하는 주류 기독교의 위선을 폭로하기도 한다.[46] 또 다른 양심적 병역거부자는 로마제국에 대한 예수님의 비폭력 저항을 강조한다.

양심적 병역거부자인 들개(김성민)는 폭력이 영적인 질문이고 자신의 양심적 병역 거부가 그 질문에 대한 대답이라고 말한다. 원수를 사랑하라는 예수를 따르기 원하는 사람으로서, 그는 교회가 평화에 대한 그의 생각을 나누는데 오히려 가장 큰 방해가 되어왔다고 한다. 교회는 양심적 병역거부자들에게 등을 돌려왔고, 그들을 이단 취급했다. 들개는 교회에서 양심적 병역 거부에 대해 얘기를 꺼낼 때마다, 교회는 국가안보, 반공주의, 그리고 정의로운 전쟁을 대신 얘기해 왔다고 소견서에 쓰고 있다. 그는 군대와 전쟁이 그리스도인으로서 평화를 이룰 수 있는 정의롭고 최선의 방법인지에 대해 교회가 비판적 성찰을 해야 한다고 촉구한다.[47]

불행히도, 주류 한국 그리스도교는 양심적 병역 거부와 관련해서 '이단,' '비애국적'이라고 지칭되어온 종교적 소수자들의 역경을 완전히 무시한 채 국가와 한편이 되어왔다. 특히, 개신교 우파는 병역 의무에 대한 대안 제도가 특정 종교 집단에게 혜택을 주고, 국가안보를 위태롭게 할 수 있다는 이유로 반대해 왔다. 사실 평화주

---

46 같은 책, 131.
47 같은 책, 253.

의가[48] 그리스도교 역사에서 간과될 수 없는 중요한 전통임에도 불구하고 한국의 주류 그리스도교는 대안 제도의 도입을 가장 강하게 반대하는 반평화주의 세력들 중 하나가 되었다.

양심적 병역 의무 거부는 헤게모니적 남성성 실행의 거부이다

한국에서 남성들에게만 의무인 병역은 헤게모니적 남성성의 핵심 요소 중 하나로 작동해 왔다. 병역 의무를 마친 남자들은 일등 시민으로 간주 되고, 그들의 남성성은 '진짜' 남자가 되는 군 복무라는 통과의례의 완결을 통해 수행된다. 하지만 양심적 병역거부자들은 헤게모니적 남성성의 실행을 거부한 대가로 물질적 결과를 수반하는 이등 시민으로 전락되어 왔다. 양심적 병역거부자들은 병역 거부의 결과들을 잘 알고 있는데, 그중에는 군 복무 '회피'라는 사회적 오명과, 법적인 제재 때문에 생기는 몇몇 경제적 손실도 포함되었다.[49] 다시 말해서, 양심적 병역거부자들의 병역 거부는 그들의 경제력에도 영향을 미쳐왔다. 양심적 병역 거부는 '범죄'로 간주되었고, 따라서 병역거부자들은 정부 관련 직장, 공공기관, 그리고

---

48 한국에서 그리스도교 평화주의가 소수의 목소리가 된 데는 다음의 이유들이 있다. 개신교의 도입 초기부터 강하게 존재했던 그리스도교 애국주의, 이승만 정권하에서 그리스도교와 반공주의가 결합된 것, 군사독재 기간 동안 진행된 병역 의무의 신성화와 그로 인한 전 사회의 군사화가 그것이다. 김두식, 『칼을 쳐서 보습을 : 양심에 따른 병역거부와 기독교 평화주의』 (서울: 뉴스앤조이, 2002), 113 참조. 진상범, 앞의 글, 210, 재인용. 강돈구, 「한국 근대 개신교 민족주의의 재이해」, 『종교문화연구』 1호(1999), 64-68 참조.

49 군대 가산점 제도가 더 이상 존재하지 않지만, 그 논란은 아직도 지속되고 있고, 병역거부자들에 대한 사회적 오명은 여전히 존재한다.

심지어는 어떤 사적 영역에서 일하는 것도 금지되어 왔다. 양심적 병역거부자들은 사업허가서를 받는 것도 허락되지 않았다.[50] 그들은 조국을 위해 무기를 드는 것을 거부한 대가로 "괜찮은 직장을 구하는 것도 불가능하고, 서비스나 어떤 도움을 받지도 못하고, 심지어는 인간으로서의 기본적인 대우조차 받지 못하는" 상태인 "시민적 죽음"의 상태로 몰아내어졌다.[51]

국가에 대한 '범죄'를 저지른 대가를 치러야 함에도, 양심적 병역거부자들은 군 복무를 해야 '진짜' 남자가 된다는 관념을 문제시함으로써 헤게모니적 남성성에 도전을 한다. 예를 들면, 성소수자인 유정민은 "군대라는 '진짜 남자'가 되기 위한 통과의례"를 거부하면서, "남성화된 병영문화의 병폐와 호전적이고 공격적인 남성성을 재생산하는" 군대를 비판한다.[52] 양심적 병역거부자들이 헤게모니적 남성성의 수행을 의식적으로 거부하는 것은 고도로 군사화되고, 계층화되어지고, 이성애 가부장제적 사회에서 반헤게모니적 남성성을 행하는 것이다. 이것은 여성에 대한 남성 폭력을 거부하고, 성소수자들과 장애인들의 배제와 차별을 거부하는 그들의 소견서에 잘 나타난다. 안홍렬은 군대를 마친 남자들이나 군사문화가 몸에 배인 남자들에 의해 지속되는 '진짜' 남자라는 신화가 여성에 대한 성적 대상화와 성폭력을 미화한다고 말한다.[53] 계속해서 그는

---

50 조국, 앞의 글 참조.

51 Cockburn, 앞의 책, iiiv.

52 『우리는 군대를 거부한다』, 97.

53 같은 책, 122-123.

남자들에 의해서 퍼진 성문화가 그런 폭력을 조장한다고 덧붙인다.[54] 또 다른 양심적 병역거부자인 날맹(문명진)은 양심적 병역거부자가 되기로 한 그의 결정이 페미니즘과 평화주의에 대해 더욱 깊이 숙고할 수 있는 계기가 되었다고 한다. 이 운동들과의 연관성에 대한 그의 깊은 성찰이 그로 하여금 다른 삶의 방식을—채식주의자가 되고, 적게 벌고 덜 소비하고, 자전거를 타는—추구하게 하였다고 한다.[55]

　헤게모니적 남성성 실행에 비판적인 한편, 양심적 병역거부자들은 양심적 병역 거부가 남성 영웅에 반대되는 이미지를 통해서 가부장적 영웅주의에 빠질 수도 있다는 점도 지적한다. 양심적 병역거부자들에게 기대되는 것들 중 하나는 그들이 병역 의무를 다한 '보통' 남자들보다 더 높은 도덕적 기준을 가지고 있을 것이라는 점이다. 다시 말해서, "영웅적 남성 평화주의자"로서의 병역거부자들의 이상적 이미지가 "영웅적 남성 전사"의 이미지와 대조되어 질 수 있다는 것이다. 어떻게 군대가 피해자와 가해자 모두를 만들어내는지를 말하면서, 양심적 병역거부자인 현민은 "병역 의무의 신성화"의 반대인 "양심적 병역 거부의 신성화"의 위험을 통찰력 있게 지적한다. '병역 의무의 신성화'가 국가안보를 위해 목숨을 걸고 싸우는 남성 영웅을 만들어낸다면, '양심적 병역 거부의 신성화'는 양심적 병역거부자들로부터 "강한 도덕성"을 요구할 수 있다는 것이다. 이것이 시사하는 바는, '높은 도덕성'을 보여주지 못하는 양심적 병

---

54 같은 글.
55 같은 책, 200.

역거부자는 평화운동으로서의 양심적 병역 거부를 약화시키는 사람으로 간주될 수 있다는 것이다. 또한 양심적 병역 거부자가 '일탈'을 보여주거나 '과거'의 행적이 양심적 병역거부자들에게 기대되는 서사와 일치하지 않을 때 그 운동 전체가 신빙성을 잃게 될 수 있다는 것이다.[56] 현민은 "자격이 있는" 양심적 병역거부자와 "자격이 없는" 병역거부자로 나누는 엄격한 이분법이 문제라는 것을 알고 있다. 그는 그 자신을 "도덕적 주체"로[57] 포장하고 싶지 않다고 하는데, 그의 그런 입장은 저항 운동 내의 "품위 지키기"에 도전을 줄 수도 있다. 이와 관련해서 신시아 엔로는 양심적 병역 거부 운동이 "남성 병역거부자들을 영웅으로 만들고 군사주의의 고질적인 가부장제를 재생산해 내는 위험"을 수행할 수도 있다고 경고한다.[58] 그것이 병역 의무를 완수한 '진짜' 남자의 모습이든, 남성 평화주의자라는 이상화된 모습이든, 양심적 병역거부자들은 소견서에서 그런 모습들이 가부장적 군사문화에서 생산되고 재생산되는 것을 거부하는 것을 보여준다.

국가권력에 대한 "양심적 거부"

이름과 명분을 바꿔가면서 반복되는 전쟁과 국가폭력의 악순환

---

56 같은 책, 161-162 참조. 또한 강인화, 「한국사회의 병역거부 운동을 통해 본 남성성 연구」, 이화여대 석사논문(2007) 참조.

57 『우리는 군대를 거부한다』, 163.

58 Ayse Gul Altinay, "Refusing to Identify as Obedient Wives, Sacrificing Mothers and Proud Warriors," in *Conscientious Objection*, 99에서 인용.

속에서 병역 의무의 거부가 시사하는 바는 무엇일까? 아직도 끝나지 않은 냉전과 48년 체제의 산물인 징병제가 그 당사자들만의 이슈인가? 징병제를 실시했던 나라들이 어떻게 징병제를 끝냈는지, 대안적 제도의 도입이 어떠했는지, 징병제가 아닌 모병제를 실시하는 것은 어떨지 제안하는 것은 일시적인 자구책은 될 수 있을지 모르지만, 군 복무와 군대, 더 나아가 군사주의, 군사문화, 국가 폭력에 대한 근본적인 물음이나 답이 될 수는 없다. 오히려, '국가안보' 이데올로기와 '안전한 국가'와 '국민 정체성' 성립의 연관 관계, 그리고 끊임없이 생산되고 재생산되는 '타자'와 '적' 만들기라는 악순환의 고리를 끊기 위한 근본적인 접근은 앞에서 살펴본 병역 의무거부자들의 세 가지 도전들에서 실마리를 찾아볼 수 있다. 다시 말해서 병역의 의무를 거부한다는 것은 정해진 기간 동안의 군 복무를 거부하는 것만이 아니고, 전쟁, 성차별, 여성의 성적 대상화, 취약층에 가해지는 국가폭력, 사회 전반에 퍼진 군사문화에 대해 저항을 하는 것이다. 그것은 미국의 대테러 전쟁을 비롯해서 지속되는 군사화와 전쟁에 저항하는 것이고, 우방의 이름으로 자국의 군대를 파병하려는 한국정부에 대해 저항하는 것이다. 분쟁 지역에 무기를 판매하고, 최신형 무기를 국가안보의 이름으로 사들이고, 국방비 인상을 우선으로 하는 정부의 정책에 반대하는 것이기도 하다. 군사화와 전쟁에 저항하는 것은 기후정의를 포함한 환경정의와도 직접적으로 연관된다.[59] 병역의 의무를 거부하는 것은 병역 의

---

59 Nami Kim, "Climate Change and U.S. Militarized Responses in Asia and the Pacific," *Transpacific Political Theology*, ed. Kwok Pui-lan (Baylar University Press, 근간) 참조.

무의 신성화를 거부하고 그 어떤 신성한 가치도 병역 의무에 부여하지 않는 것이다. 또한 병역의 의무를 거부하는 것은 헤게모니적 남성성의 실행과 그 실행을 돕는 어떠한 행동이나 가치도 전부 거부하는 것이다. 그것은 곧 성폭력을 정당화시키는 행동이나 말에 대한 거부이며, 성소수자들과 장애인들의 배제와 차별을 거부하는 것이다. 그것은 또한 "국기에 대한 맹세"의 폭력성을 인지하고, '안전한' 국가 만들기라는 가치 아래 양심적 병역 의무 거부자들을 포함해서 국가권력에 저항하는 사람들을 타자화시키는 작업에 동참하는 것을 거부하는 것이다.

미국의 반전 평화 운동가 그레이스 페일리(Grace Paley)는 우리에게 필요한 것은 "현실을 상상"하는 것이라고 했다.[60] 그가 말하는 "현실을 상상"한다는 것은 "헤게모니적 판타지"를 현실로 받아들이는 것이 아니라, 세계 곳곳에서 일어나는 전쟁과 빈곤과 폭력에 노출된 사람들의 삶을 '상상'한다는 것이다. 헤게모니적 판타지가 아니라, 그들의 '현실'을 '상상'할 수 있게 될 때 '폭력'이 '평화'를 가져올 수 있다는 생각을 하기 어렵게 되기 때문이다. '국가안보'가 곧 '평화'라는 것, '국방 강화'가 '평화'를 지킬 수 있다고 믿는 것, 더 많은 장벽을 쌓아 이주민들과 난민들의 유입을 막아야 평화가 지켜질 수 있다고 믿는 것, 자본의 욕구에 편승한 한반도 평화체제 구상을 '평화'로 여기는 것도 모두 헤게모니적 판타지이다. 우리가 어떤 '현

60 Marianne Hirsch, "'What We Need Right Now Is To Imagine the Real': Grace Paley Writing against War." *The Journal of the Modern Language Association of America* 124. 5 (2009), 1769.

실'을 '상상'해야 하는지, '평화'는 무엇인지를 병역 의무 거부자들과 그들의 저항에 동참하는 사람들의 연대 속에서 계속 찾아보아야 할 것이다.

북한이탈주민에 대한 신자유주의적 복음화 전략에 관한 연구[1]

송진순 (이화여자대학교)

들어가며

2018년 4월 27일 남북정상회담 이후 한국 사회는 한반도 안보와 평화를 넘어 지속가능한 남북관계 협력과 발전이라는 과제에 한 발 더 나가게 되었다. 급변하는 한반도 정세를 둘러싸고 정치, 경제를 포함한 사회 전 영역에서는 분단 역사 극복을 위한 작업에 착수했고, 한반도 평화와 번영의 주된 관심은 단연 북핵 문제와 남북한 경제 협력에 있었다. 그러나 한국전쟁 이후 국가분단, 체제분단 및 민족분단이라는 중층의 분단 상황에서 빚어진 남북 간의 오랜 적대감과 반목은 정부 정책이나 외교적 교섭으로 해결될 수 있는 문제는 아니다. 남북관계는 한반도를 넘어 동북아 및 강대국들의 정치적, 군사적 이해에 기반한 세계 체제의 변동을 전제하기 때문이고, 근본적으로는 남북한이 오랫동안 다른 정권과 체제에서 안보 이데올로기를 명분으로 상호 적대와 불신을 지속했기 때문이다. 평화를 향한 남북한 외교와 경제 교류라는 가시적 과제보다 중요한 것은 서로에 대한 상호 인식과 신뢰 회복이라는 비가시적 벽을 극복하는 데 있다.

이 점에서 한국 개신교는 민족통일과 북한 인권에 관심을 갖고

---

1 이 글은 「대학과 선교」 52/2022, 147-178에 수록된 것을 수정 보완한 글이다.

대북지원 사업과 선교활동을 적극 주도하였다. 1980년 이후 귀순자 지원에서부터 1990년대 이후 북한이탈주민의 정착과 자활 과정에 이르기까지, 정부 주도 사업 외 개신교는 민간단체로는 가장 큰 비중을 차지하고 있다. 이 과정에서 대형교회들은 그들에게 물질적, 심리적 지원과 체계적인 교육 및 취업 프로그램을 포함한 사회문화적 자원을 제공하고, 종교 활동을 위한 장을 마련해왔다. 이를 통해 교회는 북한과 북한 사람에 대한 이해를 확장할 수 있었고, 탈북자들의 존재는 통일 및 북한 선교 사역의 저변을 확대하는 계기가 되었다. 북한 주민에 대한 교회의 헌신적 노력은 북한이탈주민이 남한에 정착하면서 개신교인이 되는 계기가 되었다.[2]

하지만 개신교 내에서 남북한 간의 사회문화적 이질감과 북한이탈주민에 대한 편견과 왜곡된 인식은 극복하기 어려운 문제이다. 북한이탈주민의 일부는 극심한 생활고를 겪기도 하고, 상당수는 남한에서 정서적 고립과 문화적 차별을 당하는 일이 빈번하다. 오랜 분단상황에서 형성된 냉전 이데올로기와 신자유주의 체제를 체화한 개신교는 북한이탈주민을 인격적으로 동등한 존재가 아니라 계몽과 시혜의 대상으로 보고 타자화하기도 했다. 민족 통합과 북한 주민에 대한 관심에도 불구하고, 교회는 남한 주도의 문화적, 신앙적 계도주의를 통해 북한이탈주민을 북한 선교와 개신교 성장의 발판이자 복음의 선전 도구로 삼은 측면이 있다. 이러한 선교 정책에 대해 새로운 도전과 반성이 제기되고 있으나, 이는 선교 전략에 대한 재고와 프로그램의 수정에 머무를 뿐 개신교의 근본적 인식

---

2 김의혁, "코로나 19시대의 북한이탈주민 사역,"「선교신학」60 (2020), 85.

의 전환은 기대하기 어렵다.[3]

한반도 평화체제로의 이행에서 사회적 통합은 매우 중요하다. 사회 통합에 있어서 정치제도나 경제 체계상 통합이 시급하지만, 보편 가치를 창출할 수 있는 종교의 역할 또한 막중하다. 이것은 한민족의 동질성 회복이나 기존 체제로의 적응 그 이상을 의미하는 것으로, 남북한의 다른 체제와 인식을 인정하면서도 사회구성원들이 합의할 수 있는 새로운 가치 창출과 재사회화가 그 토대가 되어야할 것이다.[4] 이를 위해 사회경제적 관점에서 북한이탈주민에 대한 개신교의 복음화 전략을 비판적으로 성찰하고자 한다. 문화적 이질감의 현상과 원인을 검토하는 한편, 교회가 한반도 평화체제라는 시대적 요청에 부응하여 하나님 나라에 나타난 인정과 호혜를 기반으로 북한이탈주민에 대한 인식을 어떻게 새롭게 할 수 있는지 제안하고자 한다. 그것은 남북한의 공존과 상생이라는 포용적 인식을 마련하는 것으로, 사회 변화와 통합을 추동해내는 그리스도교적 가치관을 확보할 수 있을 것이다.

개신교의 북한이탈주민 지원과 문제

개신교의 북한이탈주민 지원

북한이탈주민이 남한에 정착하는 과정에서 다른 종교보다 개신

---

3 윤현기, "북한이탈주민의 종교경험과 가치관의 변화," 「세계선교연구」 2 (2012), 126-130.

4 정재영, "새터민을 통해 본 통일 후 교회의 역할," 「신학과 실천」 19(2009), 117.

교인이 되는 비율이 현저하게 높다. 2000년대 초, 많게는 입국자의 85%가 개신교인으로 집계되고, 이후 이들을 장기 추적한 결과 65%가 교회에 출석하는 것으로 나타난다. 이러한 집계는 그들이 남한 생활을 하는 데 있어 심리적 안정과 생활 지원 그리고 인적 관계에서 교회가 중요한 기능을 하는 것을 의미했다.[5] 그것은 북한이탈주민이 탈북이나 제3국에 체류하여 남한으로 입국하거나 남한 사회에 적응하는 과정에서 개신교를 가장 많이 경험하기 때문이기도 하다. 지금도 북한 주민의 인권운동에 참여 중인 재외 NGO 대부분이 남한사람들이며, 그중 종교 단체, 특히 선교에 열정이 있는 남한 개신교가 이들을 지원하는 일에 앞장서고 있다. 2021년 말 기준 국내 북한이탈주민은 3만 3천 명으로,[6] 1994년 이후 북한이탈주민의 입국이 점차 증가하면서 정부의 정착지원 방향이 사회복지와 취업으로 수립되었다. 이에 개신교는 대형교회와 연합회가 나서서 북한이탈주민 결연사업과 지원사업을 포함하여 민간단체와의 정보 공유, 정부와 의사소통 일원화 등의 활동을 주도해왔다.

대외적으로 개신교는 북한이탈주민의 생존권 보장과 난민 지위 부여에 집중하였다. 현실적으로 난민으로 인정받지 못한 이들을 위한 생계비를 지원하고 은신처를 제공함은 물론, 남한 입국 추진과 같은 생존권 보장에 힘썼다. UN과 미국, 중국, 러시아와 접촉하면서 이들의 난민 지위 확보를 위해 노력하였다. 대내적으로는 대

---

5 전우택 외, 『웰컴 투 코리아: 북조선 사람들의 남한살이』 (서울: 한양대학교 출판부, 2006), 553-55.

6 북한이탈주민 수는 2000년대 이후 지속적으로 증가했으나 2011년 이후부터 감소하는 경향을 보였다. 통일부, "북한이탈주민정책보고".

형교회와 그리스도교 단체가 연합하여 북한이탈주민의 정착과 생활 그리고 교육 프로그램을 제공하였다. 또한 목회적 돌봄을 통한 심리적 지원은 물론 예배와 교육에서 개신교인으로서의 소속감을 갖도록 하였다. 나아가서 북한이탈주민이 통일시대의 북한 선교의 매개로 준비될 수 있도록 선교 교육, 기도 공동체, 탈북민 사역자 양성 프로그램들도 운영하였다.[7] 다른 한편 그리스도교 단체들은 탈북청소년을 위한 대안 학교를 설립, 운영하면서 사회에 부적응한 학생이나 학습 부진을 경험한 학생들을 교육하였다.[8] 이렇듯 북한이탈주민은 개신교회와 단체를 통해 정착 생활에 필요한 정보는 물론 사회경제적 지원을 넘어 문화, 심리적 차원에서도 전폭적 지지를 받았다.

북한이탈주민의 교회 이탈 현상–남북한의 문화적 이질성

하지만 개신교의 전폭적 지원과 헌신과는 별개로, 시간이 갈수록 북한이탈주민 내 개신교인 비율이 현저히 감소하는 현상이 나타났다. 그들이 교회에 나가지 않거나 거리를 두는 것에 대해 생활고와 문화적 차이에 따른 심리적 위축감, 시간 관계상 직장 생활과 종교 활동 병행의 어려움, 교회의 부담스러운 강요, 신앙에 대한 회의 등이 원인으로 제시되었다. 이들이 교회를 이탈하는 원인으로

---

7 하광민, "북한이탈주민을 매개로 하는 북한선교 구도의 변화," 「복음과 선교」 48(2019), 360-68.

8 최승주, "북한이탈주민에 대한 종교 단체의 역할과 과제," 「통일문제연구」 29(2017), 165-68.

는 문화적 이질감과 그로 인한 차별과 배제를 꼽을 수 있다. 정부는 남한에 입국한 이들에게 일시적으로 주택, 생활자금, 교육 프로그램을 제공하기에, 교회는 종교적 차원은 물론 정부 정책이 닿지 못하는 부분, 즉 사회경제적 지원 및 문화적 지원 그리고 인간관계를 형성하는 장을 제공하였다. 하지만 이들 중 상당수가 단순 노동자나 임시 노동자로 머물면서 사회경제적 취약 계층으로 간주되면서, 남한 사회는 이들을 사회가 부양해야 하는 잉여적 존재나 이방인으로 인식하게 된다. 이들은 점차 경제적으로 주변화되고 사회적으로 소외되는 경험을 하게 되고[9] 이러한 인식은 교회에서도 동일하게 작동된다.

그렇다면 특별히 교회에서는 남북한 문화적 이질성과 인식의 차이는 어떻게 작동하고 있는가. 개신교는 북한이탈주민을 하나님의 사랑으로 돌봐야 하는 이웃이자 하나된 민족이라는 인식하에 목회의 대상이기보다는 선교의 대상으로 생각한다. 이들은 민족 복음화를 위한 잠재적 선교사로서 남한 사회에 적응은 물론 개신교인으로 전적 회심과 그에 걸맞은 신앙생활을 요청받게 된다.[10] 개신교는 기본적으로 북한이탈주민이 갖는 이념, 체제, 인식의 차이를 인정하지만, 남북한 문화의 차이와 특수성을 이해하기보다는 남한 체제로의 동화와 적응을 우선의 목표로 삼는다. 이는 남북한이 한 민족이라는 민족 동질성 신화에 기인한 것으로, 70년 이상의 분단

---

9 이민영, "탈북민의 분리된 적응과 지역사회 서비스," 『배제와 통합: 탈북인의 삶』, 전태국 외 편 (과천: 진인진, 2019), 263.

10 하광민, "북한이탈주민을 매개로 하는 북한선교 구도의 변화", 371-72.

역사에도 더 쉽게 융화되리라는 막연한 기대감이 오히려 서로의 차이를 이해하고 인정하는 것을 저해한다는 것이다. 많은 연구들은 민족 동질성의 신화가 근대 식민지 저항 역사의 산물이자 동시에 냉전 이데올로기의 하나의 유형이라고 진단한다. 남북한 문화의 이질성의 경험은 한민족 신화가 분단 현실과 만나 부서지는 과정으로 볼 수 있는 것이다.[11]

또한 문화적 이질성의 근저에는 남북한 사이의 경계와 구별 짓기가 있다. 오랜 분단과 냉전으로 인해 남한 사회에는 북한과 북한 사람에 대해 적대감과 두려움이 내재해 있다. 한 민족이라는 감정과는 별개로, 남과 북은 서로를 제거해야 하는 적대 세력이자 악으로 규정하면서 공존 불가능한 존재로 바라보고 있다. 김성경은 분단 사회의 감정에 주목하면서 북에 대한 우월감과 공포, 애증의 분열증적 감정을 '분단 분열증'으로 진단한다. 문제는 이러한 인식이 민주화 이후 북한이라는 타자에 대한 시선뿐만 아니라 남한 내 특정 집단을 혐오하거나 배제할 때도 동일하게 적용된다는 것이다. 누군가에게 지어진 '종북'이나 '빨갱이'라는 낙인은 남한 사회의 혐오의 기표이자 한국 사회의 근간을 흔들어 오염시킬 수 있는 두려움의 존재로 이해된다. 이러한 분열증적 인식이 전후 세대의 노년층뿐만 아니라 젊은 세대에게도 공동으로 나타난다는 점을 간과해서는 안 된다. 온라인상에서 희화화되어 떠도는 북한 관련 이미지들(김정은을 탐욕스러운 전쟁광으로 묘사하고, 북한 주민을 세뇌당한 집단으로 보는 이미지)은

---

11 정진헌, "북한이주민 종교기관 교육 프로그램의 민족지적 고찰", 「종교교육학연구」 42(2013), 146-47.

분단 체제가 낳은 분열적 인식의 반영으로 문화적 이질성을 심화시킨다.[12] 북한 주민을 이웃이자 같은 민족이라는 의식 이면에는 이처럼 냉전체제가 낳은 두려움과 공포가 공존하고 있다.

한편 남북한의 깊은 반목과 적대감은 다른 감정과 형태로 표출된다. 남한의 급속한 경제 성장과 북한의 폐쇄적 체제와 열악한 경제는 남한 사회에서 상대적 우월감으로 작동한다. 인도적 차원에서 북한이탈주민을 지원하는 일에 동의하면서도, 이들에 대한 막연한 거부감과 우월감이 공존하고 있다. 우리 대 그들이라는 경계 짓기를 통해 서로의 다름을 그 자체로 인정하는 것이 아니라 상대의 인식과 경험을 거부하고 그들을 교정해야 하는 존재로 생각한다는 것이다. 따라서 남한 사람들의 관점에서 막대한 지원을 받으면서도 자립하지 못하는 북한이탈주민은 적응하지 못하는 나태한 인간이나 불평 많고 자존심만 내세우는 사람으로 비난받기 쉽다. 이와 같은 인식의 간극은 문화적 이질감을 넘어 북한이탈주민이 결코 남한 사회의 일원이 되지 못하고 이등 시민이 되는 원인이 된다. 우월감에 기반한 도움과 지원은 상대에게 모멸감과 열등감을 안겨줄 확률이 높기 때문이다.

또한 이를 더욱 촉발시키는 것은 북한 사회에 대한 우월의식도 있지만, 근본적으로 정부와 개신교의 지원정책이 시혜적 민족주의에 기초한 동화 정책에 머무르기 때문이다.[13] 전혀 다른 체제에서 사회화를 경험하고 자기 이해를 형성한 이들에게 남한 사회로의 적

---

12 김성경, "분단체제에서 '사회' 만들기", 「창작과비평」 46 (2018), 44-45.
13 이민영, "탈북민의 분리된 적응과 지역사회 서비스", 264.

응과 동화라는 재사회화는 쉬운 과정이 아니다. 남한 사회의 인식과 제도가 은연중 형상화해온 북한이탈주민의 이미지는 이들에 대한 편견, 거부, 무시로 드러나고, 이들은 남한 생활과 신앙생활에서 좌절감과 패배감을 경험하게 된다. 문화적 경계는 남북한 사이의 비가시적이지만 분명한 계급적 권력 관계를 형성한다. 교회가 문화적 이질감의 근원에 있는 중층적이고 복합적인 원인을 규명하지 않은 채, 이들을 치유와 회복, 선교의 대상으로 삼는다는 점에서 문제가 발생한다. 남한의 우월적 위치에서 북한이탈주민 자체가 목적이 아니라 이들의 민족복음화의 도구로 이용하는 것에 대한 분명한 자각이 요청된다.

주목할 점은 남한 사람들에게 북한의 문화적 특성이나 인식이 다문화 중 하나가 아니라 부정되고 폄훼되어야 하는 타문화라는 점이다. 북한이 과거의 부정적 악습과 잘못된 체제가 지배하는 부정적 타자로 인식된다는 점에서, 입국한 북한 사람은 남한 사회에 공존, 공생하는 이웃이 아니라 언제든 불온적 존재가 될 수 있는 잠재적 위협의 대상으로 인식된다는 것이다. 그들도 이러한 상황을 인지하고 있기 때문에 남한 사회의 요청에 부응하여 자신의 결백함을 증명하고자 모국인 북한과 북한 문화에 대해 부정하고 부인하게 된다.[14] 이러한 모습은 북한이탈주민이 출현하는 예능 프로그램이나 북한 관련 미디어에서도 확인할 수 있다. 많은 경우 북한 생활의 비참한 실상을 폭로하고 남한 사회의 입국 이후 정착 생활의 자유로움을 대조하여 보여줌으로써 북한에 대한 인식을 개선하기

---

14 정진헌, "북한이주민 종교기관 교육 프로그램의 민족지적 고찰", 148.

보다는 문화적 이질감과 우월감을 고착하고 있다. 또한 개신교 선교와 간증 사역에서도 북한과 북한이탈주민이 부정적 타자라는 인식은 강화된다.

복음화 사역에 나타난 북한이탈주민의 인식의 변화

대형교회 중심의 북한이탈주민 사역은 생계 지원, 문화, 심리적 적응을 통한 개신교인의 정체성 확보와 신앙생활 영위라는 목표에서 나아가 통일시대 민족 복음화를 위한 선교자 육성까지 포함한다. 이들은 복음의 도구로서 '통일의 마중물'이자 '하나님이 미리 보내주신 통일의 선물'로 간주되고, 이들을 사역자와 선교사로 양성하는 프로그램이 활발히 진행 중이다. 그러나 여기서 배출되는 사역자는 북한이탈주민과 북한 사역을 위한 목회에 한정될 뿐 남한교회 사역자로 세워지는 일은 거의 드물다. 복음의 매개자 이면에 놓인 북한과 북한이탈주민에 대한 인식은 서로를 향한 적대감과 우월감 그리고 이질적 경험에서 결코 자유로울 수 없다.

교회는 신앙 공간으로서 복음 선포의 목표와 복음 사역을 근간으로 삼는다. 북한이탈주민 사역에서 교회는 남북한 사람들의 문화가 접촉하는 지점으로서 그 안에서 개인의 기복적 신앙과 욕구, 민족 구원과 번영과 같은 수많은 열망이 교차하고, 서로 다른 집단 사이의 서열화가 일어난다. 따라서 교회에서 남북한 사람들이 소통하는 과정에서 문화적 전이, 인식의 충돌, 욕망의 갈등 그리고 예배를 통한 인간과 하나님의 수직적 소통이 역동적으로 작용한다.

소위 남한 사회에 잘 적응한 사람은 북에 대한 반감을 드러내고 자신의 과거 경험을 거부함으로써 그 지위는 인정받을 수 있겠지만, 다른 한편으로 북한 체제에 대한 익숙함과 남겨진 자들을 두고 온 부채 의식에서는 자유롭지 못하다. 이러한 태도는 남북 모두에게 남북관계 및 북한과 타 국가 관계에서 문화 상대주의나 포용적 인식을 허용하지 않는다. 동시에 남과 북의 서열화된 권력관계는 북한이탈주민을 결코 동등한 존재로 인정하기 어렵게 한다. 이 모든 것은 한국 사회나 개신교가 아직도 냉전체제의 인식에서 나아가지 못했음을 증명하는 것이다.

냉전체제의 영향은 개신교인의 신앙 언어를 통해 보다 분명하게 드러난다. 교회에서 북한이탈자들은 개신교의 인식과 신앙의 언어를 빌어 자신의 과거 경험을 재해석하고 미래에 대한 자아상을 재구성하게 된다. 탈북이라는 출애굽에 성공한 이들은 역경을 딛고 일어선 하나님의 선택을 받은 요셉이자 복음화의 선구자로 소환된다. 그러나 자신의 경험과 현재의 이미지를 재구성하는 과정은 단순한 작업이 아니라 중층의 의미를 갖는 부담스러운 작업이다. 소위 '남한=선'과 '북한=악'이라는 적대적 인식 아래 북에서의 경험과 인식을 제거하면서 남한 사회의 규범과 기준을 수용하고 따라야 하는 것을 의미한다. 이것은 신앙적으로 '거듭남'의 사건으로 수용된다. 이 과정을 통해 북한이탈주민은 남한 사회로 잘 적응하고, 개신교인으로서 신앙생활을 잘 영위하고 있음을 증명하게 된다. 그러나 자신의 과거와 분리하여 새로운 자아를 구축하는 인식의 전환과 행동의 변화는 심리적, 문화적, 사회적으로 깊은 괴리감을 낳

았다.[15]

문제는 남한 개신교가 강요하는 '거듭난 자아상'은 북한이탈주민이 갖춰야 하는 이상적인 '한국인'의 모습이 아니라 남한에서 이상적으로 생각하는 '북한이탈주민'의 모습이라는 점이다. 여기에 선교의 열망까지 장착하게 되면, 이들은 미래의 민족 복음화를 위해 헌신할 수 있는 복음의 매개체이자 도구가 된다는 것이다. 개신교의 복음화는 분단 역사와 냉전 이데올로기에서 형성된 두려움과 우월감, 적대감과 인간애, 신앙적, 민족적 열망과 종교적 비전이 얽혀진 재현의 장이다.

남한 생활과 신앙생활에 성공적으로 안착한 북한이탈주민 상은 고착되어 있고, 역할과 기대도 명확하다. 그들은 남한 교회의 열망에 소환되어 나온 타자이면서 동시에 이등 시민이다.[16] 한편으로는 이러한 인식이 냉전체제의 결과물이자 보수 개신교의 반공 사상으로서 극단적인 소수의 인식이라고 치부할 수도 있다. 그러나 북한이탈주민이 신앙생활에 회의를 느끼고 신앙의 언어를 거부하고 교회에서 이탈하는 현상에는 개신교가 그들을 민족 복음과 구원의 대상이자 동시에 도구로 인식하려는 위계적 권력 관계가 놓여 있음을 부인할 수 없다. 한 발 나아가 북한이탈주민에 대한 선교 사역이 철저하게 신자유주의 체제에 발 딛고 있는 개신교의 문제를 그대로 담고 있다는 점이다. 때로 북한이탈주민은 남한 사회에 잘 적응하는

15 정진헌, "북한이주민 종교기관 교육 프로그램의 민족지적 고찰", 148~154.

16 강진웅, "한국 시민이 된다는 것: 한국의 규율적 거버넌스와 탈북 정착자들의 정체성 분화," 「한국사회학」 45 (2011), 219-220.

모습에서 생존을 위해 종교를 생계와 거래 수단으로 삼는다고 비판받거나, 정반대로 부적응하는 이들에게는 나태하고 무책임하며 신뢰할 수 없다고 비판받기도 한다. 이들이 비난을 받는 원인은 전적으로 남한 사회의 경제적 규율 에토스에서 이루어진다. 또한 이들의 존재 자체를 복음의 선전 도구이자 이벤트에 전시함으로써 교회의 성장과 발전에 이바지하리라는 기대 역시 마찬가지이다.[17] 이것은 경제적 관점에서 인간을 평가해온 남한 사회의 인식이 그대로 반영된 것이다. 북한이탈주민은 남한의 적응 정도로 평가받아야 되는 사람이 아니라 남한 사람과 동등하게 삶을 영위해야 하는 사람들이다.

신자유주의적 복음화에 대한 성찰과 제언

남한 개신교의 복음화에 내재된 신자유주의적 가치

북한이탈주민이 경험하는 사회문화적 이질성의 근저에 신자유주의 체제에서 성장한 개신교의 문제가 있다는 점은 무엇을 의미하는가? 남한 사회와 개신교에서 경쟁적으로 진행되는 수많은 지원체계는 북한이탈주민에게 사회에서 도태되거나 낙오되지 않고자 끊임없이 자기 계발을 하고 속히 적응할 것을 요청한다. 이를 두고 강진웅은 북한이탈주민이 "규율화된" 시민으로 육성되고 있다고 지적한다.[18] 현대 사회에서 주체는 규율적 시민에 머물지 않는다.

---

17 최승주, "북한이탈주민에 대한 종교 단체의 역할과 과제," 171-72.
18 강진웅, "한국 시민이 된다는 것", 206.

스스로를 규제하는 시민 주체이어야 한다. 그것은 자기 계발과 자기 관리, 스스로의 능력을 항상 긍정하는 신자유주의적 인간상으로서 북한이탈주민에게 투사된 남한 사회의 기대치인 것이다. 여기에 하나님의 인도하심으로 새로운 언약과 구원의 사명을 받은 선택받은 존재라는 정체성이 부여되는 것이다. 따라서 북한이탈주민이 남한 사회에서 개신교인이 된다는 것은 이 모든 과정을 수용한다는 것을 의미한다.

한국 교회는 한국 사회의 자본주의 경제 발전에 편승하여 세계 교회사에서 유래를 찾기 힘들 정도로 빠르게 성장하였다. 그 과정에서 신학적으로 성찰하기보다는 자본주의의 시장원리에 따라 발전과 성장에 매진하면서, 기복주의, 물질만능주의, 경쟁적 교회성장주의, 목회자 중심주의 등과 같은 문제점을 안게 되었다. 목회자의 강력한 권위를 중심으로 운영되는 교회는 건물 설립, 교세와 교인 증가, 선교 열망과 같은 양적 성장에 집중했다. 그러나 민주화 이후 한국 사회에는 신자유주의 이데올로기가 경제를 넘어 사회 전반과 일상에까지 광범위하게 통제하게 되었다. 신자유주의는 복지 국가와 완전 고용을 위한 국가의 시장 개입을 최소화하고 자유로운 시장 경쟁을 통해 경제적 효율성을 높이는 정책으로, 규제 완화, 민영화, 자유화, 작은 정부를 명분으로 개인의 경제적 자유를 최대한 보장하는 통치 방식이다. 그러나 실상은 체제가 갖는 구조적 모순과 폭력을 은폐하는 통치 수단일 뿐이다.[19] 특히 한국 사회는

---

19 사토 요시유키, 『신자유주의와 권력』, 김상운 옮김 (서울: 후마니타스, 2014), 42.

1997년 IMF 이후 효율성, 유연성, 무한경쟁의 삶의 양식을 일상화
하였다. 유연성이라는 명분으로 노동시장은 불안정하게 재편되고,
기업은 효율성 제고를 위해 구조조정에 나서면서 신자유주의는 빠
르게 확산되었다. 그 결과 부의 불평등, 극단적 양극화, 중산층의
붕괴, 금융과 산업자본의 재벌화, 비정규직 문제 등의 사회 갈등이
심각한 문제로 대두되었다. 반면 신자유주의를 체화한 주체들은
스스로 자기 계발에 매진하면서 모든 것이 개인 책임이라는 이데올
로기에 적극 조응하게 된다. 한국 사회에서 사람들은 '잉여'가 되거
나 '속물'이 되는 길밖에는 없었다.[20]

　이러한 신자유주의 경제 체제는 한국 교회에 심각한 변화를 초
래하였다. 신자유주의가 본격화된 1990년대 후반부터 교회의 성장
은 점차 내리막길에 들어섰고, 2000년대에 들어와서는 교인 감소
가 현저하게 나타났다. 교회는 신자유주의 종교 시장에서 살아남
기 위해 신앙 콘텐츠를 개발하고, 권력을 유지하기 위해 세습을 자
연스럽게 이행하고, 대형교회 내 지교회 설립이 가속화되었다. 생
존 경쟁에서 치열하게 살아남은 중대형교회에는 인적, 물적 자원이
갈수록 집중되었고, 경쟁에서 밀린 그 밖의 교회는 겨우 명맥을 이
어가거나 문을 닫는 현상이 나타났다.[21] 이렇게 한국 교회는 신자
유주의 경제 체제에서 약육강식의 법칙이 통용되고, 물질적 가치
에 예속되는 현상이 지속되면서 비민주적이고 불평등한 구조가 지

---

20 김성경, 『갈라진 마음들 분단의 사회심리학』 (파주: 창비, 2020), 68.
21 박득훈, "한국교회, 자본주의 예속에서 해방되어야," 「기독교사상」, 589(2008),
　　32-57.

배하게 되었다.

이러한 상황에서 한국 교회에 팽배한 자기계발 담론은 신자유주의 사회에서 생존하는 법을 가르쳤고, 그것은 신앙 성장과 사회생활에 중요한 밑거름이 되었다. 자기계발 담론은 신자유주의의 통치성과 관련된 것으로 어떠한 조건에도 구애받지 않고 자신이 설정한 목표를 추구하는 개인의 자유를 강조하는 것이다. 신자유주의에서 자유는 능력, 유연성, 경쟁을 강조하는 것으로, 그 근본에는 경쟁적 자본주의가 정치적 자유를 촉진한다는 주장이 놓여 있다. 따라서 경쟁은 삶의 모든 영역에서 최대의 효용을 산출하기 위해 필수 불가결한 덕목이자 체제 발전과 인간의 자유를 보장하기 위해 필요한 미덕으로 작용한다. 이를 위해 주체는 첫째, 자신이 목표와 수단을 자율적으로 관리하고 자유롭게 수정함으로써 경쟁상황을 조정할 수 있는 자율적 행위자가 되어야 하고, 둘째로는 신자유주의의 지배전략이 자아실현을 향한 개인의 열망과 선택을 유도할 수 있도록 자기 계발을 위해 능동적으로 활동해야 한다. 다시 말해 자기 삶의 의미와 가치를 스스로 부여하면서 삶의 질을 향상하고, 모든 결과에 책임지는 인간이 되어야 한다는 것이다.[22]

표면적으로는 자유롭고 자율적인 선택으로 누구나 긍정하는 주체적인 삶의 가치를 실현하는 인간상을 제시하는 것으로 보인다. 그러나 실상은 전문가의 지식과 권위에 의존하고, 시장 경쟁에서 결코 자유롭지 못한 인간을 양산해냈다. 결국 신자유주의 체제는

---

22 이숙진, "신자유주의시대 한국기독교의 자기계발 담론," 「종교연구」 60(2010), 122-23.

무한경쟁에서 살아남거나 탈락하는 것, 또는 위기에 대처하는 것 모두 전적으로 개인의 능력에 달려 있음을 끊임없이 주입한다. 모든 책임은 사회경제적 구조가 아니라 개인에게 전가된다. 무한경쟁과 승자독식의 구조가 갖는 야만성과 폭력성은 은폐되고, 오로지 자신에게 관심하고 자기 계발을 위해 쉼 없이 자신을 채찍질하는 인간 개인만 남게 된다. 여기에는 공동체가 개입할 여지도 없이 극단적 개인주의와 비정치적 삶의 양식만이 남게 된다. 공동체적 삶은 부정당하고 상대는 공존해야 하는 존재가 아니라 경쟁에서 물리쳐야 하는 적대자가 된다.

대형교회를 중심으로 하는 신앙 교육 프로그램들과 무수한 대중 신앙 서적은 모든 문제의 근원을 개인에게 집중시켜 자기 계발과 자기 관리를 위한 인식을 훈련시키는 데 초점이 맞춰져 있다. 이는 신자유주의의 경쟁 체제에서 세속적인 성공을 추구하는 것과 신앙인의 정체성이 충돌하지 않는 타협의 장을 마련함으로써 완충 역할을 했다. 다시 말해 신자유주의적 통치성이 개신교인들에게 신앙의 주체라는 이름으로 적용되는 것이다.[23] 개신교인은 신앙 안에서 자신의 효용가치를 극대화하고 스스로를 경영하는 주체적 인간으로서 생존을 넘어 성공을 추구하는 것을 이상적 가치로 내재화한다. 문제는 교회 현장이 생존 경쟁의 각축장이 된다는 점에서 진정한 공동체 가치에 대한 경험과 성찰은 부재하고, 이 체제에서 인정받은 사람과 인정받지 못하는 사람이 결정된다는 것이다. 교회는 세속의 가치로 신앙의 정도를 가늠하고 서열화하는 구조를 형성하

---

23 이숙진, "신자유주의시대 한국기독교의 자기계발 담론," 130-31.

게 된다. 북한이탈주민에 대한 개신교의 복음화 과정은 이와 같은 개신교인의 신자유주의적 사회와 인간 이해를 그대로 따르게 된다.

북한이탈주민은 교회의 지원과 기대 속에서 인간관계와 신앙생활을 영위하지만, 여전히 남한 사회가 추구하는 규율적 주체가 되기를 강요받는다. 이들이 남한 사회에서 정치적, 경제적 자유를 갈망하고 신자유주의적 가치에 기반한 인간상을 쫓게 되면서 경험하는 것은 남한 문화와 인식에 대한 괴리감이자 북한 사회와 자기 존재의 열등감과 좌절감이다. 그들이 결국 교회를 떠나게 되는 것은 남북한의 오랜 분단 상황에서 형성된 냉전 이데올로기 및 파생 효과와 더불어 뿌리 깊은 신자유주의 체제, 그것이 담보하는 상호 불인정의 문화에서 기인하는 것이다. 물론 교회가 한반도의 긴장 상황, 동북아와 강대국의 영향 등 변화하는 상황에 맞춰 기민하게 북한이탈주민을 보호하고 지원하는 등의 노력과 헌신을 폄훼하려는 것이 결코 아니다. 문제는 신자유주의를 체화한 개신교가 인식하지 못한 채 진행하는 수많은 복음화 전략들이 정작 북한이탈주민을 포용하는 것이 아니라 배제하고 타자화한다는 것이다.

무엇보다 중요한 것은 분단이 생산한 주체들이 인정받지 못한다는 사실, 또는 상대 존재를 인정하지 못하고 있는 사실을 알아차리는 것이다. 신자유주의라는 경제 체제에서, 민족분단과 서로 다른 정치 체제에서 서로에 대한 반목과 적대, 무감각과 무시, 편견과 배제로 인해 북한이탈주민은 이 사회의 독립적 주체로서 자신의 문화를 인정받고 자아실현을 할 수 있는 가능성조차 제거되었다.[24]

---

24 김성경, "분단체제에서 '사회' 만들기", 50.

북한이탈주민은 경제 논리에 의한 일방적인 제도의 수혜자도 아니고, 경제 체제에 적응하지 못한다 해도 그들이 이등 시민으로 취급받거나 경제 부담이 되는 부정적 존재도 아니다. 또한 한반도 평화체제와 민족 복음화를 위한 자원으로 활용되어서도 안 된다. 이들에게 씌워진 나태함과 센 자존심과 같은 비판의 잣대가 효용성, 자율성, 능동성에 기반한 신자유주의적 인간상에서 비롯된다는 점을 다시금 상기해야 할 것이다. 또한 지금까지도 남한 사회와 교회가 이들을 맞이하는 방식은 다분히 경제적 효용성을 제고하고, 교환가치에 기반한 목적 지향적 가치에 있었음을 고려해야 할 것이다.

듣기와 환대: 북한이탈주민에 대한 복음화 재고

북한이탈주민은 사회경제적 위치에서 약자이면서 정치문화적 타자이자 소수자이다. 개신교는 통일과 북한 선교라는 목적에 부합한 인간을 육성하려는 태도를 버리고, 북한이탈주민에 대한 지원 방식에 있어서 정치적, 경제적, 문화적 차원의 근본적 성찰과 인식의 전환이 요청된다. 이를 위해 신자유주의 체제를 체화한 교회가 북한이탈주민을 존재 자체로 환대할 수 있어야 한다. 우선적으로 국가분단, 체제분단 및 민족분단이라는 중층의 분단 상황에서 빚어진 남북 간의 오랜 적대감과 반목의 감정을 마주할 수 있어야 한다. 환대 실천 이전에 서로 마주하지 않았던 분열적 감정이 무엇인지 이해하는 계기를 만드는 것, 그것은 상대의 이야기에 귀 기울이는 것에서 시작한다. 북한이탈주민과 남한 사람이 동등한 시민으로 존중받고 다양성을 인정하는 과정이 필요한 것이다. 이를 위해 북한이탈주민이 부정적 대상이나 도구가 아니라 감정과 정체성을 지닌 주체이자 공존하고 공생하는 존재라는 인식을 갖춰야 할 것이다. 또한 그들이 지금은 사회경제적 취약계층으로서 도움을 받고 있지만, 언제든 다른 방식으로 도움을 줄 수 있는 신앙의 파트너이자 상호호혜적 관계에 있는 존재라는 점을 상기해야 한다. 그것은 모두가 공적 대화와 조직에 참여할 수 있는 개방적 참여구조에서 가능하게 될 것이다. 오랫동안 한국 교회의 의사결정 구조는 목회자와 주요 남성 지도자를 중심으로 이루어져 왔다. 그러나 다양한 세대, 다양한 지역과 계층의 사람들이 공적 토론의 장에 나와 문제를 마주하고 토의하는 과정을 만들어야 하고 이를 위한 참여 구조의 개방성을 확보해야 한다.

하지만 더 근본적인 것은 본래 그리스도교가 탄생하는 자리에서 예수가 보여준 진정한 환대의 정신을 새롭게 체화하는 것이다. 로마제국의 식민지의 지배구조가 유대 민중을 정치, 경제, 사회적으로 억압하고 착취할 때, 예수는 지역, 인종, 계급, 성별을 넘어 모두가 하나님의 자녀이자 동등한 주체라고 선언하였다. 그리고 이들이 하나님 나라에 참여할 수 있다는 희망의 메시지를 몸소 실천하였다. '환대'란 이처럼 타자에게 자리를 내어주는 것, 그의 자리를 인정하는 것에서 시작한다. 환대받음으로 인해 우리는 사회 구성원이 되고 권리에 대한 권리를 갖게 된다는 것이다.[25] 그것이 생명을 살리는 그리스도교적 정신이다. 따라서 어떠한 경우에도 교환가치

---

25 김현경, 『사람, 장소, 환대』 (서울 문학과 지성사, 2015), 207.

나 도구가 아니라 인간을 존재 자체로 인정하고, 조건을 넘어 그의 권리를 보장해주는 것, 그것이 환대의 기본 전제가 된다. 그동안 한국 사회를 관통하는 것은 개인의 성공, 경쟁에서 승리와 같은 물신숭배적 가치와 비인간화에 있었다. 교회 역시 이러한 왜곡된 지배가치에서 벗어나지 못한다. 오히려 더 은밀한 방식으로 신자유주의적 가치를 내면화하면서 자신과 상대-북한이탈주민에게 이러한 삶을 강요하고 있음을 확인할 수 있다.

나오며

남한 사회에서 북한이탈주민은 정치적 타자이자 소수자로서 경제적 약자로 살아가고 있다. 이들에 대한 개신교의 헌신적 노력은 북한이탈주민이 종교에 마음을 열고, 이 사회의 일원으로 정착하여 살아가는 데 있어서 없어서는 안 될 중요한 역할을 감당하고 있다. 그러나 점차 북한이탈주민이 교회에서 이탈하여 신앙을 멀리하는 원인에는 분단체제가 낳은 문화적 이질성 그 이상의 문제가 있다. 그것은 남한 사회의 자본주의 경제 체제, 나아가 민주화 이후 신자유주의 체제가 빚은 개신교 특유의 문화에서 비롯되었다. 남한 사회는 북한이탈주민을 동등한 인격체로 인정하기보다는 경제적 관점에서 시혜를 베푸는 부정적 타자로 인식하고, 그들의 문화와 과거를 부정하는 과정에서, 그들은 극복할 수 없는 이질감과 열패감을 경험하게 된다. 종교가 이 사회에서 갖는 중요한 지점은 정치나 경제 제도가 할 수 없는 지배가치와 문화를 제공하는 것이다.

안타깝게도 한국 교회는 한국 사회의 성장과 그 궤를 같이하면서, 경제적 가치에 예속된 채 생명 존중과 환대라는 그리스도교적 가치를 바르게 실천하지 못하였다. 지금까지 북한이탈주민에 대한 개신교의 복음화는 신자유주의 체제를 전제로 민족 복음화와 통일 선교라는 명분으로 그들을 도구로 삼고 남한 개신교의 삶의 방식을 강요해 왔다. 그것은 북한이탈주민을 사회구성원으로 인정하고 사랑과 돌봄을 함께 하는 이웃이 아니라 사회경제적으로 부양해야 하는 존재이자 목적 지향적 가치에 부합하는 존재로 본 것이다.

하나님이 이스라엘 민족을 해방하고, 예수가 억압받는 유대 민중에게 하나님 나라를 선포하는 데 있어서 핵심은 인간에 대한 인정과 환대였음을 기억해야 한다. 교회는 생명에 대한 구원을 선포하고 그 사역을 실천함에 있어서, 특별히 북한이탈주민과 소통하고 함께 사회를 구성함에 있어서 인정과 환대의 정신을 되새겨야 한다. 그것은 분단과 신자유주의로 찢겨진 남북한의 상처를 치유하고 회복하는 시작점이자 나아가 우리와 그들이라는 경계 짓기에서 벗어나 함께 사회를 재구성하기 위한 발판이 될 것이다. 한반도의 평화체제와 사회 통합의 과제는 정치적, 경제적 차원으로 해결되는 것은 아니다. 그것은 서로 적대하고 혐오해왔던 마음을 허물고 상대 존재를 마주하고 인정할 수 있는 내적 변화에서 시작한다. 교회는 한반도 평화체제라는 시대적 요청에 부응하여 예수의 하나님 나라에 나타난 인정과 호혜를 기반으로 북한이탈주민에 대한 인식을 새롭게 하고 남북한의 공존과 상생을 위한 포용적 인식을 마련해야 할 것이다. 이것은 교회가 한반도 평화에 응답하는 자세이면서 동시에 평화체제를 향한 사회 변화와 통합을 추동하는 그리스도교적 가치관을 마련한다는 점에서 의의를 발견할 수 있을 것이다.

소녀와 아들과 나 :
희생자의식 민족주의와 식민지 남성성에 갇힌 민주주의

조민아 (Georgetown University)

여는 말 : 쓰지 못했던 글

대학원을 졸업하고 얻은 첫 직장이 정의기억연대(정의연)의 전신인 한국정신대문제대책협의회(정대협)의 간사직이다. 분노도 이상도 서슬 퍼렇게 살아있던 이십 대 중반, 인권운동에 대한 낭만적인 열정으로 시작한 일이었지만 그보다 스무 살을 더 먹고 나서 돌아보니 마음속에 남아있는 것은 활동이 아니라 사람이요, 사람과 맺은 관계들이다. 그렇게 내 기억 속에 자리 잡은 생존자들의 삶의 형상은 애틋하고 살가운 것, 덩그러니 외로운 것, 답답하고 화나는 것들이 뭉글뭉글하게 섞여 있다. 가령, 수안보 온천으로 봄 소풍 가던 버스 속 상기된 얼굴들, 질긴 고기를 잘 씹지 못해 한참을 우물거리다 결국 뱉어내시던 주름진 입가, 술 한잔 들어가면 부르시곤 하던 구성진 노랫가락들, 등촌동 임대아파트 어두컴컴한 방 한 켠에 놓여 있던 놋요강, 무어 화나는 일이 있으셨는지 실무자들에게 고래고래 퍼부어 대는 욕을 영문도 모른 채 듣고 있어야 했던 아침의 전화 통화, 항상 매끄러울 수는 없는 인간관계의 악다구니를 겪으며 서로 밉고 서운하기도 하고, 그러다 사무실에 아이스크림 사들고 올라오시면 또 풀어지기도 하고, 이런 것들이다.

　고작 2년 6개월 남짓 일하고 나는 정대협을 떠났다. 그리고 이십
년이 지난 2020년 5월, 생존자 이용수 님의 발언과 정의연에 관한
짧은 글을 쓰기 전까지 나는 일본군 성노예를 주제로 글을 쓴 적이
거의 없다.[1] 소재가 부족했던 것도 아니고, 무슨 압박이 있었던 것
도 아니다. 그런데 왜 나는 쓰지 못했을까. 구차한 변명을 하자면,
내가 알고 있는 여성, 사람으로서의 생존자들을 표현하고 싶은 언
어와 주류 성노예 담론과 운동에서 통용되는 생존자들을 표상하
는 언어의 차이 때문이었다. 성노예 담론과 운동에는 그 어떤 '당
위'가 존재했고, 그 틀에 맞춰 내가 아는 생존자들을 담아내는 것
이 불편했다. 그 긴 시간 동안 나는 '다른'- 그러므로 '틀린' - 목소
리로 판명될 때 따라올 비판이 두려웠던 데다 은연중 '옳아야 한다'
는 강박관념에 눌려 글을 쓰지 못하며 겉으로는 '운동에 폐를 끼치
고 싶지 않다'는 교만한 핑계를 대고 있었다.

　그러므로, 주류 일본군 성노예 담론의 언어와 관련, 글 쓰는 이
로서 나 자신의 경험을 반추하는 이 글은 나의 고백이며 반성이다.
한국사회의 대표적인 시민운동인 일본군 성노예 문제 해결 운동은
30년을 이어 왔지만, 이용수 님의 발언을 통해 위기를 맞았고 성찰

---

1 조민아, 「이용수 선생의 발언과 정의연: 넘어서야 할 것과 거리를 두어야 할 것」,
　뉴스앤조이(2020년 5월 26일), http://www.newsnjoy.or.kr/news/article
　View.html?idxno=300726; 2012년 미국 여성학회(National Women's
　Studies Association)에서 수요시위를 대안적 교육 공간으로 제시하는 글을 발
　표한 것이 유일하다.

과 쇄신의 시간을 지나고 있다.[2] 나는 그 위기가 "희생자의식 민족주의"[3]로 대변되는 주류 일본군 성노예 담론의 한계를 보여주는 것으로, 실은 운동의 초기부터 예견되고 누적되어 왔던 것이라 생각한다. 이 글은 위안부 문제를 다룬 문학작품에 나타난 '희생자의식 민족주의'와 '식민지 남성성'을 톺아보고, 이 두 이념이 현실 정치에 반영된 흔적을 따라가 본다. 성노예 문제 해결 운동에 필연적으로 따라붙은 이 남성적 자아는 담론 권력의 독점을 추구하는 과정에서 민족주의의 특징인 배타성을 작동했고, 결과적으로 페미니스트 담론을 억압하고 생존자들의 목소리를 자신들에게 유리한 방식으로 전유해 왔다. 나는 이 주류 성노예 담론의 언어와 사고방식을 '아들의 목소리'라 이름하며, 이 목소리가 한국사회 민주주의에 어떻게 반영되고 있는가 살펴볼 것이다. 아울러 아들의 목소리를

2 위안부 단체 작심 비판' 이용수 할머니 기자회견 전문」, 조선일보 (2020년 5월 8일) http://m.monthly.chosun.com/client/mdaily/daily_view.asp?idx=9455&Newsnumb=2020059455#_enliple; 「이용수 할머니 2차 기자회견문 '그동안 일궈온 투쟁성과 훼손되면 안 된다'」 한겨레 (202년 5월 25일) http://www.hani.co.kr/arti/society/society_general/946389.html;이에 관한 정의연의 입장에 대해서는 일본군 성노예 문제 해결을 위한 정의 기억 연대 홈페이지: http://www.hani.co.kr/arti/society/society_general/946389.html

3 "희생자의식 민족주의"는 임지현이 고안한 개념으로, 자국의 역사를 피해자의 역사로 규정하고 이를 기반으로 그 나라의 민족주의에 도덕적 정당성과 정치적 구실을 부여하는 기억 서사를 의미한다. 임지현, 『희생자의식 민족주의: 고통을 경쟁하는 지구적 기억 전쟁』(서울 : 휴머니스트 출판 그룹, 2021). 위에서 언급한 나의 글, 「이용수 선생의 발언과 정의연 : 넘어서야 할 것과 거리를 두어야 할 것」에서 나는 비슷한 문제의식을 갖고 스위스의 사회문화학자 울리히 슈미트(Ulrich Schmid)의 개념을 빌어 "피해자 민족주의"라는 표현을 사용했지만, 임지현의 글에서는 피해자 민족주의와 희생자의식 민족주의를 구분한다. 임지현의 구분에 동의하며 이 글에서는 피해자 민족주의보다 포괄적인 개념인 희생자의식 민족주의 개념을 차용한다.

벗어나 새롭게 모색하는 성노예 담론의 글쓰기를 제안할 것이다.

일본군 성노예 담론과 식민지 남성성

어느새 꽤 오랜 시간을 타지에서 살고 있는 나는 '민족'에 대해 함부로 말할 수 없다. 그것이 법적 정체성을 의미하는 '국적(nationality)'이건, 정치, 경제, 문화적 지형의 변화에서 파생된 '근대의 산물'이건, 신화, 상징, 가치, 기억의 유대와 영속성을 간직한 '종족적 정체성'이건,[4] '민족'은 내 의사와 무관하게 나의 정체성을 규정한다. 나는 민족의 본질적 성격에 관심이 없다. 어차피 항구적인 개념이 아니기 때문이다. 민족주의적 상상력은 다른 민족과의 교차성 속에서, 즉 트랜스내셔널(transnational)한 공간에서 작동하는 것이며, 지정학적 조건에 따라 늘 변화한다. 그러나 나는 본질이 아닌 정치적 이념으로서의 민족주의가 어떤 계기를 통해 형성되고 변화하는가, 그것이 내 생각과 언어와 삶에 어떤 영향을 미치는가에 대해서는 무관심할 수 없다. 같은 맥락에서, 일본군 성노예 담론과 관련된 민족주의 또한 단순히 무시하거나, 제외하거나, 본질적으로 옳다 그르다 판단할 수 없다. 무엇보다 생존자들이 자신을 이해하고 긍정하는 과정에 깊이 관여하기 때문이며, 함부로 건드릴 수 없는 한국 사회의 성역이자 뇌관으로 존재하기 때문이다. 그러므로 성노예 담

---

4 민족을 개념을 구성하는 다양한 관점에 대해서는 Montserrat Guibernau and John Hutchinson eds. *Understanding Nationalism* (London, UK: Polity), 2001 참고.

론에서 공존 혹은 대립해 온 두 담론, 민족주의와 페미니즘의 관계를 논할 때 물어야 할 질문은 '어느 것이 옳은가'가 아니라, 생존자들의 서사에 두 담론이 어떻게 개입하고 갈등하는가, 주류 담론이 되어 온 민족주의를 페미니즘은 어떤 지점에서 수용하고 비판할 것인가이다.

민족주의와 페미니즘의 갈등은 일본군 성노예 문제 해결 운동의 초기부터 존재했다.[5] 성노예 담론 자체가 제국주의의 만행에 대한 과거 청산이 부족하다는 민족주의적 인식과, 가부장적 사회 내 여성에 대한 성폭력이라는 페미니즘적 인식, 이 양대 축을 안고 출발했던 까닭이다. 단순화의 위험을 감수하고 정리해 보면, 1980년대 이후 여성운동에 나타나기 시작한 두 가지 큰 흐름은 민족민주 운동과의 통합을 추구하는 '한국여성단체연합'(여연)과, 여성문제의 독자성을 강조하며 오늘날의 성폭력 반대 운동을 진전시킨 '또 하나의 문화'(또문) 그룹으로 볼 수 있는데, 이중 여연계 흐름이 1990년대 성노예 운동과 담론의 주류로 부상하게 되면서 페미니즘의 시각은 주변부로 밀려나게 되었다.[6] 운동 주체들이 페미니스트적인 인식을 갖고 있었음에도 불구하고 이런 결과를 낳게 된 것은, 일본 정부의 사죄와 배상 촉구를 동력으로 삼는 운동의 성격상 민족문제를 전면에 내세우는 것이 국내의 지원을 얻기에 전략적으로 용이

---

5 민족주의와 페미니즘의 관계에 대해서는 이나영, 「민족주의와 젠더: 도전과 변형을 위한 이론적 지형도 그리기」에 잘 정리되어 있다. 『한국여성학』 제31권 2호 (2015년 6월), 213-156.

6 그럼에도 불구하고, '또 하나의 문화'를 중심으로 하는 페미니스트 시각의 성노예 담론은 김현미, 김은실, 김성례 등을 통해 지속적으로 추구되어 왔으며 여전히 진행되고 있다.

했던 측면도 있지만, 남성중심 사회에서 여성문제를 중심으로 여론을 확장시키는 것이 어려웠던 실제적 한계도 있다. 반면, 유엔(UN)과 국제노동기구(ILO), 아시아 연대 활동 등 국제사회에서의 성노예 문제는 각국의 피해 여성들과 연대하고 전시 성폭력에 대한 문제를 공공의 담론으로 끌어오는 과정에서 트랜스내셔널리즘과 결합한 페미니즘의 목소리가 더 부각되었다. 이런 과정을 거쳐 일본군 성노예 문제 해결 운동은 국제적으로는 여성운동으로, 한국사회의 대중에게는 민족민주운동의 부문운동으로 인식되기 시작했다.

물론, 일본군 성노예 문제 해결 운동에 민족주의 담론이 차지해 온 역할과 성과는 적지 않다. 몇 가지 예만 들어 보더라도, 생존자들의 트라우마를 국가의 공적 기억(public memory)으로 부각시켰고, 대 국민적인 공감대를 형성하여 생존자들의 고통에 공명하고 역사를 다시 기록하는 작업에 동참하는 수행집단을 확장했으며, 일본 식민지배의 피해자였던 국가들의 기억을 억제하려 한 일본 정부와 우익학자들의 모략을 드러낸 것은 마땅히 짚고 넘어가야 할 민족주의 담론의 업적이다.[7] 그러므로 이 글이 그 공을 폄훼하는 것으로 읽히지 않았으면 한다. 정의연은 한국사회 여성 단체 중 대국민적 공감을 끌어내고 정치력을 획득한 유일한 여성 단체다. 여성들이 활동의 중심이 되어, 여성에 대한 폭력을 인간에 대한 폭력으로 인식시키는 데 성공한 유일한 여성 단체라는 뜻이다. 정의연이 과연 민족주의를 등에 업지 않고도 30년을 버텨 올 수 있었을까? 하

---

7 김명희, 「일본군 '위안부' 운동과 시인(recognition)의 정치: 한국의 사회적 기억 공간을 중심으로」, 『한국여성학』 제34권 3호 (2018년), 113-146.

지만 이용수 님의 발언과 윤미향 의원의 재판으로 불거진 논란을 보면, 정의연은 민족주의에 기댄 결과를 혹독하게 치르고 있다. 30년 동안 위안부 문제 해결 운동을 통해 여성인권과 인권운동으로서 이룩한 빛나는 국내외적 결실에도 불구하고 한국사회의 인식은 생존자들을 "피해자"로, 정의연을 단순히 생존자들을 돕는 "피해자 복지 단체"로 인식하는 데 머물러 있었던 것이다. 한국사회에서 여성운동의 현실은 이렇듯 척박하다.

이 글에서 내가 문제 제기하고 싶은 것은 민족주의 담론 자체가 아니라, "희생자의식 민족주의"와 결합한 한국사회 민족주의의 독특한 형태이며, 그것이 일본군 성노예 담론의 주도권을 장악해온 방식과 경쟁 담론을 대하는 태도이다. 민족주의는 좌우를 막론하고 한국사회의 담론을 강력하게 지배해온 중심 이데올로기이다. 한국사회의 민족주의는 계급, 젠더, 문화 등의 다양한 요소들과 합체하고 굴절해 왔지만, 전체를 아우르는 특징적인 성격은 내부를 통합하고 밖을 배제하는 논리로 요약할 수 있겠다. 『한국의 48년 체제』 저자인 박찬표가 언급했듯, 민족의 일체성과 동질성을 전제로 하는 민족주의가 과거의 역사를 평가하고 미래의 역사를 전망하는 시각과 기준이 될 때, 민족주의는 민족 내부에 객관적으로 존재하는 차이와 갈등을 보지 못하게 하는 이데올로기로 작동한다.[8] 이 배타성과 협애성은 반공주의, 국가주의, 발전주의 이데올로기

---

8 박찬표, 「민주주의 관점에서 본 48년 체제의 특징과 영향」, 『대한민국사의 재인식: 48년 체제와 민주공화국』 참여사회 연구소 공동 토론회 발표문(2008년 8월 18일). 24.

를 주축으로 48년 체제의 정당성을 강변해 온 이명박, 박근혜 정권의 "우파민족주의" 뿐 아니라, 남미 종속이론과 주체사상, 스탈린주의 민족 해방론의 영향을 받아 반미 자주화, 민족통일을 최우선 과제로 삼은 소위 "좌파 민족주의(NL)"의 민족민주운동에도 공히 발견되는 것이다. 즉, 어떤 민족주의인가, 무엇을 목적으로 하는가와 무관하게 모든 민족주의는 "우리"와 "타자"의 경계를 필요로 하며, 누구를 경계 안으로 들일 것인가를 선별하며, 경계 안으로 포함될 경우 개별성을 용납하지 않는다.

임지현은 이러한 한국사회의 민족주의를 이해하는 키워드로 "희생자의식"을 제시한다. 희생자의식을 기반으로 한 민족주의, 즉 "희생자의식 민족주의"란, 자국의 역사를 피해자의 역사로 규정하고 이를 기반으로 그 나라의 민족주의에 도덕적 정당성과 정치적 구실을 부여하는 기억 서사를 말한다. 임지현은 희생자의식 민족주의의 설득력과 파괴력이 "한 국가 내에서 지배권력의 공식 기억과 하위주체의 풀뿌리 기억이 서로 얽히며 만들어내는 긴장관계"에서 발생한다고 설명한다. "국민적 정체성을 구축함으로써 기존의 국가 질서를 재생산하려는 위로부터의 정치적 의도와, 역사의 '희생자'로 인정받음으로써 자신의 존재론적 안정성을 확보하려는 하위주체의 생존전략이 조응할 때" 그 효과가 발생한다는 것이다.[9] 비극과 불행을 강조하는 희생자의식 민족주의가 문제적인 이유는 그 내부에 감추고 있는 힘에 대한 동경이다. 이어지는 글에서 더 밝히겠지만, 제국이 되지 못하고 식민지로 전락한 민족의 회한에 기

---

9 임지현, 앞의 책, 34.

반을 둔 희생자의식 민족주의는 강력한 반식민주의로 표현됨에도 불구하고, 제국주의의 지배구도를 근원적으로 부정하는 데까지 나아가지 못하며, 탈식민주의적 성찰을 오히려 가로막는다.[10]

　희생자의식이 정치 이데올로기로 정착하는 것은 당대에 발생하기보다 그 후속세대로 이어질 때이다. 지그문트 바우만은 역사적 비극을 겪은 사회의 후속세대들이 이전 세대가 겪은 희생자의 경험과 지위를 세습하고, 이를 통해 현재 자신들의 민족주의에 도덕적 정당성과 정치적 정당성을 부여하는 정치적 메커니즘을 '세습적 희생자의식 (hereditary victimhood)'라 일컬었다.[11] 세습적 희생자의식은 필연적으로 가부장주의와 결합한다. 희생자의식을 세습하는 적자(嫡子)들, 즉 희생자의식을 정치적으로 작동하게 하는 주체는 남성이며, 그 효과에서 이득을 취하는 것도 남성이기 때문이다. 따라서 희생자의식 민족주의와 "식민지 남성성"은 불가분의 짝을 이룬다. 『한국 남성을 분석한다』에서 정희진과 권김현영이 제시한 식민지 남성성 개념은 이런 의미에서 성노예 담론에 개입하는 희생자의식 민족주의를 이해하는 데 효과적이다. 두 학자에 따르면, 한국 남성은 자신을 "보편적인 주체"로 설정하여 국가와 민족과 동일시하되, 강대국과의 관계에서는 자신을 "영원한 식민지 피해자"로 간주하며 약자의 위치에 둔다. 약자이면서 동시에 강대국에 맞서야 하는 업무를 자임하는 이 남성적 자아는, 스스로를 보존하기 위한 방

---

10 같은 책, 96.

11 Zygmunt Bauman, "Afterwards to the 2000 Edition," *Modernity and the Holocaust* (Ithaca, New York: Cornell University Press, 2000), 236; 임지현, 앞의 책, 94-95에서 참고.

법으로 자국 여성을 자원으로 삼는다.[12] 성노예 주류 담론에 개입한 식민지 남성성은 특히 여성 희생의 서사를 전유하여 강대국 일본을 비난하는 방식으로 남성성을 강화해왔다. 성노예 피해자를 순전한(innocent) 민족을 대표하는 집단적 표상으로 제시하여 비극적이고 모멸스러운 패배와 희생을 강조하는 한편, "우리"와 "타자"를 구분하는 본래의 민족주의 구도에서 더 나아가 "피해자(한국) 대 가해자(일본)," "선(한국) 대 악(일본)"이라는 이분법적 구도를 만들어 온 것이다.[13]

소녀와 할머니, 그리고 아들의 등장

한국사회 민족주의의 자아라 할 수 있는 식민지 남성성은 성노예 담론의 주도권을 장악하는 과정에서 자신의 원칙인 동질성과 배타성을 관철시킨다. 이는 성노예 서사에서 민족의 정체성 구성에 불필요한 부분을 잘라내는 서사의 편집으로 이어지는데, 그 결과는 생존자 개개인의 다양성과 욕망은 배제한 채 남성의 시각으로 재현된 생존자 이미지인 "소녀"와 "할머니" 만을 남긴 성노예 담론이다.

---

12 정희진, 「한국 남성의 식민성과 여성주의 이론」; 권김현영, 「근대 전환기 한국의 남성성」, 권김현영 엮음, 『한국 남성을 분석한다』(교양인, 2017).

13 Ulrich Schmid, "Nation and Emotion: The Competition for Victimhood in Europe" in *Melodrama After Tears: New Perspectives on the Politics of Victimhood*, ed. Scott Loren, and Jorg Mertelmann (Amsterdam: Amsterdam University Press), 281-293. 또한 Hyunah Yang, "Re-membering the Korean Military Comfort Women: Nationalism, Sexuality, and Silencing," *Dangerous Women: Gender and Korean Nationalism* (NY: Routledge, 2012).

이렇듯 비판의 여지가 많음에도 불구하고 일본군 성노예 담론에서 민족주의의 위치를 전형적이고 관습적인 남성중심주의 담론으로만 간주하기 곤란한 까닭은, 무엇보다 생존자들의 자기 인식에 끼친 영향 때문이다. 이혜령은, 「그녀와 소녀들: 일본군 '위안부' 문학/영화를 커밍아웃 서사로 읽기」란 논문에서 "[성노예] 피해가 여성집단이자 민족 집단 전체가 겪은 것이었다는 인식, 나아가 민족의식과 같은 것"이 생존자로 하여금 강인한 삶의 의지를 갖게 했다는 이해가 성노예 생존자들의 커밍아웃 서사에 깔려 있다고 주장한다.[14] 즉, 희생자의식 민족주의는 성노예 생존자들이 커밍아웃할 수 있었던 "안전판 내지 완충재"의 기능을 했을 뿐 아니라 사회의 구성원으로 스스로를 긍정하고 살아갈 수 있었던 "지지대" 역할을 해왔다.[15]

이혜령의 논문에 착안하여 내가 주목하고 싶은 것은 문학작품과 영화가 보여주는 성노예 생존자들의 형상, 그리고 이에 반응하는 남성적 자아이다. 세습적 희생자의식이 어떻게 작동하는지, 어떤 위계질서를 만들어내는지를 명확하게 드러내기 때문이다. 성노예 생존자들의 대중 서사에서 가장 유력한 형상으로 자리 잡은 생존자의 모습은 "의지할 만한 일가붙이, 남편은 물론 자식도 없는 독신"인 할머니다. 소녀 시절 성폭행을 당한 후 가족과 친지 등 친밀성을 기반으로 한 사회적 공간에서 고립된 채, 자신의 생계를 위

---

14 이혜령, 「그녀와 소녀들: 일본군 '위안부' 문학/영화를 커밍아웃 서사로 읽기」, 권보드래 외, 『문학을 부수는 문학들, 페미니스트 시각으로 읽는 한국 현대문학사』 (민음사, 2018), 175-176.

15 같은 글, 179-180.

한 활동 외에는 관계 맺기를 포기한 생존자들이 몰성화한 할머니의 형상으로 안착된 것이다.[16] 문제 해결 운동에 있어서도 어김없이 재생산되어 온 이 독신 여성 생존자들의 형상은, 세습적 희생자의식을 답습한 자식과 같은 소년/소녀들이 "할머니"라고 호명할 때, 즉 가족관계 안으로 불러들이는 자식들의 수락과 동의가 있을 때 비로소 사회 성원으로서 의미를 부여받는다 (위안부 "할머니"라는 호칭에 우리가 얼마나 집착해 왔는가!).

초기 위안부 문학인 윤정모의 『에미 이름은 조센삐였다』(1990), 노라 옥자 켈러의 『종군 위안부』(1997)에서는 이러한 식민지 남성성이 세습되는 과정, 즉 일제강점기의 무력한 아버지에서 독점적인 아들로 권력이 전환되는 과정에서 성노예 생존자들을 가부장적 질서 안으로 호명하는 방식이 좀 더 구체적으로 묘사된다. 이 두 작품에서는 생존자들이 누군가의 어머니로 등장한다. 흥미로운 것은 식민시대 가부장적 주체가 생존자에 의해 살해되거나(『종군 위안부』), 혹은 생존자가 해산하던 날 달아나 버린 후 피해의식에서 벗어나지 못하고 술로 인생을 탕진하다가 자폭하고 마는, 가부장으로서의 자격과 권력을 박탈당한 "남편" 혹은 소설 화자의 "아버지"로 묘사되고 있는 것이다.[17] 생존자 여성은 혈육의 아버지로부터 내쳐진 후, "남편"이라는, 자신의 몸에 대한 지배자이자, 상징체계의 관장자인 남성과의 관계도 단절된 채 가부장의 부재 상태에서 살아왔

---

16 같은 글, 187-189.

17 Nora Okja Keller, *Comfort Woman* (NY: Penguin Books, 1998); 윤정모, 『에미 이름은 조센삐였다』(당대, 2005).

다. 이들이 커밍아웃하는 대상은 각각 딸(『종군 위안부』)과 아들 (『에미 이름은 조센삐였다』)인데, 자식들이 수행하는 절체절명의 과제는 어머니와의 화해다. 즉, 생존자들은 자식들과의 관계 회복을 통해서만 가부장 문화의 상징체계로 재진입할 자격이 주어진다. 무력한 아버지들로 인해 초래된 어머니의 불행한 과거에 상처받은 자식들은 자신의 정체성을 자각한 후 분노하고 고통스러워한다. 그러나 결국 어머니를 가족의 일원으로 받아들이며 부모에 대한 열등의식에서 해방된다. 힘센 이방인들에 의해 거세된 무력한 아버지의 자리에 아들이 들어선 것이다. 물론 여기서 아들이란 가부장 체제 내 권력의 위계에서 아들의 위치를 의미하는 상징적 표상이며 생물학적, 실질적 의미에서 아들을 의미하지는 않는다.

이 오이디푸스적 드라마의 주인공인 아들은 정희진과 권김현영이 묘사하는 식민지 남성성과 많은 부분 겹치면서도 차이를 보인다. 이들은 아버지 세대와 마찬가지로 스스로 가족(민족, 또는 국가)을 대표하는 보편적 주체로 인식하고, 아버지가 그랬듯 자신을 역사 속의 희생자로 설정하지만, 이들에게 상처를 입힌 자들은 강대국뿐 아니라 무력한 아버지이기도 하다. 따라서 식민지의 아들은 외세에 저항해야 하는 외적 임무와 더불어, 가족을 다시 일으켜야 하는 내적 임무를 자처한다. 이 두 가지 임무를 위해 아들은 우선 유기된 어머니를 구원하고 무력한 아버지와 화해하는 내적 통합을 이루어야 한다. 이러한 임무를 수행하는 식민지의 아들은 아버지처럼 피해의식에 시달리거나 자폭할 수 없다. 대신 거대한 나르시시즘, 이상화된 자신에 대한 자기애적 성향을 방어기제로 장착한다.

이러한 식민지의 아들이 어떤 모습으로 드러나는지 보자. 이들은 희생자의식을 세습했지만 더 이상 아버지와 같은 무력한 주체로 남고 싶지 않다. 고통의 기억은 전유하되, 힘을 통해 과거의 기억을 새로 쓰고 싶다. 이들은 주목받고 싶어하고, 자신에 관해 이야기하고 싶어 노심초사하며, 자신에 대한 칭찬을 과장하고("국뽕"), 자신이 가장 옳다고 생각하기에 충고하기 좋아한다. 자아를 유지하고 확장시키기 위해 자신의 생각에 동의하는 이들하고만 어울리며, 자신에 대한 비난을 공격으로 받아들이고, 동의하지 않는 이들을 파괴한다. 종종 가족의 과거를 언급하는 것을 보면 마치 반성과 성찰을 할 수 있는 것처럼 들리지만, 정작 이들이 비판하는 것은 아버지이지, 자기 자신이 아니다. 이들이 만드는 서사에 특징적인 것은 자신의 성장과 통합을 위해 모든 것이 희생되어도 좋다고 생각하는 것이다. 특히 자국 여성의 역할은 자신을 대신하여 생계와 육아를 책임지는 동시에, 끝없이 자신을 격려하고 실수는 용서하고 때로는 자신을 대신해 비판자들과 싸워 주어야 한다. 자신의 목적에 부합할 경우 그는 여성을 숭상하기도 하고 자신의 대리자로 내세우기도 하지만, 다른 한편 끊임없이 그 여성들을 관리하고 통제하며, 성적으로 착취하며, 목적에 부합하지 않는 여성들을 자신의 가족질서 밖으로 밀어내고 공격한다. 이 아들의 얼굴을 한 민족주의 남성 자아가 성노예 담론에서 자신의 존재를 각인시키고 담론을 장악하는 방식은 페미니즘을 주변으로 밀어낸 과정과 생존자들의 형상을 다루는 태도뿐 아니라, 현실 민주주의에서 자신의 패권을 장악하는 방식을 통해서도 재현된다.

아들의 어머니, 어머니의 아들

희생자의식 민족주의 담론이 페미니즘 담론을 주변화시킨 과정은 상징적으로나 실질적으로 아들이 자신의 욕구를 위해 어머니를 전유하는 과정, 즉 어머니의 욕망과 주체성과 독립된 삶의 공간을 박탈하는 과정이다. 성노예 운동의 초기부터 이러한 현상이 발견되었고, 페미니스트들은 이 문제를 지속적으로 비판해왔다. '또문' 그룹의 멤버였던 김은실은 94년에 발표한 논문에서 여성운동이 "민족주의의 헤게모니적 담론을 통해 군 위안부 여성의 경험을 읽는 것"에 대해 비판하고, 위안부 담론에서 "다양한 욕구와 개별적 주체성을 가진 개인"으로서의 위안부 생존자들의 목소리가 잘 드러나지 않는다고 주장한다.[18] 재일 조선인 여성학자 야마시타 영애는 한국의 성노예 문제 해결 운동이 민족운동으로 전개되었던 과정에서 여성의 성에 대한 이중 잣대, 즉 "순결한 소녀"와 "매춘부"를 넘어서지 못한 한계를 지적하고, 그로 인해 민족적 수난과 단순히 등치 될 수 없는 성폭력 피해에 대한 치유과정을 거치지 못했음을 토로한다. 성노예 문제 해결을 위해서는 일본에 대한 투쟁뿐 아니라 한국 내 가부장제와의 투쟁도 반드시 병행되어야 한다고 주장하는 것이다.[19] 이들의 주장은 페미니스트들을 중심으로 지식인 사회 내에서는 논의되었지만, 운동으로 이어지지 못했다. "아들"들이 거부했기 때문이다.

---

18 김은실, 「민족주의 담론과 여성: 문화, 권력, 주체에 관한 비판적 읽기를 위하여」, 『한국여성학』 10집, 18-52.

19 야마시타 영애, 박은미 옮김, 『내셔널리즘의 틈새에서: 위안부 문제를 보는 또 하나의 시각』(한울 아카데미, 2012).

페미니즘 담론 중 아마도 가장 치열한 논쟁을 불러온 것은 일본의 페미니스트 이론가 우에노 치즈코의 주장일 것이다. 우에노 치즈코는 한국의 성노예 문제해결 운동이 성노예 동원 과정에서 강제와 임의성을 구분했다는 것을 문제시한다. 우에노 치즈코에 따르면, 강제 동원이냐 자발적 매춘이냐를 묻는 것은 전시 성폭력의 구조적인 문제를 간과하는 것이다. 한국의 운동은 또한 이 구분을 한국인 성노예 대 일본인 성노예로 나누어 자민족 중심주의를 강화했고, 이는 타민족 피해자와 한국여성 사이를 분리하고 여성의 연대를 가로막는 결과로 이어졌다.[20] 우에노 치즈코의 주장은 한국 여성학자들의 호응과 지지를 얻었지만, 전쟁 가해국과 피해국, 제국과 식민지 간 위계와 민족 차별을 배제하고 여성연대라는 측면만 강조되는 것으로 해석되어 많은 비판을 받기도 했다.[21] "강제로 끌려간 순결한 소녀"라는 단일한 형상을 축으로 삼는 한국의 민족주의 성노예 담론에 강제성이 불분명한, 그것도 적국 일본 출신 위안부들의 경험이 포함될 여지는 없었다.

페미니스트 시각으로 쓰인 글이라 간주하기 곤란하지만, 희생자 의식 민족주의 담론이 다른 담론을 제압하는 과정에서 가장 극렬한 폭력성을 드러낸 것은 2013년 박유하의 『제국의 위안부』출판이 불러온 논쟁이다.[22] 사실 책 자체는 제국주의 전쟁, 성노예 제도, 식

---

20 우에노 치즈코, 이선희 옮김, 『내셔널리즘과 젠더』(박종철 출판사, 1999), 99-100.

21 배상미, 「위안부 담론의 페미니즘적 전환의 필요성」,『여/성이론』 31권 (2014), 275.

22 박유하, 『제국의 위안부: 식민지지배와 기억의 투쟁』(뿌리와 이파리, 2015), 5-9.

민국가 민중과 피식민 국가 민중의 차이에 대한 관점 면에서 여러 가지 문제점을 포함하고 있지만, 내가 주목하고 싶은 것은 내용 자체가 아니라, 이 책이 논쟁의 중심에 놓이게 된 과정이다.[23] 박유하에 대한 치열한 인신공격과 마녀사냥으로 이어진 이 사건은, "성노예 문제 해결을 위한 정의" 대 "학문적 자유"를 둘러싼 진영 다툼으로 비화한다.[24] 결과적으로, 2017년 10월 생존자들에 대한 박유하의 명예훼손을 유죄로 인정한 항소심의 판결을 비판하며 김영규가 말했듯, "앞으로 신변의 해를 입지 않으려면 주류 집단에서 '올바르다'고 인정한 역사 인식만 따라야 하는" 상황으로 귀착되고 만다.[25] 책에 대한 진지하고 학술적인 논의 자체가 불가능한, 오로지 찬반의 구도만 남은 거친 감정싸움이 되어버린 것이다. 이렇듯 『제국의 위안부』 논쟁은 한국사회에서 민족주의가 갖고 있는 사회 권력의 위세를 압축해서 보여준다. 책이 갖고 있는 학술적 가치는 차치하고, 『제국의 위안부』를 둘러싼 논쟁은 성노예 담론에 있어 가장 문제적인, 다른 시각과 의견을 용납하지 않는 배타성과, 획일적인 역사 해석과, 윤리적 이분법의 구도를 확연히 드러내고 있다.[26]

---

23 「위안부 해법, 일본 정부는 물론 한국의 민족주의도 걸림돌」 경향신문, 2013년 8월 9일; 「또 다른 위안부 시각…불편한 재인식」 서울신문, 2013년 8월 9일; 「위안부의 반쪽 진실…가려진 절반을 들추다」 2013년 8월 10일 「'위안부=비극의 소녀상' 뒤집는 두 가지 시선?」 프레시안, 2013년 9월 16일 등.

24 고은광순, 김요섭 외, 『제국의 변호인 박유하에게 묻다』(말 출판사, 2016).

25 법원은 생존자들의 호소를 받아들여 책의 내용 중 문제가 된 부분을 삭제하지 않으면 출판을 할 수 없다는 판결을 내렸고, 2017년 10월 27일 항소심에서는 생존자들에 대한 박유하의 명예훼손을 유죄로 인정했다. 「2년 넘게 '제국의 위안부' 박유하 재판 중…유독 재판 긴 이유는」 세계일보, 2019년 11월 16일.

26 「박유하 '사법적 단죄' 경계… '다른 생각의 권리 보호돼야': 『제국의 위안부』 박유하 소송 지원 모임 출범」 프레시안, 2017년 12월 7일.

이 과정에서 주목해야 할 것은 생존자의 목소리가 가지는 권위다. 『제국의 위안부』 논쟁의 촉발점이 된 것은 2014년 6월, '나눔의 집'에서 생활하는 생존자 9명이 이 책이 자신들을 매춘부, 일본군 협력자 등으로 매도하였다고 판단하여 법원에 제출한 출판금지 가처분 신청이다. 생존자들의 목소리가 여론 형성에 직접적인 영향을 끼치는 권력으로 표현되기 시작한 것이다. 생존자들은 성노예 문제 해결 운동 30년 동안 지난한 인정투쟁의 시간을 보냈다. 사회 구성원으로 받아들여지지 않았던 비존재로 출발한 생존자들은 자신이 피해자라는 것을 증명하기 위해 분투했고, 민족주의 담론의 지원을 받으며 비소 자신의 피해 사실을 민족적, 국가적 피해로 각인시켰다. 이 과정에 개입한 식민지의 "아들"은 생존자들을 "어머니"로 받아들이는 동시에 그들의 기억을 편집하고 삶의 공간을 통제한다. 아들이 어머니를 받아들일 수 있는 근거는 거의 모든 모성 신화가 그렇듯 어머니가 아들의 영달을 위해 모든 희생을 감수한 피해자로 존재할 때에 성립될 수 있다. 어머니의 "피해자다움"이 곧 어머니의 정체성이 되는 것이다. 피해자는 피해자일 뿐 다양한 욕망을 가진 인간으로 이해될 수 없다. 더구나 일본군 위안부제도와 같은 국가적 폭력의 피해자/생존자들은 가해자들의 잔혹함을 입증함으로써 정당성을 확립하게 되고, 그 과정에서 피해 당사자는 한없이 불쌍해지고 비참해져야만 한다. 본인이 원했건, 원하지 않았건, 폭력의 희생자로 살아가는 것 외에는 일상의 행복을 영유할 수도, 다른 정체성으로 살아갈 수도 없다. 아들의 정체성은 어머니의 고통과 밀접하게 관련되어 있다. 어머니의 고통은, 그 고통을 대신 설복하고자 하는 아들의 모든 보상 욕구를 정당화하며 아들을 영웅으로 표상하는 데 결정적인 역할을 한다. 이 와중에 어머니는 피해자라는 자신의 내러티브에 갇히고 만다. 피해자라는 정체성 밖, 어머니의 시간을 이루는 모든 이야기들은 불필요하다. "아버지/남편"으로부터 버려진 후 성폭력 피해자임을 차마 밝히지 못한 채 살아왔던 어머니의 시간, 그 시간 속에 어머니가 맺어 온 관계들은 아들의 성장에 아무런 도움이 되지 않을뿐더러, 그 시간에 의미를 부여할 사회적 상상력 또한 아들에겐 없다. 어머니는 아들을 위해 존재할 뿐이다. 아들은 어머니의 희생을 자신의 존재 의미와 동화시키고, 어머니의 목소리 또한 자신의 목소리와 동화시킨다. 당사자인 어머니 또한 사회적 구성원으로서 자신의 정체성을 담보하는 아들의 호명을 받아들이고 자신의 기억과 정체성을 단일화한다. 희생자의식 민족주의의 폐쇄회로 속에서는 성노예 생존 여성이 "아들의 어머니"로서 가족질서 안으로 편입하는 것 외에 홀로, 혹은 다른 여성과의 연대를 통해 살아갈 수 있는 가능성은 봉쇄되어 있기 때문이다.

스스로 기획하고 감독한 "화해"를 통해 어머니와의 관계가 완전히 회복되었다고 믿는 아들은 어머니를 진리의 살아있는 담보자로 내세우며, 어머니에게 담론의 진위를 판단할 "판결자"의 권위를 부여한다. 한국사회에서 일본군 성노예 문제 해결 운동이 갖고 있는 독특한 지위는, 성노예 서사가 희생자의식 민족주의와 결합하는 과정에서 당사자가 바로 이 "판결자"의 지위를 획득했다는 것이다. 아마도 한국사회 피해자/생존자 중심 운동 중 유일한 예가 아닐까 싶다. 30년 동안의 인정투쟁으로 얻어낸 성과이기도 하지만, 위안부 피해자라는 정체성 외에 다른 모든 삶의 기회를 반납한 결과이기도 하다. 이렇듯 어머니의 희생서사가 아들의 성장서사와 합체되는 과정을 통해 일본군 성노예 서사는 민족과 국가의 서사가 되었고, 도전을 받지도 질문의 여지를 둘 수도 없는 "성역"으로 자리 잡게 되었다. 기억의 다양성을 되살리려는 시도와 고통의 의미에 대한 새로운 평가를 내리려는 시도는 모두 신성모독의 행위로 간주된다. 회색지대를 허락하지 않는다. 오직 민족과 반민족, 정의와 불의, 양심과 비 양심의 이분법이 존재할 뿐이다. 중간의 목소리는 억제되거나 무시되거나 파괴된다. 그 기준의 중심에는 고통의 상징인 희생자가 있다. 이 이분법이 깨어진다면 담론 전체가, 진실 자체가 무너질 것처럼 인식되어왔기 때문이다.

이러한 아들의 목소리, 즉 희생자의식 민족주의를 모든 것을 자신의 성장사로 통합하는 나르시시스트적 남성성은 물론 성노예 담론 밖에서도 발견된다. 그 이전에도 존재했지만 2019년 대중의 반일 보이콧 행동으로 급진화한 저항적, 자생적 대중 민족주의와 맥락을 같이 하며 아들의 목소리는 한국사회 민주주의에 큰 영향을 끼치고 있다. 참여 방식과 구성원 측면에서 새로운 형태를 보이는 이 민족주의는 정부 주도의 관변, 관제 민족주의와 상보적이기도 하지만, 때로 정부 주도의 민족주의를 도전하고 견인하기도 한다.[27]

---

27 문희상 국회의장이 한일관계 회복을 명목으로 일제 강제 동원 피해자 관련 법안을 발의하자 발족한 600여 개 시민사회단체 연합의 "아베 규탄 시민 행동"을 예를 들 수 있겠다. 다수의 "위안부" 관련 단체가 이 반대 행동에 함께했다. 이 행동은 일본제품에 대한 불매운동으로 발전했다. 참고: 아베 규탄 시민 행동 페이스북 (https://www.facebook.com/NOabeaction/). 천정환, 「3·1운동 100주년의 대중 정치와 한국 민족주의의 현재」, 『역사비평』(2020, 2), 26:47.

"보수"와 "진보"를 아울러 폭넓은 계층의 지지를 받고 있는 이들의 정서를 지배하는 것은 과거와 같은 종족적, 피해자적 반일 민족주의, 박정희 세대로 대변되는 "아버지 세대"의 민족주의 정서가 아니다. 이 새로운 형태의 민족주의는 피해와 희생의 기억을 간직하고 있지만, 스스로를 비관하기보다 통합과 번영과 성장을 위한 새로운 임무에 고취되어 있는 "아들"로서, 아버지 세대와는 다른 "대중의 새로운 집합적 자아상, 국가상"을 보이고 있다.[28] 인권의 문제에도 적극적이고, 중국, 홍콩 등 이웃 아시아 국가의 민주주의에도 관심을 보이는 등 신축성을 갖고 있다. 이들은 심지어 "개딸"로 불리는 열정적인 여성 지지층도 거느리고 있다. 그러나, 이들 정서의 주축을 이루는 것은 권력에 대한 집착과 동경이다. "우리가 경제에서나 정치에서나 일본보다 약하지 않을 뿐 아니라 더 나은 나라여야 한다"거나 "현해탄 콤플렉스 없는 세대가 사태의 주역"이라는 과시적, 자기중심적 자아가 자리 잡고 있다.[29] 자신의 능력과 잠재력에 도취 되어 있는 이들은 스스로의 번영과 성장과 통합을 위한 것이라면 무엇이라도 옹호되어야 하고 어떤 희생도 감내해야 한다고 생각하며 다른 의견을 억압한다. 늘상 긴박한 위기의식을 일으키며 일체성과 동질성을 강조한다. 희생자의식 민족주의에 기반을 둔 성노예 서사는 이 거침 없는 "아들"의 어머니로서, 아들의 입지를 보좌하고 있다.

---

28 천정환, 8-51.

29 장석준, 「노회찬의 제7공화국 구상을 돌이켜본다」, 프레시안(2019. 8. 12); 천정환, 27.

"아들의 어머니"가 아닌 여성으로서의 성노예 서사: 경험과 삶이 교차하는 글쓰기

이렇듯 아들과 어머니의 서사가 장악하고 있는 성노예 담론에 개입하고 균열을 일으킬 수 있는, 그리하여 다른 목소리와 앎이 자리 잡을 틈새를 만드는 글쓰기는 어떤 글쓰기일까. 생존자들과 함께 활동하던 시절의 기억을 돌아보게 된다. 당시만 해도 인권운동 단체 내에서 정책과 기획을 담당하는 실행위원들과 사무를 처리하는 실무자들 사이의 위계가 엄해, 말단 간사였던 내가 했던 일은 주로 활동의 손과 발이 되는 것들이었는데 내 나름 유난히 애착을 갖던 일이 있었다. 생존자들과 함께 글을 쓰던 일이다. 증언 구술 작업은 물론 전문가들의 역할이었고, 나는 생존자들이 활동가들과 함께 했던 소소한 기억들을 이야기로 엮어 "정대협 야사"라는 제목으로 소식지에 연재하는 일을 맡았다. 소식지를 조금 덜 심각하고 덜 지루하게 만들기 위해 시작한, 전혀 대단하지 않은 글을 쓰며 생존자들과 대화하고 그들의 경험과 삶에 내 언어를 교차시키는 일이 나는 즐거웠다. 정대협에 무슨 "야사"가 있느냐는 반대에 부딪혀 그나마 몇 편 쓰지도 못했지만, 그 글을 쓰면서 나는 그분들을 "성노예 피해자/생존자"라는 표상 너머, "아들의 어머니"가 아닌 한 여성, 다양한 얼굴과 마음의 결과 욕망을 가진 한 인간으로 만났다. 그 고단한 삶들의 뒷전, 못다 한 말의 무게와 하지 못할 말의 쓰라림에 함께 부대끼며 말이다.

아득하게 기억으로 남아있는 "야사"를 떠올리며, 또 이제껏 많은 페미니스트 담론과 글쓰기가 해 온 시도에 늦게나마 숟가락을 얹으며, 경험의 교차, 삶의 교차를 통한 글쓰기를 위안부 담론의 글쓰기로 제안한다.[30] 미셸 푸코는 "파레시아"라는 개념을 통해 글쓰기와 진실의 관계를 고찰하였는데, 파레시아는 "모든 것을 말하기" "거리낌 없이 말하기" "진솔하게 자기 자신을 표현하기"를 의미하는 그리스어로,[31] 진실을 그저 알 뿐 아니라, 진실을 말하는 행위를 통해 진실과 관계를 맺고 스스로를 형성하는 행위를 일컫는다.[32] 즉, 파레시아는 규율 권력의 예속과 억압에 저항하여 주체가 자기 자신의 삶과 적극적으로 관계를 맺고, 그것을 일종의 예술로 구축하는 윤리적, 미학적 실천이자 삶의 방식이다. 직접 언급을 하지는 않았지만, 푸코의 파레시아는 예수, 사도들,[33] 또 중세 신비가들의 발

---

30 여기서 "자기-배려"란 푸코의 개념을 차용한 것이다.

31 미셸 푸코, 심세광, 전혜리 옮김, 『담론과 진실』(Discourse Et Verite-La Parrēsia)(동녘, 2018). 파레시아는 "모든, 전체"를 뜻하는 pan과 "말"을 의미하는 rhesis의 합성어이다.

32 푸코에게 진실이란 의미에 관한 형이상학적 판단에 의해 결정, 접근될 수 있는 대상이 아니다. 절대적 진실과 같은 것이 존재하는 것이 아니라 인간관계의 여러 층위에서 규정된 하나의 지식일 뿐이다. 어떤 것이 진실로 인정되면 그에 따라 권력 관계가 탄생하게 진실은 이러한 권력 관계의 네트워크 속에서 영향력을 발휘한다. 따라서 진실을 말하기인 파레시아 또한, 담론 권력과 연결되어 있는 진실을 둘러싼 사회 구성원들의 실천과 행동의 문제이며, 사회적, 공동체적, 정치적 역학관계와 분리하여 사고될 수 없다.

33 신약성경에서 파레시아라는 용어는 30번, 파레시아조마이(parrhesiazomai) 동사는 9번 사용된다. H. Schlier, "parrhesia", in Grande Lessico del Nuovo Testamento IX, 891 이하; 엔리코 카타네오,「"파레시아": 초기 그리스도교에서의 말의 자유(《PARRHESIA》: La Liberta Di Parola Nel Primo Cristianesimo)」, 안봉환 옮김. La Civiltà Cattolica 2017 III 519-533 |4009 (1/15 luglio 2017), 61에서 재인용.

언 형식과 닮아있지 않을까 싶다.[34] 실제로 마르코복음은 예수가 처음으로 수난을 예고하는 장면과, 베드로가 예수를 그리스도라고 고백하는 장면에서 파레시아라는 용어를 사용한다(마르 8,32; 요한 11,14; 16,25.29;18,20). 사도행전의 박해상황에서 사도들이 복음을 전하는 장면도 이 용어를 통해 묘사되었다. (사도행전 4:31) 신약성서에서 파레시아는 "분명하게" "명백하게" 담대하게 "드러내 놓고"라는 뜻으로 번역되었다.[35]

솔직함과 담대함을 요구하는 파레시아는 도발적인 말로 듣는 이들의 확신에 균열을 일으키고, 사회적 합의의 정당성을 정초하는 원칙들을 뒤흔드는 것이지만, 상대를 중상모략하거나 내부를 교란시킬 목적으로 사용되는 마타도어, 자극적이고 감정적인 변설로 대중을 혼란스럽게 하는 데마고그와 다르다. 파레시아에는 반드시 "자기 배려"라는 윤리가 뒤따라야 하기 때문이다. 이 자기 배려는 단순히 자기 내면에 주의를 기울이고 자신의 에고를 확장시키는 자조(self-help)가 아니다. 올바르게 자신의 삶을 운용하기 위해, 합리적이고 정의로운 원칙들을 마련하기 위해, 또 스스로를 제어하고 변화시키기 위해 도전과 시련을 자처하는 것을 의미한다. 그런 의미에서 파레시아는 말하는 용기뿐 아니라 듣는 용기를 의미하기도 한다. 상호 관계 속에서 수행하는 파레시아는 자기중심적이고

---

34 단, 사도들과 신비가들의 경우 논란의 여지가 있을 수 있다. 신비가들과 사도들은 자신의 의견을 말한다기보다 신에 대한 신뢰로서의 파레시아에 더 높은 가치를 부여했기 때문이다. 또한 많은 신비가들은 자신의 신비체험을 전달하는 과정에서 수사적이건 실질적이건 "mouth piece"의 역할을 자처했다.

35 엔리코 카타네오, 61-62.

동어 반복적인, 안정적이고 안락한 나르시시즘에 갇히는 것을 막아주며, 자기 배려를 통해 타자와의 관계와 자기와의 관계를 균형적으로 맺을 수 있도록 주체를 단련한다.

푸코의 파레시아 개념에서 내가 주목하고 싶은 것, 특히 성노예 담론과 관련한 글쓰기에 필요하다고 생각하는 것은 진실을 "실존(bios)"의 문제와 연관하고 있다는 점이다. 파레시아로서의 글쓰기는 글이 갖고 오는 정치적 효과보다 글 쓰는 이의 삶을 담보로 한다. 글쓰는 이는 자신의 삶을 견고하게 가꾸어 왔는가, 자신의 고유한 삶에서 비롯된 말과 글을 벼리어 왔는가, 그것을 타인 앞에 내어놓을 자신이 있는가, 그 글을 통해 타인뿐 아니라 자기 자신도 도전할 수 있는가, 그 글과 일치하는 삶을 살아 낼 수 있는가를 스스로에게 끊임없이 물어야 한다. 그런 의미에서, 이제 다시 길을 모색하는 성노예 담론의 글쓰기는 아버지로부터 아들로 이어지는 희생자의식 민족주의, 식민지 남성성의 사회적 권력으로부터 벗어나 글 쓰는 이 자신의 고유한 삶의 자리와 경험으로부터 출발해야 할 것이다. 누군가의 대리자가 되거나, 누군가의 판결을 두려워하거나, 누군가가 휘두르는 사회적 권력에 호응하여 자신의 고유성을 포기하는 것이 아니라, 자신의 삶과 깊숙이 관계하여, 그렇게 만들어진 자신의 몸과 말/글을 성노예 담론과 만나게 하는 글쓰기 말이다.

삶을 담보하는 글쓰기, 글쓴이의 삶의 자리로부터 출발하는 글쓰기, 글을 통해 자신의 실존적 영토를 재정립하고 스스로의 고유성을 재발견하는 글쓰기를 통해 성노예 담론은 성노예 생존자들의 경험과 지금·여기를 살아가는 여성의 경험을 교차시킬 수 있을 것이다. 생존자들이 경험한 국가와 사회권력에 의한 성폭력을 오늘날 권력과 위계에 의한 성폭력과 연결하고, 생존자들이 성폭력 피해 자로서, 또 독신·여성·노인으로서 이 사회의 비존재로 살아온 삶을 지금 여기의 수많은 비존재들의 삶과 연결하고, '나비기금'의 이름 으로 이미 진행되어 온 전시 성폭력 피해자들에 대한 지원을 단지 기금 전달 차원이 아니라 담론의 확장으로 이어지게 하면서 말이 다. 또 위안부 생존자들의 이야기가 글로벌 반전 반폭력 운동에 어 떤 영향을 끼치고 있는지, 전시 성폭력으로 삶을 박탈 당하는 여성 들에게 어떤 의미가 되어왔는지 끊임없이 종으로 횡으로 확장하면 서 말이다. 이 과정에서 성노예 담론의 파레시아는 감추어져 있던 위기의 계보를 드러내고, 기억의 확장과 다양화를 도모할 수 있으 며, 지금 여기를 살고 있는 우리의 몸과 시간을 통해 수행적으로 재 구성될 수 있을 것이다.

이렇게 위기를 통해 기로를 모색하는 성노예 담론의 "운동성"이 란 성취와 통합보다 오히려 이제껏 안정적으로 현전해 온 토대에 균 열을 만들어내는 것이어야 할 것이다. 힘을 통해 강자가 되어야만 변혁이 가능하다는 수직적 사고방식을 버릴 때 우리는 비로소 고 통의 역사를 이해하고 그 너머의 세계로 향하는 미래를 바라볼 수 있다. 이러한 비전은 현실의 언어와 부딪히고 협상하고 대면하는 지 난한 삶의 투쟁을 통해서만 가능하다. 그러기 위해서는 나 자신의 위치, 나 자신의 고유한 "바닥"과 밀착하는 것으로부터 시작해야 할 것이다.

4부

민중신학과 평화

최형묵 (천안살림교회)

시작하는 말

사상과 양심의 자유는 인권의 요체로서 민주주의 사회에서 당연히 보장된다는 것이 상식이다. "국가는 개인이 가지는 불가침의 기본적 인권을 확인하고 이를 보장할 의무를 지닌다."(헌법 제10조) 대한민국의 헌법 역시 이를 명문화 해 두고 있다. 그러나 우리 사회에서는 '빨갱이' 또는 '종북'으로 낙인찍히는 순간 그 상식이 무용지물이 되고 마는 또 다른 '상식'이 통용되고 있다. 반공주의를 전면에 내세운 분단국가 체제를 합법적으로 뒷받침하는 수단으로서 국가보안법이 존재하기 때문이다. 1948년 제정된 이래 국가보안법은 국가의 시책에 이견을 제시하고 저항하는 이들에게 무시무시한 족쇄가 되어왔을 뿐 아니라 양심과 내면의 자유까지 속박하는 엄청난 위력을 지녀왔다.

처음에 그것은 분단체제 하에서 권위주의를 유지하는 임시적이고 부수적인 장치로 여겨졌지만, 실제로 그 효과는 그 기대와는 전혀 달랐다. 정치적 민주화가 진전되고 남북관계가 개선되는 상황에서도 민중운동과 통일운동을 제약하고 사상을 통제하는 장치로서 위력을 발휘해왔다. 그것은 사회적 운동을 제약하는 것뿐만 아니라 학문과 예술 활동 전반을 통제하였고 사람들의 내면세계를 규율해왔다. 국가보안법은 1987년 민주화 이후 몇 차례의 존폐논란을 겪으면서도 2023년 오늘까지 건재하며 여전히 강력한 위력을 발휘하고 있는 중이다.

오랫동안 국가보안법에 대한 연구는 제대로 이뤄질 수 없었다. 그에 대한 연구 자체가 그 법의 위반으로 간주될 수 있는 소지를 안고 있는 만큼 쉽사리 접근하기 어려운 금기사항이었기 때문이다. 게다가 그 법이 적용된 사례와 관련된 자료들을 쉽사리 접근할 수 없었던 점도 연구에 어려움을 더하는 한 요인이었다. 1987년 민주화와 1990년대 초반 북방정책과 남북관계의 진전으로 비로소 국가보안법의 의의를 재조명할 수 있는 환경이 조성되었다. 1990년 전후 선구적인 연구[1]와 또한 1990년 처음 시작된 헌법재판소의 위헌심사 절차가 진행되는 과정을 통해 그 법리상의 문제점은 비로소 본격적으로 검토되었다. 이후 법조계와 법학계를 중심으로 여러 연구들이 축적되어 왔고, 근래에 이르러서는 민주화를 위한 변호사모임에서 발간한 저작들에서 그 법리상 문제점들이 본격적으로 다뤄졌다.[2]

놀랍게도 국가보안법에 관한 신학적 논고는 찾아보기 어렵다. 분

---

1 박원순, 『국가보안법 연구 1: 국가보안법 변천사』 (서울 : 역사비평사, 1994)[증보판], 『국가보안법 연구 2: 국가보안법 적용사』 (서울 : 역사비평사, 1992), 『국가보안법연구 3: 국가보안법폐지론』 (서울: 역사비평사, 1992) 참조.

2 민주사회를위한변호사모임, 『헌법 위의 악법: 국가보안법을 폐지해야 하는 이유』 (서울 : 삼인, 2021), 『헌법 위의 악법 2: 국가보안법, 폐지가 답이다』 (서울 : 삼인, 2022) 참조.

단국가 체제를 강고하게 유지해온 장치로서 국가보안법에 대한 신학적 논고를 찾아볼 수 없는 이례적인 사태를 어찌 이해해야 할지 탐구하는 것 자체가 하나의 연구 주제가 되지 않을까 싶을 정도이다. 친미 반공 분단국가의 형성과 전개 과정에 대중을 반공 이데올로기에 통합시키는 역할을 맡았던 교회[3]의 입장에서는 그렇다 하더라도 민중신학의 입장에서도 이에 관한 기왕의 논고가 없다는 것은 뜻밖이다. 국가보안법 위반 혐의로 법정에 서야 했던 많은 청년학생들이 신앙의 논리로 스스로를 변호해야 했던 현실을 생각하면 더더욱 이례적이다. 분단체제를 비판하면서도 내면까지 장악한 강박 규율을 미처 떨쳐내지 못한 탓일까? 공연한 상상만은 아니다. 실제로 반공주의의 금기를 넘어서는 것은 간단한 일이 아니었다. 신학자들도 그 금기의 한계를 늘 의식해야 했고[4] 그것을 넘어섰을 때는 여지없이 국가권력의 서슬 퍼런 칼날을 맞을 수밖에 없었다. 예컨대 1988년 KBS 〈심야토론〉에서 홍근수 목사가 "공산주의가 왜 문제입니까?"라고 했던 발언은 곧바로 국가보안법 저촉 사유가 되었다. 그 사유를 포함하여 그 밖의 다른 활동이 국가보안법을 위반했다는 이유로 그는 1991년 구속되었다. 이전의 권위주의 체제하에서의 사정과 달리 1987년 민주화 이후 그리고 1990년대 초반 남북교류의 진전이 이뤄진 상황에서도 그와 같은 일이 벌어졌으니, 여전히 한계를 넘어서면 안 된다는 강박관념이 은연중 작동하고 있었

---

3 강원돈, 「한국교회에서의 지배이데올로기의 재생산」, 한국산업사회연구회 편, 『한국사회와 지배이데올로기』(서울 : 녹두, 1991), 375-376.

4 서남동, 『민중신학의 탐구』(서울 : 한길사, 1983), 197.

는지 모르겠다.

어찌 되었든 그간 국가보안법에 대한 신학적 논고가 이뤄지지 않은 상황 가운데서, 이 글은 그 논의를 시작해보려고 한다. 앞서 말했듯, 국가보안법이 지닌 법리상의 문제점에 대해서는 이미 법조계와 법학계에서 상당한 검토가 이뤄졌다. 이 글은 그 결과들을 참고하면서 이에 대해 신학적으로 접근할 때 특별히 어떤 점을 주목해야 할지 유념하고자 한다. 신학적 입장에서 이에 대해 접근할 때 오늘날 더는 신학적 과제로서 회피할 수 없는 보편적 인권에 대한 인식을 바탕으로 할 수밖에 없다. 이 글은 먼저 그 입장을 분명히 밝힌 후에, 국가보안법이 지닌 문제점들을 간략히 재확인하고, 이어 법치주의와 인간 존엄의 관계를 고찰한 후 결론에 이르고자 한다.

보편적 인권과 그리스도교 신학

보편적 인권에 대한 신학적 근거

보편적 인권의 요구를 그리스도교의 입장에서 어떻게 수용할 것인가 하는 것은 중요한 신학적 쟁점이 되어왔다.[5] 근대 계몽주의의 대두 및 정치적 혁명과 더불어 제기된 보편적 인권에 대해 그리스도교 신앙의 입장에서 처음부터 선뜻 수용하기 어려워했던 국면이 있었던 것은 사실이다. 근대 세계에서 비로소 형성된 '인권'이라는

---

5 이에 관한 상세한 논의는 최형묵, 『한국 근대화에 대한 기독교윤리적 평가 : 산업화와 민주화의 모순 관계에 주목하다』 (서울 : 한울, 2015), 72-112 참조.

개념과 그 문제의식이 전통적 신학의 입장에서는 낯설었기 때문이다. 또한 프랑스혁명 등 근대적 인권 개념을 형성한 일련의 정치적 혁명들이 지닌 반그리스도교적 성격 또한 그에 대한 거부감을 불러일으키는 요인이 되기도 하였다.

그러나 근대의 정치혁명을 뒷받침한 계몽주의 자체가 성서 및 신학의 유산을 재해석하는 측면을 지니고 있었을 뿐만 아니라, 더 거슬러 올라가 종교개혁이 진정한 근대적 주체로서 개인의 발견을 초래한 측면에 대한 인식이 점차 부각하면서 그 입장은 달라지기 시작하였다. 보편적 인권의 요구는 복음의 진실에 부합하는 것으로 점차 여겨지게 되었다. 여기에 〈세계인권선언〉의 탄생배경이 되었던 세계전쟁과 전체주의의 끔찍한 경험은 그리스도교 신학에도 결정적인 자극이 되었다. 그 결과 오늘날 그리스도교 신학은 보편적 인권의 요구를 성서에 부합할 뿐 아니라 복음을 구체화하는 것으로 확고하게 받아들이고 있다. 물론 천부인권 개념과 오늘날 역사적, 사회적으로 형성된 인권 개념의 관계에 대해 논란의 여지가 없는 것은 아니다. 하지만 인권을 정당화하는 근거의 차이가 인간 존엄성의 엄연한 진실을 부정하는 이유가 되지는 않는다. 오늘날 신학적 입장에서 인권의 정당화 문제는, 한편으로 역사적, 사회적으로 형성된 인권 개념과 소통하면서 그 고유성을 드러내는 방식으로 그 근거를 모색하는 과제를 안고 있다.

성서에서 보편적 인권의 근거로서 가장 널리 받아들여지는 것은 이른바 천부인권의 근거가 되는 하느님의 형상 개념이다(창세기 1:26-27). 성서의 창조론은 인간이 '하느님의 형상'을 부여받았다는 것을 중요한 초점으로 하고 있다. 이에 따르면, 인간은 다른 피조물들과 연대 가운데서 책임적인 존재로서 하느님의 형상을 구현하는 사명을 부여받았다. 신학적인 의미에서 인간이 부여받은 하느님의 형상은 인권의 가장 근본이 되는 근거이다. 이 개념은 한편으로 피조된 인간의 한계에도 불구하고 하느님의 형상을 지닌 인간의 고귀함을 승인하고 있다는 점에서 보편적 인권의 신학적 근거가 된다.

그 하느님의 형상이 온전히 구현되지 않고 지배와 억압으로 갈등을 겪는 인간의 역사적 현실 가운데서, 성서는 하느님이 억압받는 백성을 선택하여 계약을 맺고 그들을 해방하였다고 증언한다. 가난하고 억압받는 사람들의 생존과 자유를 보장함으로써 인간사회 안에서 하느님의 뜻을 이룬다는 성서의 근본정신은 율법과 예언의 핵심이 되었다.

예수 그리스도는 이웃을 자기 자신처럼 사랑하라고 함으로써(마태복음 7:12, 19:19) 인간들 사이에서 서로가 서로에게 존엄한 존재가 되는 관계를 형성할 것을 가르쳤다. 나아가 인간으로서 존엄성을 부정당한 이들을 일으켜 세우고자 하였다. 가장 보잘것없는 사람에게 한 것이 곧 그리스도의 길을 따르는 것이라고 가르쳤는가 하면(마태복음 25:40), 스스로 죄인과 가난한 자, 과부와 고아, 억압당하는 이들과 함께하며 그들의 권리를 옹호하였다. 예수가 여러 가지 방식으로 한 영혼의 소중함을 일깨운 것(마태복음 10:28; 누가복음 12:4-5, 누가복음 15:1-7) 역시 그 어떤 외적 폭력에 의해서도 침해될 수 없는 인권의 소중함을 일깨운다. "사람이 안식일을 위해 있는 것이 아니라 안식일이 사람을 위해 있다"(마가복음 2:27)는 말은 실정법적 제도의 폭력에 휘둘려서는 안 될 인간 삶을 환기한다. 그것이 복음의 진실이다.

사도 바울은 그리스도 안에서 유대인이나 그리스인이나, 종이나 자유인이나, 남자나 여자나 아무런 차별이 없다는 것을 역설하였다 (갈라디아서 3:28-29). 사도 바울이 말한 인의론(認義論)은 일체의 자격이나 업적과 상관없이 그리스도 안에서 하나라는 것을 강조한 점에서 보편적 인권의 중요한 근거가 된다.

사실 보편적 인권에 대한 성서적, 신학적 근거는 매우 확고하며, 그 전거를 찾자면 넘쳐날 정도로 풍부하다. 그것은 보편적 인권의 요구가 그야말로 세계적 차원에서 당연시되는 규범적 요구로 받아들여지기 이전부터 확인된 사실이다. 1948년 〈세계인권선언〉이 형성될 때 인권을 옹호하는 매우 다양한 종교적 전통의 지혜들이 참조되었을 뿐 아니라 그 가운데서 그리스도교적 유산 또한 중요한 몫을 차지하였다.[6] 근대의 정치혁명 가운데 프랑스혁명의 반그리스도교적 성격이 종종 강조되기는 하지만, 영국과 미국의 정치혁명 등에서 그리스도교적 유산이 재해석되어 영향을 끼친 측면도 간과할 수 없다. 근대적 인권 개념의 형성 과정 그 자체 안에서 그리스도교적 유산은 적극적으로 재해석되어 온 것이다.

문제는 지금 우리가 주제로 삼고 있는 국가보안법을 신학적으로 검토할 때 어떤 점을 주목하여야 할 것인가 하는 점이다. 이때 보편적 인권에 대한 문제의식이 그 바탕이 되어야 하겠지만, 국가의 안보를 절대시하면서 인권을 유린하는 제도와 현실에 대해서는 그에

---

6 미셸린 이샤이, 조효제 옮김, 『세계인권사상사』 (서울 : 길, 2005), 68-70.

걸맞는 접근방법이 요청된다. 보편적 인권에 대한 신학적 근거를 확인하는 것에서 나아가 국가와 인권에 대한 문제의식을 더욱 분명히 해야 할 필요성이다.

하느님의 주권과 지상의 국가권력

신학적 입장에서 국가보안법을 정면으로 다루고자 한다면 인간의 삶에 앞서는 국가안보의 정당성에 관한 성찰부터 시작해야 할 것이다. 과연 국가권력의 절대화를 뒷받침하는 법률이 정당성을 지닐 수 있는지부터 문제시하여야 한다. 그리스도교 신앙은 이와 관련하여 매우 오랫동안 깊은 통찰의 역사를 지니고 있고 그에 따라 풍부한 지혜를 쌓아 왔다. 그리스도교의 역사 자체가 그에 관한 분투 과정에서 형성되었다고 해도 지나치지 않을 만큼 국가권력에 대한 통찰은 신앙의 중심적 과제였다.

우리 현실에서 국가보안법에 관한 신학적 논고를 거의 찾아볼 수 없음에도 불구하고, 한국 그리스도인들 역시 그에 관한 심각한 문제의식을 지니고 있었다. 1970년대 사실상 헌정질서를 유린한 유신체제가 국가보안법과 반공법으로 국민을 억압하고 스스로의 체제를 절대시할 때 이에 맞선 한국 그리스도인들의 입장은 국가권력의 절대화에 대한 신학적 입장을 매우 분명하게 보여주고 있다.[7]

인간의 기본권은 국가가 있기 이전에 하나님께 받았다. 국

---

7 김삼웅 엮음, 『민족·민주·민중선언』 (서울 : 일월서각, 1984), 217.

가는 하나님의 주권 아래서 인간의 기본권인 생명과 재산과 자유를 지킴으로써 인간으로서의 축복받은 상태를 즐길 수 있게 보장하는 정치적 한 단위다. 정부는 이와 같은 목적으로 나라 살림을 위임받은 공복이다. 따라서 국가와 정부는 차원이 다르며 정부에 대한 충성이 곧 국가에 대한 충성이 아니다. '모든 권세가 하나님에게서 왔다'(로마 13장)는 말은 권세에 대한 복종을 말하기에 앞서 집권자의 한계를 규정하는 것이다. 집권자는 위와 같은 기능을 위임받은 자로서 그 한계 안에서만 그 권세를 행사해야 한다는 말이다. 인간의 기본권인 생존과 자유를 뺏는 권세는 하나님의 뜻을 배반하는 것이다. 절대권은 하나님에게만 속한 것이다. 그런데 이 절대권을 도용하여 상대적인 것이 절대화할 위험성을 막기 위해 땅 위에 어떠한 하나님의 형상도 만들지 말라고 했다(십계명). 그리스도교는 상대적인 것이 절대화된 것을 우상이라 하고 그것과의 투쟁을 지상명령으로 삼는 전통을 갖고 있다.(《한국 그리스도인의 신학적 성명》 1974. 11.)

하느님의 주권 아래서 지상의 권세, 곧 국가권력의 한계를 설정한 그리스도교의 입장은 오랜 기원을 갖고 있다.[8] 그 입장은 성서적 신앙을 형성한 원초적인 사건, 곧 출애굽의 역사에서부터 비롯되었고 이후 지속된 제국과 국가권력의 횡포에 맞서면서 더욱 강화되었

---

8 이하 최형묵, 「교회와 국가의 관계 고찰」, NCCK신학위원회 엮음, 『촛불 민주화 시대의 그리스도인』(서울 : 동연, 2017) 참조.

다.[9]

성서에서 하느님의 주권 개념은 인간사회 안에서 지배와 억압을 부정하고, 따라서 하느님 앞에서 그 백성이 모두 동등한 주체로 인정되어야 한다는 것을 보증하는 근거이다. 그것은 하느님의 백성이 제국의 권력체제로부터 탈출하여 해방된 평등주의 공동체를 구현하는 과정에서 분명하게 확립되었다. 그 의의는 사사 기드온 이야기(사사기 6-8장)에서, 그리고 현실적 요구로서 왕권체제의 수립 요구에 맞선 사무엘의 경고(사무엘상 8:4-17)에서 분명하게 드러난다. 성서는 고대 근동에서 신의 주권이 지상 국가의 이념을 정당화해준 것을 거부하고, 백성을 위하여 권력을 제한하여야 한다는 입장을 취하고 있다. 성서는 하느님의 주권에 의한 제한된 왕권 개념을 제시하고 있는 것이다.[10] 근대 서구의 정치적 혁명과정에서 등장하여 오늘날 국가권력의 일방적 집중을 견제하는 장치로서 일반화된 삼권분립의 정신은 이와 같은 성서의 제한된 권력 개념과 무관하지 않다.[11]

하느님의 주권 개념은 국가권력이 형성된 것과 동시에 등장한 예언자들의 선포에서도 일관된 핵심이었다. 예언자들에게서 하느님의 주권은 백성들 사이에서 정의실현 요구로 구체화되었다. 하느님의 주권은 정의의 근거이자 국가권력의 횡포에 대한 방패막이였다. 가난한 자들의 권리를 짓밟고 불의를 일삼는 국가권력에 대한 예언

---

9 민영진, 「성서로 본 국가권력과 기독교」, 한국기독교사회문제연구원 엮음, 『국가권력과 기독교』 (서울 : 민중사, 1982), 66.

10 죠지 픽슬레이, 정호진 옮김, 『하느님 나라』 (서울 : 한국신학연구소, 1986), 37.

11 조르조 아감벤, 박진우·정문영 옮김, 『왕국과 영광 : 오이코노미아와 통치의 신학적 계보학을 향하여』 (서울 : 새물결, 2016), 13.

자들의 질타는 얼마나 신랄한가! 스스로를 절대시하며 불의를 저지르는 국가권력은 설령 그것이 민족적 정치공동체의 한 형식이라 하더라도 부정의 대상이 될 수밖에 없었다(예레미야 21장 등). 결국 현실의 권력체제가 정의를 이룰 가능성이 희박해졌을 때 하느님의 주권 개념은 '새 하늘 새 땅'으로 표상되는 하느님 나라와 메시아 통치에 대한 대망으로 급진화한다(이사야 65:17 등).

하느님의 주권에 대한 구약성서의 입장은 신약성서에서 예수의 하느님 나라 선포로 재확인되고 강화되었다. 예수의 말씀과 삶의 핵심으로서 하느님 나라는 궁극적 목적으로서 종말론적 성격을 지녔고, 그 나라와 지상의 나라는 화해할 수 없는 것이었다. 세상의 통치자들에 대한 비판(마가복음 10:42), 빌라도와의 대화 가운데 당신의 나라는 세상에 속하지 않는다고 한 것(요한복음 18:36)은 하늘의 나라와 땅의 나라에 대한 예수의 입장을 분명히 보여준다. 가이사의 것과 하나님의 것에 대한 논란(마가복음 12:13-17; 마태복음 22:15-22; 누가복음 20:20-26)은 흔히 땅의 나라와 하늘의 나라가 병존하는 현실을 인정한 것으로 해석되기도 하지만, 사실은 황제의 것에 골몰하는 사람들 앞에서 하느님의 것을 강조한 것으로 봐야 한다.

사도 바울은 기본적으로 종말론적 이상으로서 그리스도의 주권에 의한 세상의 통치를 주장하였지만(고린도전서 15:24; 골로새서 2:10,15 등) 또 다른 한편 권위에 대한 복종을 주장하였다(로마서 13:1-7). 이로부터 로마의 '황제숭배'는 거부하지만 제국 내의 '공공질서'를 용인하는 초기 그리스도인들의 태도가 결정되었다.[12] 권위에 대한 복종

---

12 에른스트 트뢸치, 현영학 옮김, 『기독교 사회윤리』 (서울 : 한국신학연구소, 2003), 204-205.

을 말한 사도 바울의 주장은 끊임없는 주석상의 문제를 안고 있는데,[13] 그 주장은 가이사의 것과 하느님의 것을 구분한 예수님의 말씀과 더불어 교회 역사에서 국가권력에 대한 그리스도인의 태도와 관련하여 중대한 영향을 끼쳤다. 하느님의 주권 또는 그리스도의 주권과 더불어 국가권력이 병존할 수 있다는 입장이 형성되었다. 이는 하느님의 주권에 대한 포기를 뜻하지 않는다. 공동선 또는 공공성의 실현 요구에 부합하는 한 국가권력의 존재가 용인된다는 점이 중요하다.

그리스도교 역사에서 하늘의 나라와 땅의 나라, 하느님의 나라와 인간의 나라에 대한 관계설정 문제는 지속적으로 논란이 되어 왔고, 역사적 국면에 따라 각기 그 해법이 강구되어 왔다. 그 가운데서 주요 관심사는 세속국가와 동일시되지 않는 하느님 나라를 구별하고 과연 하느님의 주권이 어떻게 땅의 현실에서 구체화될 수 있는가 하는 것이었다.[14] 물론 중세기에 하느님 나라를 대리하는 것으로 간주된 교회가 독단에 빠져 세속국가를 지배하는 양상을 띠기도 하였다. 그것은 사실상 하느님 나라가 완전하게 세속 국가권력의 속성에 통합되는 자가당착에 해당하는 것이었다. 하지만 하느님의 주권에 대한 문제의식은 그 과오를 넘어서게 하는 근거가 되었고 국가권력에 대한 그리스도인의 태도를 가다듬게 하는 계기를 부여하였다. 이에 따라 그리스도인은 어떤 권위에 복종하고 저항할

13 루츠 폴, 손규태 옮김, 『그리스도인과 국가』(서울 : 한국신학연구소, 1989), 14.
14 난바라 시게루, 윤인로 옮김, 『국가와 종교 : 유럽 정신사 연구』(서울 : 소명출판, 2020), 62.

것인가를 부단히 고심하지 않을 수 없었다.[15]

근대 헌정국가가 등장한 이래 오늘날 정교분리가 일반적으로 받아들여지고 있다. 이것은 일차적으로 종교 또는 교회로부터 국가의 분리를 뜻하며(중세적 질서의 종식) 또한 역으로 국가에 의한 종교 또는 교회의 간섭(신앙의 자유 침해 등)을 배제하는 것을 뜻한다. 그러나 이것은 정치와 종교가 무관하다는 것을 뜻하지 않는다. 양자는 분리되어 있으되, 인권의 보장 등 공동선의 실현을 위한 목적에서 서로 협력할 수 있는 한편 역으로 양자 가운데 어느 한 편이 그 목적을 위배할 때 피차간 저항과 간섭은 피할 수 없다는 것을 함축한다. 특별히 그리스도인의 입장에서는 세상의 모든 영역에 관철되는 하느님의 주권에 대한 믿음이 중요하다. 그것이 배타적 독단이 아니라 다른 신앙과 신념체계를 지닌 사람들과 공존하는 현실에서 보편적 공동선을 구현하는 방식으로 이뤄지도록 하는 과제를 오늘 그리스도인은 짊어지고 있다.

요컨대 그리스도교 신앙의 입장에서는 그 자체의 고유한 목적으로서 '국가보안'이라는 개념 자체가 용인되지 않는다. 그것이 용인될 수 있다면, 그것은 국가가 공동선에 부합하는 정의를 이룸으로써 하느님의 정의를 이루는 수단으로서 복무하는 조건 안에서일 뿐이다.

이러한 입장에 따라 현재 대한민국의 국가보안법을 어떻게 평가할 수 있을까? 그 평가를 위하여 국가보안법의 기원과 적용, 그리고 그것이 지니는 문제점을 간략히 살펴본다.

---

15 최형묵, 「루터의 두 왕국론과 근대 주권국가에 대한 고찰」, 『기독교사회윤리』 39 (2017), 95.

보편적 인권을 침해하는 국가보안법

국가보안법 제정과 남용의 역사

국가보안법은 1948년 12월 1일 대한민국 법률 제10호로 제정되었다. "국가의 안전을 위태롭게 하는 반국가활동을 규제함으로써 국가의 안전과 국민의 생존 및 자유를 확보하는 것을 목적"으로 한다는 것이었다.[16] 일제의 잔재인 치안유지법을 그대로 모방한 그 법은 '형법이 제정되기 전 건국 초기의 비상사태에서만 적용되는 임시조치법'으로서 한시적인 성격을 지녔다.[17] 그 제정 배경에는 명백한 정치적 동기가 있었다. 1948년 8월 정부수립 직후 반민족행위자 처벌법이 시행되자 위기에 처한 집권세력이 10월 19일 발발한 여순 사건을 빌미로 서둘러 제정한 것이다. 반민족 행위자 처벌 정국을 반공 정국으로 바꾸려는 것이 그 정치적 동기였다.[18]

1953년 휴전협정 직전 형법이 제정되었음에도 불구하고 국가보안법은 전시의 치안 상태 및 국민에게 주는 심리적 영향을 고려한다는 명분으로 존속되었다.[19] 애초 6개 조에 불과했던 그 법은 권위주의 정권을 거치면서 더욱 확대되고 보강되었다.[20] 1961년 5월 16

---

16 황동하 엮음, 『무섭고도 황당한 국가보안법』(서울 : 그림씨, 2019), 4.
17 민주사회를위한변호사모임, 『헌법 위의 악법 : 국가보안법을 폐지해야 하는 이유』, 14.
18 같은 책, 13.
19 민주사회를위한변호사모임, 『헌법 위의 악법 2: 국가보안법, 폐지가 답이다』, 14.
20 황동하, 앞의 책, 5.

일 쿠데타로 집권한 박정희 정권은 그해 7월 3일 별도의 반공법을 제정하여 국가보안법을 보완하였다. 국가보안법은 "정부를 참칭하거나 국가를 변란할 목적"이 있는 행위만을 처벌하는 것이었지만, 반공법은 목적을 따지지 않고 겉으로 드러난 언행 자체를 처벌대상으로 삼는 포괄적 성격을 지녔다. 그 포괄적 처벌조항은 1980년 전두환 정권이 반공법을 국가보안법으로 흡수 통합할 때 그대로 반영되었다. 고무·찬양, 회합·통신, 편의 제공, 불고지죄 등 악명을 떨치고 있는 그 조항들이다.[21]

국가보안법은 헌법이 보장하는 기본권을 제약하는 가운데 정권 유지를 위한 강력한 수단이 되어왔다. 사실상 이적단체로부터 국가를 보호한다는 목적보다는 정권에 저항하는 행위와 노동운동을 포함한 민중운동을 탄압하고 나아가 국민의 사상까지 통제하는 수단으로 남용되어 왔다.[22] 그것은 이념이 다른 타자를 악마화함으로써 증오와 적대를 제도화하는 폐해를 지니고 있을 뿐 아니라 생각과 말 자체를 통제의 대상으로 삼은 점에서 내면적인 양심의 자유까지 침해하고 있다.[23] 대한민국은 '이면헌법'이 지배하는 사회라는 말(백낙청)은 헌법을 뛰어넘는 바로 그 국가보안법의 위력을 두고 하는 말이다. 그것은 남북 간 체제 대결의 부차적 결과에 그치지 않고 사회 내의 여러 '분단' 이데올로기를 조장하고 양산한다. 이른바 '남남갈등'을 조장할 뿐 아니라, 여러 차별의 논리를 정당화하는 밑

<hr />

21 같은 책, 9.

22 서희경. 『대한민국 헌법의 탄생』 (서울 : 창비, 2012), 436.

23 『헌법 위의 악법 2: 국가보안법, 폐지가 답이다』, 15-70.

바탕이 되고 있다. 예컨대 '빨갱이' 또는 '종북주의자'라는 규정은 모든 합리적, 윤리적 판단을 정지시키는 효과를 발휘하고, 그렇게 특정한 대상을 비인간화하는 논리는 다른 사회적 소수자들에게도 동일하게 적용된다.

1948년 국가보안법이 제정된 이래 몇 차례 폐지 기회가 있었음에도 불구하고 70여 년이 지난 오늘 2023년에 이르기까지 폐지되지 않은 채 존속하고 있다. 첫 번째 기회는 1953년 형법이 제정될 때였지만 앞서 말한 바와 같은 이유로 무산되었다. 두 번째 기회는 1988년 정부의 7.7선언을 통한 남북 간 교류 확대와 동구권 국가들과의 수교 의지 천명, 그리고 1991년 남북 간 유엔 동시 가입이 성사된 즈음이었다. 그때 역시 폐지되지 않았다. 1990년 헌법재판소의 국가보안법 제7조의 제한적 적용을 전제로 한 한정합헌결정과 더불어 계속 존속한 국가보안법은 국민 내부 통제수단으로 위력을 발휘하였다. 2004년 노무현 정부가 국가보안법 개폐를 천명한 것은 세 번째 기회였다. 당시 정부의 여러 개혁입법들(국가보안법 폐지, 과거사법, 언론법, 사학법)이 동시에 반대에 부딪힌 가운데 국가보안법 폐지는 다시 수포로 돌아갔다. 그렇게 존속한 국가보안법은 오늘에 이르기까지 존속하는 가운데 국민의 말과 행동을 통제하는 수단으로서 위력을 발휘하고 있다.[24]

국가보안법은 해방 이후 냉전과 대결의 76년 역사 속에서 우리 사회 구성원 모두의 내면을 점령한 법이다. 국민 각자

---

24 『헌법 위의 악법』, 12-24; 『헌법 위의 악법 2』, 15-70.

의 인권과 평등을 지켜주지 못하는 헌법을 밟고 올라 인간 존엄을 파괴하고 사상·양심의 자유와 표현의 자유를 훼손하고 평등권을 침해하면서도 그 침해의 부당성조차 느끼지 못하게 만든, 말 그대로 헌법 위의 법이다.[25]

국가보안법의 법리상 문제점

국가보안법이 지닌 문제는 그 기원과 역사적 맥락, 특히 실제 적용된 사례와 그 맥락 등을 입체적으로 조명할 때 더욱 뚜렷하게 드러날 것이다. 그 사례들은 이미 충분히 알려져 있거니와,[26] 이 글에서는 그 법리상의 문제점을 간략히 살펴보려고 한다. 이 역시 법조계와 법학계의 기왕의 연구를 통해 충분히 밝혀졌지만[27] 이 글의 논리전개 맥락상 필요한 범위 안에서 최소한으로 집약하고자 한다. 그 법리상의 문제점을 주목하면 어떻게 그렇게 불합리한 법률이 긴 세월 동안 사람들의 삶을 옥죄고 있는지 새삼 실감하게 될 것이다.

그 법리상의 문제는 위헌성, 중복성, 상충성 등 크게 세 가지 범주로 나누어 생각해볼 수 있다.[28] 위헌성은 헌법에 위배되는 성격을, 중복성은 형사법과 중복되는 성격을, 상충성은 남북교류관계

---

25 『헌법 위의 악법』, 21.

26 박원순, 『국가보안법연구 2』; 황동하, 앞의 책 참조.

27 박원순, 『국가보안법연구 1, 3』; 민주사회를위한변호사모임, 『헌법 위의 악법 1, 2』 참조.

28 『국가보안법연구 3』, 15-62.

법 등 다른 법률과 충돌되는 성격을 말한다.

국가보안법은 헌법의 하위법이지만 사실상 헌법 위에 군림하면서 기본권을 심각하게 제약하고 있다. 예컨대 헌법이 보장하고 있는 인간의 존엄과 가치(제10조), 신체의 자유(제12조), 양심의 자유(제19조), 언론·출판, 집회·결사의 자유 및 허가·검열의 불인정(제12조), 학문·예술의 자유 등을 유린해왔다.[29] 이는 여러 적용 사례들을 통해 널리 알려져 왔다. 또한 국가보안법은 어떤 사람에게는 적용되고 어떤 사람에게는 적용되지 않아 법 앞에서의 평등이라는 원칙에 위배되는 경우가 빈번하다. 그 사례는 숱하게 많지만 1989년 평양 축전의 같은 현장에 있었던 임수경은 처벌되고 박철언은 처벌되지 않은 것은 그 단적인 예이다. 이에 대해서는 이른바 '통치행위' 논리로 사법적 판단의 유보를 정당화하고 있지만, 이는 '행정의 법률에의 구속'이라는 근대 법치국가원리에 위배된다.[30] 또한 국가보안법은 추상적이고 모호한 규정으로 죄형법정주의를 위배한다. 죄형법정주의란 유추해석을 동반하지 않고 명확하게 형벌의 성격을 규정하여야 하고 또한 그 형량이 적정하여야 하는 요건을 갖추어야 한다는 것을 뜻한다. 국가보안법은 그 요건에 부합하지 않고 그렇기에 수시로 오용되어 왔다.[31] 이러한 문제를 야기하는 국가보안법의 핵심으로 반국가단체에 대한 이른바 찬양·고무를 처벌하는 제7조가 자리하고 있다. 이로 인해 명백하게 현존하는 위험 행동 이전에 생

---

29 『국가보안법연구 3』, 16; 민주주의법학연구회. 『민주법학』 창간호 (1989), 15.

30 『국가보안법연구 3』, 27.

31 같은 책, 29-35.

각만으로도 처벌이 가능하게 된 것이다. 국가안보를 이유로 기본권을 제한하는 것은 엄격히 제한되어야 함에도 불구하고(헌법 제37조 2항), 국가보안법은 이를 현저히 위배하고 있다. 또한 기능상 헌법재판규범의 지위를 갖는 국제인권조약에도 위배되고 있어 대한민국이 가입한 각종 인권 규약 기구로부터 끊임없이 폐지요구를 받고 있다.

1990년 헌법재판소의 최초 위헌심사에서는 한정합헌이라는 옹색한 결정이 내려진 바 있고, 현재 여덟 번째 위헌심사가 진행되어 그 판결이 예정되어 있으나 아직까지 유보상태에 있다. 한정합헌의 논거는 위헌의 소지가 있으나 자유민주적 기본질서에 위해를 줄 경우에 한정하여 적용되고 있고, 적용시 헌법이 보장하는 기본권 제한의 요건을 엄격히 따른다는 신뢰를 바탕으로 한 것이다.[32] 그러나 그 신뢰가 근거 없다는 것은 실제 적용사례들을 통하여 충분히 알 수 있다.

그럼에도 불구하고 옹색한 한정합헌 논리가 가능하게 된 것은 대한민국 헌법 자체가 지니는 모순된 조항에 근거하고 있는 측면도 있다. 헌법 제3조의 영토조항과 제4조의 통일조항의 충돌이다. 분단체제 하에서 통일을 지향하는 조항이 문제시될 것은 없으며, 이 조항에 비추어 볼 때 국가보안법은 명백히 위헌이다. 문제는 한반도와 그 부속도서를 영토로 한다는 조항이 과연 실효성 있는 조항인가 하는 것이다. 바로 이 조항 때문에 북한을 반국가단체로 보는 논리가 성립하고 이에 따라 국가보안법이 정당화되는데, 이 모순을

---

32 같은 책, 43.

어떻게 해결할 것인가에 대해서는 매우 다양한 논의들이 있다. 남북한의 유엔 동시 가입 등 역사적 환경의 변화로 이미 사문화된 조항으로 보아 폐기되어야 한다는 견해가 있는가 하면 설령 그 조항이 존속하고 있다 하더라도 어떤 조항이 헌법의 근본 가치 개념에서 우월한 효력을 지니고 있는지 판단할 수 있다는 견해도 있다. 복잡한 법리적 논의가 필요할 수 있지만, 문제의 핵심은 사실상 주권국가로 간주되는 북한과 남한의 관계를 어떻게 규정할 것인가 하는 것이고, 그에 대한 합의에 따라 헌법적 규범 역시 변화를 동반해야 한다는 것이다.[33] 과거 동서독이 그러했듯 현재 남북관계는 주권국가로서 상호관계를 맺고 있는가 하면 동시에 분단국가로서 그 관계의 특수성을 지니고 있다.[34] 이에 대한 해법이 과제이지 현재의 모순된 헌법 조항의 일방에 의존하여 국가보안법의 합헌성을 인정하는 것은 타당치 않다.

다음으로 국가보안법은 대부분의 조항이 형법 및 기타 형사특별법규와 중복되어 있다. 국가보안법이 형법이 제정되기 이전에 임시조치법으로 제정된 사실을 환기할 필요가 있다. 따라서 형법이 제정되고 나면 마땅히 폐지되었어야 했다. 국가보안법의 해당 사항은 형법과 형사특별법규로 충분히 규율할 수 있기 때문이다. 그럼에도 존속하는 이유가 뭘까? 딱 한 가지 조항에서 차이가 있다. 바로 제7조 1항의 찬양·고무·동조죄이다.[35] 명백하게 현존하는 위험 행동

---

33 같은 책, 17-23.

34 『헌법 위의 악법』, 286-291.

35 『국가보안법연구 3』, 48; 홍성우, 「국가보안법의 운용 실태와 기본적 인권의 침해」, 『인권과 정의』 145 (1988), 28.

이전에 생각과 말 자체만으로 단죄할 수 있는 근거이다. 국가보안법은 바로 이 때문에 존재한다는 것을 법 그 자체로 웅변해 주고 있다. 게다가 국가보안법은 특별형사소송규정을 두어 일반 형사소송법의 예외를 광범위하게 규정하고 있다. 참고인의 구인·유치, 구속기간의 연장, 공소보류 등이 그 예이며, 심지어는 담당 수사관에 대한 포상 규정까지 두고 있다. 이것은 전적으로 공안수사기관의 편의를 위한 것으로 이른바 공안사건의 남용을 조장하는 요인이 되고 있다.[36]

끝으로 국가보안법은 1990년 8월 1일부터 시행된 남북교류협력에 관한 법률과 정면으로 상충되고 있다. 이 법률은 특별히 1988년 7·7 선언과 더불어 변화된 남북관계와 국제질서를 반영하고 있다는 점에서 중요한 의의를 지닌다. 그러나 그 법률이 사실상 국가보안법 적용의 예외를 두고자 하는 방편으로 의도되었다는 데 문제가 있다. 앞서 말했듯 그간 정부는 '통치행위론'으로 당국자의 교섭행위를 정당화해왔다. 그 옹색한 논리의 허점을 보완하기 위한 수단으로 이 법률이 제정된 것이다. 변화된 남북관계를 조율하기 위해서는 국가보안법을 폐지하면 되었을 것을, 여전히 존속시킨 채 그 적용의 예외를 보장하는 법률을 따로 만든 것이다. 따라서 남북 간의 관계를 대등한 법적 당사자로 전제하는 논리 위에 있는 법률, 그리고 이와 상반되는 적대적 관계의 논리 위에 선 법률이 병존하는 상황이 되었다.[37] 이는 모두에게 법 앞에서의 평등을 구현해야 할 법

---

36 『헌법 위의 악법 2』, 429-430.
37 『국가보안법연구 3』, 61.

치주의 정신을 훼손하고 그 대상에 따라 법률을 각각 임의적으로 적용하는 사태를 야기하고 있다. 정부의 교섭과 기업인의 교류는 합법화되지만, 민간의 통일운동은 규제의 대상이 되는 모순된 현실이 제도적으로 보장되는 기이한 사태가 발생한 것이다.

이 밖에도 국가보안법의 법리상의 문제와 그 적용 효과에 대해서는 더 지적해야 할 사항이 많다. 예컨대 잠입·탈출·회합·통신, 편의 제공, 불고지 조항 등은 그 폐해가 심각하다. 누군가를 돕는 것도 죄가 된다면 그것은 인간의 본성에 반하는 것이며, 가족에 대한 불고지가 죄가 된다면 그것은 반인륜적이라 할 수밖에 없다. 이제껏 국가보안법은 주로 정권에 저항하는 이들을 옥죄는 수단이 되어왔다. 하지만 최근에는 북한을 탈출한 이들이 가족 간의 재회를 시도하는 과정에서 그 법률의 저촉을 받아 고통을 겪는 사례들이 늘어나고 있다. 국가안보를 목적으로 이처럼 광범위하게 기본권이 제약당하고 심지어는 반인륜이 정당화되는 현실이 지속되어야 한단 말인가?

법치주의와 인간의 존엄

오늘날 헌정국가 안에서 어떤 법의 존재는 그 자체로 실정적 효과를 지닌다는 것을 뜻한다. 그것은 이른바 법치주의라는 개념으로 정식화되어 있다. 한국 사회에서 법치주의 개념은 심각하게 오용되고 있지만, 그것은 단지 법질서에 대한 시민의 복종으로 한정되는 의미를 지닌 것이 아니다. 법이 보호하고자 하는 목적, 곧 최고의 법익을 지키는 것을 뜻한다. 권력의 임의적 남용을 방지하는 법치의 이념은 인간 존엄을 실현하는 것을 그 기본 목적으로 한다. 근대의 정치적 혁명과 밀접한 관련을 맺고 있는 계몽의 정신과 자연법에 대한 재해석으로부터 형성된 인간 존엄의 실현이 근현대 헌정국가가 지향하는 법치주의의 핵심에 해당한다.

"인간의 존엄은 침해될 수 없다. 이를 존중하고 보호하는 것은 모든 국가권력의 의무이다." 오늘날 독일의 기본법 제1조 제1항은 그 정신을 가장 명료하게 보여주는 사례이다. 물론 독일의 기본법은 나치 정권의 구체적인 비인간성에 대응하고자 했던 역사적 정황을 반영하고 있다.[38] 오늘날 헌정체제를 이루고 있는 모든 나라들은 각기 저마다의 역사적 정황을 반영하여 헌법을 구성하였기에, 그 나름의 독특성에 따른 차이를 지니고 있다.[39] 그러나 어떤 경우든 예외 없이 그 구성원의 기본권을 보장하는 것을 요체로 하고 있다. 인간 존엄을 바탕으로 하는 인권으로서 기본권을 보장하는 것은 오늘날 헌정국가의 핵심적 의무에 해당한다. 각각의 법률들은 그 나름의 목적을 지니겠지만, 인간 존엄의 정신을 그 밑바탕으로 하여야 한다는 것은 두말할 것 없다.

이때 인간 존엄이 실제로 무엇을 의미하는지는 논란의 여지가 있는 것이 사실이다. 분명한 것은 인간의 존엄이 극단적으로 말살되는 한계상황에서 그 의미를 가장 강렬하게 체감한다는 것이

---

38 베르너 마이호퍼, 심재우·윤재왕 옮김, 『법치국가와 인간의 존엄』 (서울 : 세창출판사, 2019), 20.

39 차병직, 『헌법의 탄생 : 국가의 헌법은 어떻게 만들어졌는가』 (서울 : 바다출판사, 2022); 김명주, 『헌법사 산책 : 헌법에 비친 주권의 풍경』 (서울 : 산수야, 2010), 참조.

다.[40] 흔히 통용되는 '인간답지 못한 행동'이나 '인간답지 못한 상황'은 자기 스스로의 행위로 자신을 인간 이하로 전락시키거나 어떤 상황에 따라 인간 이하의 상태에 처하는 것을 뜻한다. 이를 두고 인간 존엄의 '침해'라고 하지는 않는다. 법이 보호하는 인간 존엄의 침해는 "타인의 인간으로서의 존엄을 위태롭게 하거나 파괴할 때"를 두고 하는 말이다. 그것은 곧 "한 개인의 행동이나 상황 그 자체를 고려한 것이 아니라, 한 인간의 타인에 대한 행동 또는 타인과의 관계를 고려한 것"이다.[41] 그것은 한 인격체의 운명이 자신의 의지에 반하여 타인의 의지에 완전히 내맡겨진 상태, 그리고 그러한 상황 가운데서 누구에게도 호소할 수 없고 무력하게 굴복해야 하는 상황이다. 요컨대 타의에 의해 근본적인 인격성을 부정당하는 상태이며, 그 상태에서 도움을 구할 수 있는 연대성의 파괴 상태를 뜻한다. 그것은 곧 "나의 실존과 공존의 토대가 되는 나 자신에 대한 신뢰와 타인에 대한 신뢰"가 무너지는 것을 뜻한다.[42]

오늘날 헌정국가의 법치주의 이념은 "인간의 존엄에 반하는 삶을 강요하는 모든 법적 상태를 폐기하고, 인간다운 삶이 가능한 법적 상태를 창출"하는 것을 지향한다. 그것은 곧 인간 존엄을 파괴하는 특정한 행동으로부터 보호하는 것과 동시에 인간 존엄을 보장하는 특정한 상태를 형성하는 것을 뜻한다.[43]

---

40 마이호퍼, 앞의 책, 20.
41 같은 책, 22.
42 같은 책, 26-27.
43 같은 책, 63.

신학적 입장에서 볼 때 과연 인간 존엄의 이상은 정당화될 수 있을까? 이미 앞에서 전제한 신학적 입장에서 볼 때 그 정당성은 충분하다고 할 수 있다. 일종의 경험적 확신에 해당하는 신앙에 따른 가치 규범과 역사적, 사회적으로 형성된 보편적 가치 규범의 관계는 언제나 신학적 논란의 대상이 되지만,[44] 그 상호 간의 적극적 관계는 가능하며 또한 현실에서 필요한 일이기도 하다. 신학적 판단은 항상 역사적·사회적 현실에서 이뤄져야 하기 때문이다.

인간 존엄의 이상과 관련한 신학적 성찰을 시도하는 데서 나치의 국가권력에 온몸으로 맞서 싸웠던 디트리히 본회퍼(Dietrich Bonhoeffer)의 통찰을 되새겨볼 필요가 있다. 이는 오늘 현실에서 국가권력에 의해 인간 존엄이 침해되는 현실에 대한 신학적 판단을 시도하는 데 매우 중요한 영감의 실마리를 제공한다.

현대의 역사적 지평에서 본회퍼는 그간 개신교 신학의 전통에서 소홀히 되어왔던 '자연적인 것'을 재조명하여 인의론(認義論)의 관점에서 '자연적인 삶'의 권리가 무엇인지 규명하였다. 본회퍼에게서 "자연적인 것은 타락한 세상에서 하느님에 의해 유지되는 생명의 형태로, 이것은 그리스도를 통한 인의, 구원, 갱신을 지향한다."[45] 본회퍼에 따르면 이와 같은 생명의 형태, 곧 자연적인 삶을 살아가는 인간은 어떤 경우든 목적으로 존재한다. 육체적인 동시에 정신적인 형태로 이루어지는 그 삶이 존엄성을 보장받기 위해서는

---

44 최형묵, 『한국 근대화에 대한 기독교윤리적 평가』, 39 이하 참조.

45 디트리히 본회퍼, 손규태·이신건·오성현 옮김, 『윤리학』(서울 : 대한기독교서회, 2010), 201; 강원돈, 「교의학과 인문·사회과학에 대한 관계를 중심으로 살펴본 한국 기독교사회윤리학의 학문적 위치」, 『기독교사회윤리』 18(2009), 202.

육체적인 삶의 권리를 보장받아야 할 뿐 아니라 정신적인 삶의 권리를 보장받아야 한다. 본회퍼가 예시하고 있는 육체적 삶의 권리에는 자의적인 살해를 당하지 않을 권리, 생식의 권리, 강간, 착취, 고문, 자의적 체포로부터 보호받을 권리들이 포함되며, 정신적인 삶의 권리에는 판단하는 것, 행동하는 것, 향유하는 것 등이 포함된다.

　본회퍼가 자연적인 것을 주목하고 자연적인 삶의 권리를 옹호한 것은, 자연적인 것을 타락과 동일시하여 부정적인 것으로만 간주하는 태도에서 벗어나 그 의미를 복음의 지평에서 회복하려 한 데 있다. 그 의도는 '자연적인 것'을 "타락 후에 예수 그리스도의 도래를 지향하는 것"으로 정의하고 이를 "타락 후에 예수 그리스도의 도래를 거부하는 것"으로서 '비자연적인 것'을 대비한 데서 분명해진다.[46] 여기서 '비자연적인 것'은 '자연적인 것'을 훼손하는 자의적인 시도를 말하는 것으로, 나치의 국가적 폭력의 시도는 그 대표적 실례에 해당한다.

　이미 앞서 신학적 입장을 분명히 하였지만, 인간 존엄을 극단적으로 파괴한 국가권력에 저항하였던 본회퍼의 통찰은 오늘의 역사적 맥락에서 국가권력에 의해 인간 존엄이 파괴되는 현실에 대한 신학적 판단의 근거를 더욱 분명히 해주고 있다. 그 신학적 입장에서 보면 인간 존엄의 가치를 내세우는 것은 하느님에 대한 반역을 뜻하는 것이 아니라 인간 안에 새겨진 하느님의 형상을 복원하는 것을 뜻한다. 바로 그 신학적 입장에서 우리는 인간 존엄을 침해하

---

46 본회퍼, 앞의 책, 199-200.

는 법률의 부당성을 단호하게 말해야 한다.

마치는 말

이상과 같이, 보편적 인권의 가치를 수용하는 신학적 입장에서 대한민국의 국가보안법의 문제점을 지적했다. 주로 법리상의 문제와 실제 적용에서 나타나는 오용의 폐해를 주목하였다. 그토록 심각한 문제를 지니고 있는 법률이 어떻게 지금까지 질긴 생명력을 지니고 존속할 수 있을까? 사실 이 의문에 대한 답은 법률 자체가 지니는 법리상의 문제에 대한 진단만으로는 충분하지 않다. 분단 상황에서 반공 이데올로기를 전면에 내세운 지배체제의 성격을 분석하는 것을 동반할 때 그에 대한 분명한 답을 찾을 수 있을 것이다. 특별히 신학적 입장에서는 그 반공 이데올로기를 강화하는 데 주도적 역할을 맡은 한 축으로서 보수교회의 성격을 다루지 않으면 안 될 것이다. 따라서 국가보안법의 역사적 맥락을 충분히 다루지 못한 이 글은 제한적 성격을 지닐 수밖에 없다.

그러나 놀랍게도 국가보안법에 관한 신학적 논고를 찾아보기 어려운 현실 가운데서 본격적인 논의의 물꼬를 여는 것으로 이 글은 의의를 지닌다. 성서적 지평에서 볼 때 국가보안법이라는 개념 자체가 성립할 수 없다는 것이 주요 논지이다. 역사적으로 교회와 국가의 관계에 대해서는 매우 당대의 맥락에 따라 다양한 입장이 개진되었지만, 어떤 경우든 일방적으로 국가의 절대성을 용인하는 신학적 입장은 성립하지 않는다. 이 글이 확인한 또 하나의 중요한 요지이다. 이 글은 국가보안법에 관한 신학적 논의의 서설에 불과하지만, 향후 다양한 이에 대한 비평과 활발한 논의가 이어지기를 기대한다. 국가보안법 폐지의 그날까지!

우크라이나 전쟁 이후, 포스트세계화 시대 민중신학의 평화 담론

김진호 (제3시대그리스도교연구소)

모스크바와 맥도널드, 그리고 세계화의 시작과 종말의 징후

2022년 5월 16일, '로이터통신' 발 뉴스가 전 세계로 타전되었다. 모스크바를 비롯한 러시아 전역에서 영업 중인 847개 맥도널드 매장 모두 영업을 중단하고 철수한다는 것이다. 맥도널드가 모스크바에 첫 영업점을 개설한 것이 1990년이니, 32년 만의 철수다.

프랑스의 비평가 기 소르망(Guy Sorman)은 세계화란 미국화에 다름 아니며, 이 미국적 자본주의의 세계화가 함축하는 천박함의 문명을 비꼬면서 '맥몽드'(McMonde)라고 비아냥댔다. 부르디외(Pierre Bourdieu)는 이윤만을 추구하면서 모든 것을 획일화시키는 '맥도널드 문화'가 세계화를 특징짓는 문화논리라고 비판했다. 이렇게 맥도널드가 (이윤추구 행위를 최적화시킨 자본주의 시스템인) 세계화를 해석하는 키워드로 부상한 것은 맥도널드의 모스크바 진출 이후다. 한데 그 맥도널드가 모스크바에서 철수한다는 것이다. 하여 맥도널드의 모스크바 철수를 보도하는 매체들은 발 빠르게 '세계화의 종말'을 말하기도 했다.

왜 하필 모스크바인가? 사막지대인 네게브의 맥도널드 점이야

말로 가지 못하는 곳이 없는 자본 침투력의 끝판왕이 아닌가? 데탕
트 시대 이후 미국과 지속적인 적대관계에 있는 이란은 아직 맥도
널드가 진출하지 못한 몇 안 되는 국가 중 하나인데, 그곳에 맥도널
드 점이 입점한다면 세계화의 완성이라고 해도 될 만하지 않은가?
하지만 맥도널드를 세계화의 키워드로 읽는 이들의 심상에 떠오르
는 것은 모스크바 입점이라는 사건이었다.

'세계화'란 근대적인 공간적 장벽들을 해체하고 새롭게, 이윤의
최적화를 위해 이질적인 것들을 융합하고 분절시키며 재융합하는
관계의 재구축을 함축하는 개념이다. 그런데 모든 근대적 장벽들
중 모스크바로 표상되는 장벽의 구축과 해체가 세계화의 시작과
종말의 징후를 표상하는 장소로 주목받고 있는 것이다. 그것은 '냉
전의 벽'을 돌파하는 것이 세계화의 실제 전개에서 얼마나 중요한지
를 시사한다.

'세계화의 종말=신냉전의 출현'이라는 해석

2022년 2월 24일, 러시아가 우크라이나를 침략했다. 반러시아 감
정이 전 세계 곳곳에서 극도로 고조되었고 이런 반러 기조에 힘입
어 수많은 국가들이 러시아 제재에 동참했다. 맥도널드가 러시아
에서 철수하기로 한 것은 바로 이런 제재 국면에서 발생했다. 해서
세계화가 종식을 고하고 있다는 주장이 가리키는 징후적 사건은
러시아의 우크라이나 침공이다. 그것은 이 전쟁으로 유럽에서 냉전
체제가 다시 부활하게 되었기 때문이다. 6월 29일 개막된 나토정상

회의에서 합의된 '신전략개념'(New Strategic Concept)은 유럽에서 신냉전 시대가 시작되었다는 것을 천명하고 있다.

물론 세계화 종말의 징후는 그 이전부터 곳곳에서 나타나고 있었다. 노동비용을 절감하고 원재료 공급이 원활한 최적지를 찾아 해외 각처로 떠나갔던 기업들의 자국 복귀를 뜻하는 리쇼어링(reshoring) 현상이 2010년대 이후 빠르게 전개되고 있었다. 이런 현상은 수많은 사람들이 세계화가 심어놓은 장밋빛 꿈을 공유할 수 없게 되었다는 사실과 무관하지 않다. 원자재와 최종상품의 생산, 그리고 소비에 이르는 국경 없는 연동체계인 글로벌가치사슬(global value chain)을 촘촘하게 구축하는 과정으로 진행되는 세계화는 최고급 품질의 상품을 저렴한 비용으로 공급함으로써 상류층이나 향유할 수 있는 고품격 삶의 질을 더 많은 이들이 일상적으로 체감할 수 있게 했다. 아니 그런 이데올로기로 둘러싸인 담론체계가 세계화다. 그런데 이런 이데올로기는 최저생계수준을 훨씬 초과하는 수익이 보장된 이들이 사회의 다수를 구성하고 있어야 실현될 수 있는 담론이다. 하지만 실상은 이런 기대와는 너무나 달랐다. 사회의 양극화가 더욱 극심해졌고 중산층이 몰락하고 있었다. 사람들은 저마다 살아남기 위한 생존경쟁에 몰두하거나 깊은 절망감에 좌절하여 무능력자로 전락했다. 세계화가 대다수의 사람들에게 풍요롭지도 행복하지도 않다는 것을 많은 이들이 알아차리게 된 것이다.

그것만이 아니다. 글로벌가치사슬은 원자재에서 최종상품에 이르는 체계적인 공급망이 원활하게 작동하지 않으면 심각한 타격을 받게 된다. 그리고 그 파장은 기업만이 아니라 사회 전반, 나아가 전

지구적인 위기로 이어질 수 있다. 즉 글로벌가치사슬은 효율적으로 작동하는 글로벌공급망(global supply networks)을 절대적으로 필요로 한다. 글로벌공급망의 구축은 주로 국가의 역할과 밀접히 연결된다. 또 국가 간 우호적 상호관계가 매우 중요하다. 하지만 국제관계에서 이런 불안정성은 상존한다. 가령 사드(THAAD) 배치 문제로 발생한 중국의 경제보복은 한·중 간의 글로벌가치사슬을 무력화시켰고, 일본의 반도체 '소·부·장(소재, 부품, 장비) 보복' 또한 한·일 간의 글로벌가치사슬을 무력화시켰다. 그런데 그런 글로벌공급망의 불안정성을 보여주는 사건이 점점 더 빈번하게 전 세계 곳곳에서 발생하고 있었다.

이에 해외로 떠난 기업들의 리쇼어링을 요구하는 사회적 여론이 들끓었다. 이러한 여론은 국가의 정책에 영향을 미친다. 하지만 그것이 곧바로 기업의 리쇼어링으로 이어지지는 않는다. 기술집약성이 높은 기업들은 제조의 스마트화를 통해 노동비용을 절감하는 전략을 구사하곤 했다. 노동자의 역할을 AI가 대체하게 되는 것이다. 이것은 국가가 기업의 리쇼어링을 정책적으로 지원한다고 해도 취업률이 기대한 만큼 높아지지는 않게 된다는 것을 의미한다. 하여 세계화는 중산층의 몰락과 양극화를 심화시켰다. 미국의 트럼프 현상을 비롯한 세계 각국에서 일어나고 있는 반지성주의와 증오의 정치 심화 현상은 세계화가 초래한 양극화 위기의 반향으로 해석되곤 했다.

그래도 2019년까지는 글로벌공급망의 위기가 어느 정도 관리되고 있었다. 한데 코로나 팬데믹 사태에 직면해서 글로벌공급망은 거의 전 영역에서 마비되었다. 그렇다면 세계화 체제 몰락의 결정적 원인일 수 있는 코로나 팬데믹의 발생 이유는 무엇일까. 박쥐와 공생 관계에 있던 바이러스가 종의 장벽을 넘는 종간 감염(inter-species infection) 현상은 가장 널리 통용되는 가설인데, 이것은 세계화가 낳은 부작용이었다는 주장과 연결된다. '종의 경계'를 넘는 바이러스의 거대한 이동은 세계화의 산물인 동시에 세계화 종식의 결정판이라는 얘기다.

더욱 심각한 것은 기후위기다. 그로 인한 재앙은 상상을 불허할 만큼 거대하고 치명적이다. 하지만 위기를 방어하거나 극복하는 일은 거의 불가능에 가깝다. 한데 이런 기후위기의 가장 중요한 원인이 세계화라는 견해가 일반적이다. 세계화가 겨우겨우 지탱하고 있던 지구의 자정 능력을 결정적으로 망가뜨렸다는 것이다.

이러한 세계화 퇴조의 징후들이 누적되고 있는 시점에서 러시아가 우크라이나를 침공했다. 벨라루스도 조지아도 체첸도 러시아 푸틴 체제의 호전성의 희생양이 되었지만, 그땐 이번과 같은 거대한 반러 여론이 세계적으로 일어나지는 않았다. 한데 이번엔 달랐다. 세계는 러시아에 분노했고, 전쟁 이후 세 달 동안 모른 체하며 모스크바점을 유지하던 맥도널드 경영진도 마지못해 철수를 선언했다.

앞에서 언급한 여러 세계화의 징후들보다 더 결정적인 세계화 종식의 징후로서 우크라이나 전쟁을 부각시킨 것은 미국의 바이든 정부의 전략과 밀접한 연관이 있다. 바이든 정부는 전쟁 이후 발 빠르게 냉전적인 글로벌공급망을 무기화하는 기획을 디자인했다. 반도체와 배터리의 국제공급망에서 러시아와 중국을 배제(decoupling)

하고자 한 것이다. 여기서 중국이 소환되는 것은 중국이 러시아와 한편이라고 보았기 때문이다. 사실 그런 조짐이 명백히 있었다. 미국의 대중국 압박이 점점 촘촘하게 조여지고 있는 상황에서 시진핑 체제에 대한 전 세계적인 악마화 담론이 확산되자 2022년 베이징올림픽 당시 시진핑과 푸틴은 '제한 없는 파트너십'(no-limits partnership)을 천명했다. 그런데 미국이 반도체와 배터리를 동맹의 무기로 끌고 들어온 것은, 바이든의 냉전 기획의 과녁이 러시아가 아니라 중국에 맞추어져 있다는 것을 시사한다. 현행의 세계화를 추동하는 핵심 산업인 이 분야에서 중국이 미국을 위협하기에 충분한 능력을 갖추고 있었기 때문이다.

　반도체와 배터리는 2019년 이후 유럽과 미국의 경제전문가들에 의해 지난 세기의 석유처럼 새로운 글로벌공급망의 핵심자원으로 평가되곤 했다. 해서 그들은 글로벌공급망의 안정을 위한 '새로운 오펙(OPEC)'의 필요성을 제기했다. 이때까지 '새로운 오펙'의 필요성을 강조하는 주장들은 글로벌가치사슬을 효과적으로 작동시키기 위한 위기관리의 관점에서 제기되었다. 한데 바이든 정부의 재무장관이자 저명한 경제학자인 자넷 옐런(Janet Louise Yellen)은 '가치동맹'(value alliance)의 필요성 속에 글로벌공급망이 재구축되어야 한다고 주장했다. 이것이 의미하는 바는 중국과 러시아를 고립시키는 글로벌공급망을 만들고자 한다는 것이다. 해서 그녀는 반러·반중의 가치동맹세력이 결속하여 재구축한 글로벌공급망 안에서 글로벌가치사슬이 작동되게 해야 한다고 주장하면서, 기업들이 자국으로 회귀하는 리쇼어링이 아닌 동맹국 간의 네트워크 안에서 움직이는 '프렌드쇼어링'(friend-shoring)의 필요성을 주장했다.

여기서 '글로벌가치사슬'의 '가치'(value)는, 앞서 말했듯이, 냉전의 장벽 같은 일체의 단절의 장소성을 꿰뚫는 시장 네트워크를 통해 전 세계 모든 사람이 고품격의 상품을 저렴하게 소비할 수 있는 세상을 향한 꿈이 함축되어 있다. 반면 '가치동맹'의 '가치'는 이웃나라(우크라이나, 벨라루스, 조지아, 체첸 등)를 침략하는 것에 반대하고, 소수민족(티벳, 위그르 등)의 자존권을 훼손하는 것에 반대한다는 명분 아래 주장되었다. 물론 이 '아름다운 주장'들을 곧이곧대로 받아들이는 순수함은 현실을 이해하는 데 별로 도움이 되지 않는다. 왜냐면 그 속에는 미국의 헤게모니 전략이 내포되어 있기 때문이다.

이렇게 바이든 정부는 글로벌공급망의 재구축 동기를 '경제'에서 '윤리'로 전환시키려 한다. 물론 이 '윤리'에는 단절의 장소성으로 세계의 질서를 구축하려는 미국적 욕망이 담겨 있다. 그리고 이러한 단절의 장소성을 통한 세계의 질서를 대표하는 것이 냉전체제다. 즉 경제에서 윤리로의 프레임 이동은 세계화에서 냉전으로의 이동을 의미한다. 이윤을 통한 가치사슬을 구축하는 데 주축의 역할을 한 것은 '뉴욕'으로 상징되는 금융시장세력이다. 반면 워싱턴은 정치적 헤게모니 담론이 형성되는 상징적 장소다. 해서 미국적 관점에서 탈세계화와 신냉전으로의 전환을 이야기한다면, 세계화 시대가 '뉴욕'의 헤게모니에 '워싱턴'이 견인되는 시대였다면, 냉전 시대는 '워싱턴'의 헤게모니에 뉴욕의 금융자본의 욕구가 견인되는 시대라고 할 수 있다.

요컨대 미국의 바이든 정부는 '새로운 냉전' 체제의 도래를 통해 미국의 세계 헤게모니를 유지하려 한다. 해서 많은 매체들은 우크라이나 전쟁을 '세계화의 종말과 신냉전 시대 도래'의 결정적 징후라고 해석하곤 했다.

'세계화의 종말=(신냉전이 아니라) 전략적 냉전'이라는 해석

지금까지 우리는 우크라이나 전쟁을 세계화의 종말과 신냉전의 출현 계기로 해석하는 견해에 대해 살펴보았다. 그러나 실제는 그렇게 단순하지 않다. 말했듯이 그런 해석을 주도한 것은 바이든 정부였다. 여기서 우리는 혼란에 빠지지 않을 수 없다. 앞에서 말했듯이 기 소르망이나 브루디외 등 많은 사상가들에 의하면 다양한 양상으로 전개되는 세계화의 흐름들을 주변화시키고 마치 하나의 거대한 흐름처럼 만들어버린 것은 이른바 미국적인 '천박한' 자본주의였다. 해서 그들은 세계화란 미국화에 다름 아니라고 말하기까지 했다. 이때 미국적인 천박함의 요체는 모든 가치와 전통을 다 녹여버리고 이윤율에 집착하는 것을 말한다. 한데 미국의 바이든 정부가, 명분으로나마 가치를 전면에 내세우는 정치권력의 한 분파가 이 세계화 종말 시나리오를 주도하고 있다는 것은 도대체 무엇일까.

이 모순에 대한 일반적인 해석은 '중국을 견제하기 위해 미국이 세계화를 종식시켜야 했다'는 것이다. 미국은 세계의 패권국가가 된 이후 자국 GDP의 40%를 상회하는 나라가 있을 경우 그 나라의 성장잠재력을 무너뜨려 왔다고 한다. 1970년대 소련이 그랬고 1980년대 일본이 그랬다. 한데 2천년대에는 중국이 그런 나라로 부상했다. 중국이 미국 GDP의 40% 수준에 도달한 때는 2008년 무렵이었다. 하지만 리먼브라더스 발 금융위기로 허덕이던 미국은 어떠한 조처도 취할 수 없었다. 그러는 사이 중국은 고속성장을 거듭하여, 코로나 팬데믹이 한창인 2020년에는 70%를 넘어섰다. 해서 미국의 권위 있는 싱크탱크인 부르킹스 연구소는 2028년에는 중국이 미국을 추월하게 될 것이라는 분석을 내놓았다.

그런데 중국의 급성장은 세계화의 결과였다. '핑퐁외교'라는 국제적 이벤트를 계기로 미국과 중국을 가르던 '죽의 장막'이라는 이름의 냉전체제가 해체되면서 중국도 세계화의 거대한 네트워크 속에 편입되었다. 그것이 세계 경제에 미친 영향은 실로 엄청났다. 전 세계는 '메이드 인 차이나'(Made in China)가 기재된 상품들로 가득하게 되었다. 당연히 이 과정에서 가장 큰 이익을 얻은 나라는 중국이었다.

여기서 주지할 것은 세계화의 흐름을 주도한 것이 미국이라는 사실이다. 구체적으로 말하면 미국의 글로벌 자본이다. 그리고 그들의 세계화 담론의 중심 장소는 '뉴욕'이다. 그러니까 중국을 글로벌 가치사슬에 편입시킴으로서 벌어질 세계화의 장밋빛 판타지를 주도한 담론 세력은 뉴욕 중심의 글로벌 자본인 것이다. 전 세계의 자본들은 이 미국적 세계화 담론에 충성스럽게 공조했다.

한데 또 다른 미국은 그런 중국의 상승을 좌시할 수 없었다. 그들은 미국의 정치경제적 헤게모니를 우선으로 하는 세력이다. 그리고 그런 국가주의적 담론의 중심 장소는 '워싱턴'이었다. 여기에는 미국정치를 주도하는 두 당인 민주당과 공화당 모두 별반 차이가 없다. 하지만 민주당이 훨씬 더 적극적이었다. 오바마와 바이든 정부가 그랬다. 특히 추월당할 위기에 발등 찍힌 바이든 정부는 굉장히 강력한 중국 압박에 나섰다.

앞에서 언급한 나토정상회의에서 채택된 '신전략개념'은 러시아의 우크라이나 침공에 대응하면서 과거에 '전략적 파트너'였던 러시아를 고립시키는 '냉전의 장벽'을 세우는 내용을 중심으로 하고 있다. 한데 이 대목에서 뜬금없이 중국을 등장시킨다. 위에서 언급한 것처럼, 최근 중국과 러시아는 한층 가까워졌다. 하지만 중국이 전쟁 가해국인 러시아에 적극적이든 소극적이든 동조하는 유일한 나라가 아니라는 점에서 뜬금없다. 그럼에도 중국을 나토의 이익과 안보와 가치에 도전하는 세력으로 규정하고 있다. 이것은 곧바로 중국의 강경한 반응을 야기시켰다. 하여 중국과 러시아를 고립시키는 장벽이 재구축된 것이다.

그런데 나토의 이런 태도가 과연 나토 가입국들의 일관된 입장일까. 주목할 것은 신전략개념의 단호함에도 불구하고 독일, 프랑스 등 나토 중심국가들을 포함한 많은 나토 회원국들은 냉전의 장벽을 재구축하는 일에 소극적 태도를 보이고 있다는 사실이다. 해서 나토의 신전략개념은 나토의 모든 회원국의 실질적 동의에 기초한 것이 아니다. 아니 그것은 처음부터 끝까지 바이든 정부의 입장을 과도하게 반영한 것이다. 해서 바이든이 강조하는 '윤리의 장벽'은 나토 회원국들에서조차 균열이 심한 허술한 장벽이다.

그뿐이 아니다. 미국의 전통적 우방국이던 이스라엘, 사우디아라비아, UAE 등이 러시아와 중국에 대한 제재의 대열에 동참하지 않았고, 인도, 인도네시아, 브라질, 남아공, 멕시코 등 각 대륙을 대표하는 글로벌 사우쓰(global South) 국가들도 마찬가지였다.

바이든 정부는 '가치동맹'이라는 이름으로 윤리적 장벽을 구축하고자 했는데, 세계의 많은 나라들이 그 '윤리'에 동참하지 않았다. '윤리'가 이해관계를 압도하는 행위의 준거로 작동하려면 '보편성'을 세계 각국으로부터 공준받아야 하는데, 많은 나라들은 그 '윤리'가 글로벌한 보편적 윤리가 아니라 자국 중심주의적인 워싱턴의 윤리에 지나지 않는다고 보는 것이다.

과거 냉전 시대에는 이념의 장벽이 윤리적 보편성을 지닌다는 포괄적 합의가 우세한 논리로 작동하고 있었다. 그런 논리에 적극적인 세력이 각국의 정부를 구성하고 있었기 때문이다. 한데 2022년 미국 바이든 정부가 주도한 가치동맹의 윤리는 그런 합의가 부재하다. 앞으로 그렇게 될지 아닐지 가늠할 수 없다. 다만 현재의 관점에서 그것은 냉전의 재구축이라는 의미의 '신냉전'이라기보다는 '전략적 냉전'에 가깝다. 냉전에 대한 윤리적 동의보다는 미국의 적극적 경계 짓기의 압박에 대한 전략적 동의에 기반을 둔 냉전인 것이다.

문재인 정부의 해석: 세계화의 확장과 동아시아 탈냉전으로서의 한반도평화체제

시계를 조금 앞으로 돌려보자. 2018년 평창동계올림픽이 열렸다. 여기에 북한선수단 46명과 응원단 229명이 참여했다. 한국정부가 주도하고 국제올림픽위원회가 공조한 평화 이벤트가 꽁꽁 얼어있던 양국의 관계 개선이라는 결실을 맺었다. 곧이어 남북회담이 재개되었고, 양국 정상이 만나는 역대급 국제 이벤트가 열렸다. 그리고 한반도 종전선언을 위한 미국과 북한의 정상회담이 이어졌다. 이에 트럼프와 김정은을 회담장 안으로 불러들인 '문재인 정부의 운전자론'이 부상했다.

운전자론이 성공적으로 작동했던 것은 문재인 정부의 평화구상이 한반도를 둘러싼 당사국들의 이해관계를 엮어놓았기 때문이다. 이미 세계화의 대열에 들어선 중국과 러시아는 극동지역을 글로벌 가치사슬에 편입시키려는 계획을 추진하고 있었다. 세계화의 부작용인 지구온난화로 북극의 빙하가 녹아내리면서, 선박이 그 지역을 통과하는 것이 가능하게 됨으로써 이런 계획의 실현 가능성이 한층 구체화된 된 것이다. 동북아 지역의 자원을 중계하는 허브항 역할을 두고 도쿄, 상하이, 부산이 경합을 벌이고 있었다. 박근혜 정권 초기인 2014년 드레스덴 선언(Dresden Declaration)으로 한반도 평화체제를 위한 구상이 제기된 바 있었으나, 북한을 회담장 안으로 끌어들이는 기술의 부족으로 당시엔 조금도 진척이 없었다. 하지만 문재인 정부는 종전선언에서 남북철도 건설로 이어지는 평화구상을 통해 글로벌공급망을 구축함으로써 글로벌가치사슬을 실현하는 동북아 허브항 경쟁에서 부산의 입지를 결정적으로 격상시켰다.

이로써 문 정부는 뉴욕 중심의 글로벌 자본의 지지를 받아내는 데 성공했다. 하여 동북아 허브항으로서 부산을 발전시키는 데 국제적 자본의 투자가 줄줄이 성사되고 있었고 막대한 비용이 드는 남북철도 건설사업에도 투자의 유치가 충분히 기대되었다. 이는 트럼프 정부를 회담장 안으로 끌어들이는 것으로 이어졌다.

요컨대 문재인 정부의 한반도평화구상은 자본의 세계화담론의 망 안에서 디자인된 것이다. 뉴욕 중심의 글로벌 자본은 세계에서 하나 남은 냉전지대인 동북아를 탈냉전화함으로써 이곳의 풍부한 자원을 활용하는 글로벌가치사슬을 가설하여 막대한 초과이윤을 획득하고자 했다. 문재인 정부는 그런 자본의 욕구를 평화체제와 연계시킴으로써 '명분 있는 세계화'의 알리바이를 제공하였다. 그것이 문재인 정부의 운전자론이 일정한 성과를 이룩한 이유였다.

그러나 트럼프 정권이 종전선언을 바로 앞둔 상황에서 등을 돌림으로써, 문재인 정부의 평화구상은 최종적으로 좌절되고 말았다. 트럼프 정부가 그런 변덕을 부린 것은 이 정권의 원천적인 불안정함이 낳은 결과였다. 트럼프 체제는, 비교적 안정된 지지기반을 갖고 있던 오바마 정권에 반대하는 다양한 세력의 전략적 결합체였기에 집권 이후 일관된 정치를 펴지 못했다. 트럼프 자신이 투기자본가로서 정치적 공리보다는 이윤지상주의적 실용 정권을 추구했음에도, 동시에 존 볼턴으로 대표되는 신보수파적 극우이념세력에 경도되곤 했다. 볼턴은 트럼프가 동아시아 냉전체제를 해체함으로써 중국의 팽창주의에 기회를 주는 통치자가 되지 않도록 영향을 미친 것으로 보인다.

하여 2018년부터 이듬해까지 왕성하게 전개된, 동북아 지역의 세계화 프로젝트는 냉전 해체를 실현시키지 못함으로써 실패하고 말았다. 이것은 전 세계적으로 냉전과 세계화를 둘러싼 경쟁에서 냉전이 주도권을 쥐는 하나의 계기가 되었다. 그리고 2022년 우크라이나 전쟁은 바야흐로 전 세계를 냉전의 소용돌이 속에 휘몰아 넣었다. 지속적으로 냉전을 추구한 일본과 모호한 태도의 대만, 그리고 세계화를 적극 추구한 한국의 윤석열 정권은 모두 우크라이나 전쟁 이후 미국보다 더 강력한 냉전세력으로서 갈등의 전면에 서게 되었다.

포스트세계화 시대 민중신학

한반도평화체제에 관한 문재인 정부의 구상은, 위에서 보았듯이, 세계화의 확대를 지향하는 자본 분파의 욕구와 연결되어 있었다. 어찌 보면 그러한 자본의 욕구를 '공공성의 확대'라는 차원에서 활용한 결과일 수 있다는 점에서 긍정적 평가가 가능하다. 그러나 다른 한편, 문 정부의 평화체제 구상은 지구온난화로 녹아내리고 있는 북극 빙하를 자본축적에 활용하려는 자본의 욕구에 편승하고 있다는 점에서 지구적 공공성의 위험을 간과하고 있었다. 또한 문 정부의 구상은 세계화의 확대가 가져다줄 성장에 대한 국가주의적 낙관론을 기반으로 하고 있지만, 그것이 분배의 위기를 더욱 심화시킬 우려에 대해서 이렇다 할 대안을 갖고 있지 않았다. 아마도 평화체제가 가져다 줄 막대한 경제적 이윤이 낙수효과로 이어질 것을 막연히 기대했던 것 같고, 다른 한편 문 정부가 추진하고 있던 국가복지 정책이 그것을 보충해줄 수 있을 것이라고 기대했을 것이다. 하지만 세계화가 더욱 활발하게 진행되면 국경을 넘는 인구의 유입이 크게 증가할 것이 분명하다. 국가복지는 이 문제에 대한 대안일 수 없다. 물론 청와대 민정수석이던 조국이 주도한 헌법개정안에서 기본권의 주체를 '국민에서 사람'으로 바꾸겠다고 천명한 것은 이 문제에 대한 중요한 해법, 아니 최소한 그 실마리가 될 수 있었다. 하지만 정부가 발의한 이 헌법개정안은 국회에 상정되지도 못했다. 야당과 주류 언론의 반대도 강했지만, 문 정부를 구성하는 다수의 인사들도 이 논점에 대해 공감하지 않았다. 해서 문 정부는 집권기간 내내 이 논점을 반영한 어떠한 개혁조치도 실행에 옮기지 않았다.

한편 문재인 정부가 주도했던 평화구상의 실패는 전 세계적으로 평화보다는 냉전의 정치가 더욱 활개치게 하는 계기가 되었다. 그것은 트럼프 정부가 이후 대중(對中) 견제에 적극적 행보를 취하게 된 것과 관계가 있다. 이것은 냉전의 장벽을 허물고 글로벌가치사슬을 더 촘촘하게 작동하게 하려는 자본의 관심을 제한하는 효과가 있었다. 여기에 바이든 정부는, 앞에서 말했듯이, 훨씬 더 적극적으로 냉전의 장벽을 강화시키는 정치를 폈다.

그러는 중에 우크라이나 전쟁이 벌어졌고, 미국은 이 전쟁을 계기 삼아 냉전의 선을 전 지구적으로 확장하고자 했다. 그러나 그것이 세계화를 종식시킨 것은 아니다. 그런 해석들은 센세이셔널리즘에 경도된 과잉해석이다. 글로벌가치사슬과 글로벌공급망이 냉전의 장벽에 막히게 되었다는 점에서 세계화 추세는 단절되었지만, 그 단절의 장벽 내에선 어떠한 장벽에도 구애받지 않는 세계화가 계속되고 있다는 점에서 세계화는 건재하다. 앞에서 인용한 재닛 옐런의 '프랜드쇼어링'은 자국을 떠난 기업들이 모든 글로벌가치사슬을 철폐하고 자국으로 리쇼어링하기보다는 동맹국들 내에서 여전히 오프쇼어링(offshoring)하는 하는 것이 필요하다는 주장이다. 해서 '세계화 종식'이 아니라 단절과 지속의 세계화라는 뜻의 '포스트 세계화'라는 말이 현재의 지형에서 더 적합한 표현이다.

아무튼 세계화는 양극화를 심화시켰고, 많은 이들은 몰락하는 한편에 속하지 않기 위해 살인적인 무한경쟁에 혼신을 다하게 되었으며, 이미 몰락한 이들은 상승에 대한 기대를 포기한 채 무력감과 좌절감을 안고 살아간다. 한데 그것은 또 다른 문제로 이어졌다. 사람들은 일상에서 매우 폭력적인 존재가 되었다. '더 약한 이들'을 향한 폭력이 일상화되었다. 이런 폭력은 인종, 성, 비국민 등을 향한 범주적 공격성으로도 나타났다. 전 세계적으로 범주적 폭력(categorial violence)이 급증했다. 흔히 '혐오범죄'(hate crime)라고 부르는 현상이 세계 곳곳에서 폭발적으로 증가하고 있는 것이다. 그리고 그런 혐오주의를 부추기는 정치세력이 득세하고 있다. 우크라이나 동부에서 벌어진 러시아계 우크라이나인들을 향한 신나치주의자들의 대규모 혐오범죄들은 러시아가 우크라이나를 침공하는 명분이 되었다. 한편 '더 약한 인간'만이 이러한 폭력성의 유일한 피해자는 아니다. 비인간적 존재들, 나아가 비생명체들도 인간의 폭력성의 희생자가 되었다. 여기에 세계화로 인해 극대화된 지구 파괴 문명도 문제다.

세계화가 낳은 이런 위기가 냉전체제를 불러왔다. 즉 포스트세계화가 오늘날에는 냉전이 확대되는 양상으로 구현되고 있다. 한데 그것은 인간의 폭력성, 혹은 인류 문명의 폭력성을 성찰한 결과가 아니라 그것을 퇴행적으로 해석한 정치 공간의 확대를 뜻한다.

오늘의 민중신학이 직면하고 있는 현실은 바로 여기다. 귀속 공간을 박탈당한 존재들, 민중신학이 오클로스라고 부른 존재들은 오늘날 세계 곳곳에서 자신이 겪고 있는 고통을 스스로 말하지 못한 채 죽음 같은 삶을 살고 있다. 냉전의 장벽은 글로벌가치사슬을 구축하는 기업들의 이동을 제한하는 거대한 하나의 장벽으로 존재하지만, 오클로스들에게 냉전의 장벽은 무수한 '미시적 장벽들'로 구현된다. 자이니치(在日) 경제학자 강상중은 그것을 '내적 국경들'이라고 불렀다. 즉 포스트세계화의 공간 구석구석에 무수한 내적 국경들이 촘촘하게 만들어지고 있다. 해서 그 장벽을 넘지 못한 오클로스들은 장벽 주변에서 주검이 되고 있다.

장벽 저편의 주검이 되어가는 오클로스들은 자신의 이해관계를 이야기할 언어를 잃어버린 자들이다. 민중신학은 그런 이들의 증상을 '사회적 실어증'(social aphasia)이라고 말했다. 자신을 표현할 언어가 유실되었으니 그들은 존재하지 않는 자, 곧 주검이 된 자들인 것이다. 하여 주검 같은 존재들인 오클로스들은 계급으로 주체화되지 못한 비계급이며 서민의 자격을 박탈당한 비서민, 곧 언더클래스(underclass)이고 언더커먼스(undercommons)다. 민중신학은 오래 전부터 실어증 상태에 놓인 이런 자들을 찾아내고 그들의 은폐된 몸의 언어를 경청하며 그것을 사회에 증언하는 일을 담당하는 것을 소명으로 삼아왔다. 또한 그들을 실어증 걸리게 만들어 놓은 질서에 균열 내는 것을 과제로 삼아왔다.

세계화에 공공성을 부여하든 아니면 (전략적) 냉전체제에 공공성을 부여하든, 모든 장벽을 허물든 냉전의 장벽을 가설하든, 그런 공공성은 언더클래스 혹은 언더커먼스들에겐 '루저들의 게토'로 내몰리는 질서에 다름 아니다. 왜냐면 그 공공성은 계급으로서 혹은 시민으로서 사회적 발언권을 갖고 있는 이들이 참여하는 공론장(규범적 의사소통의 장)에서 소통되고 합의된 공공성에 지나지 않기 때문이다. 해서 민중신학은 규범적 공론장의 의사소통 체계에 이의를 제기하는 논리를 발견하는 임무를 수행해야 한다. 그런 규범적 공론장은 마치 종교처럼 절대적 진리의 보증을 받고 있기 때문이다. 해서 그런 질서의 종교성을 비판하는 것이 요청된다. 이것이 민중신학이 필요한 이유다.

한편 규범적 공론장에서 배제된 이들, 언어를 박탈당하고 죽은 자처럼 존재하는 언더클래스 혹은 언더커먼스들은 불협화음 같은 존재다. 그들은 언어가 되지 못한 소리를 발화하거나 퀴어적인 기괴한 몸짓으로 표현한다. 규범적 공론장은 그들의 소리를, 몸의 언어를 듣지도 보지도 못한다. 해서 규범적 공론장이 만들어낸 질서에는 그런 이들이 배제되어 있다. 급진민주주의론을 제기한 에르네트토 라클라우(Ernesto Laclau)와 샹탈 무페(Chantal Mouffe)는 이런 불협화음의 공론장을 '아고니즘적 공론장'(agonistic space)이라고 불렀다. 한국의 드라마 〈사이코지만 괜찮아〉는 정신장애자들의 요양병원에서 아고니즘적 공론장이 어떻게 구현되는지를 상상적으로 묘사한 바 있다. 민중신학은, 상상적 공간이든 실재하는 공간이든 이 드라마처럼 불협화음들이 공감을 일으키고 소통을 구현해 가는 장들을 만들어내는 것을 발견하고 그것을 규범적 공론장에서 전시하는 역할을 담당할 필요가 있다.

이를 요약하면 이렇다. 문재인 정부는 포스트세계화 시대의 평화문제를 언더클래스 혹은 언더커먼스를 생략한 채 만들어내는 공공성으로 구체화하려 했다. 윤석열 정부는 냉전체제 하에서 자본의 이해 확대에 집착하면서 그것이 마치 서민에게도 유용한 것이라는 주장을 공론장에서 펴고자 한다. 그러나 민중신학은 어느 경우든 그런 공론장이 언더클래스 혹은 언더커먼스에게는 위선적이며 폭력적인 공공성에 지나지 않음을 고발하는 과제를 안고 있다.

한데 여기서 민중신학은 좀 더 확대된 지평으로 생각을 발전시킬 필요가 있다. 안병무는 그것을 죽임의 체제를 넘어서는 '살림'이라는 화두로 제기한 바 있다. 문재인 정부의 평화체제가 함축하는 공공성이 지구적 공공성의 위험을 내포하고 있다는 점은, 그것이 죽임의 체계와 동거하는 평화담론임을 시사한다. 윤석열 정부의 핵에너지 확장론은 좀 더 노골적인 죽임의 체계를 보여준다. 캐서린 켈러는 언더커먼스를 인간만이 아니라 모든 존재하는 것으로 확장하여 해석한다. 서민의 체계에 의해 폭행당하는 모든 존재가 언더커먼스다. 하여 안병무의 오클로스를 살리는 체계인 '살림'은 캐서린 켈러가 추구하는 우주적 언더커먼스를 포괄하는 공공성의 체제로서의 종말론 담론과 중첩된다. 하여 우리 시대 민중신학의 평화 담론은 포스트세계화 시대의 다양한 공공성들이 간과하고 있는 배제된 존재들의 '살림'에 관한 담론이라고 규정지을 수 있다.

글쓴이

김나미

미국에서 신학과 종교학을 공부했고, 현재 미국 남부 도시 애틀란타에 위치한 스펠만 대학에서 가르치고 있다. 군국주의와 기후문제의 연관을 트랜스내셔널 페미니스트 시각에서 보는 작업을 하고 있으며, 북미의 여성신학자 네트워크인 팬어텀(PANAAWTM)에서 활동하고 있다. 저서로 *The Gendered Politics of the Korean Protestant Right: Hegemonic Masculinity*가 있고, *Feminist Praxis against U.S. Militarism* 와 *Critical Theology against U.S. Militarism in Asia: Decolonization and Deimperialization*을 공동 편집하였다.

김진호

오늘의 한국사회는 어떻게 작동하고 있을까? 한국교회는 여기에 어떻게 관여해 왔을까? 특히 고통의 비대칭적 체계화와 한국교회는 어떤 연관이 있을까? 민중신학 연구자로서 30여 년간 그의 탐구는 바로 이 물음을 초점으로 해왔다. 민중신학적 교회인 한백교회를 담임했고, 인문사회비평 잡지인 계간 『당대비평』의 편집주간을 역임했으며, 재야 민중신학 연구기관인 제3시대그리스도교연구소 연구실장으로 재직하다 은퇴했다. 〈한겨레신문〉, 〈경향신문〉, 〈서울신문〉 등에서 칼럼니스트로 활동했고, 『예수의 독설』, 『리부팅 바울』, 『성서와 동성애』, 『대형교회와 웰빙보수주의』, 『권력과 교회』, 『반신학의 미소』, 등을 썼다.

김희헌

한신대에서 신학을 공부하고, 미국 클레어몬트 대학원에서 민중신학과 과정 사상을 엮은 논문으로 종교철학 박사학위를 받았다. 현재, 향린교회 담임목사로서 한국기독교장로회 평화통일위원장과 효순미선평화공원사업위원회 대표로서 평화운동에 관심을 두고 있으며, 한국민중신학회, 평화와 신학, 한신대 생태문명원을 중심으로 연구 활동을 잇고 있다. 저서로 *Minjung and Process*, 『민중신학과 범재신론』, 『서남동의 철학』, 『하나님만 믿고 모험하라』 등이 있으며, 역서로 『위대한 두 진리』, 『폭력에로의 타락』, 『진화하는 종교』 등이 있다. 동료들과 『생명과 평화를 여는 그리스도인』, 『한국신학의 선구자들』, *Nature's Transcendence and Immanence* 등을 함께 저술하였다.

배근주

기독교 사회윤리학자로 미국 오하이오주 데니슨 대학교 (Denison University) 종교학과와 여성학과 교수이며, 종교학과장이다. 미국 성공회 사제이기도 하다. 예일대학교에서 목회학 석사를 뉴욕 유니언 신학교에서 기독교 사회윤리로 박사학위를 받았다. 평화와 전쟁 윤리, 탈식민주의 여성윤리, 사회운동과 영성, 종교와 페미니스트 반전운동, 기지촌 여성 인권 운동 등과 함께 미군사주의에 의해 야기되는 다양한 사회, 경제, 정치, 환경 문제에 대해 연구하고 글을 써왔다. 저서로 Transpacific Imagination of Theology, Ethics, and Spiritual Activism, "Indecent Resurgence: God's Solidarity against the Gendered War on COVID," "Imagining Transnational Feminist Theo-Ethics and Solidarity," "Soldiering and Militarized Prostitution," "Introducing Asian Transpacific American Feminist Theology," "Spiritual Activism as interfaith Dialogue: When Military Prostitution matters" 등이 있다.

송진순

이화여자대학교에서 기독교학과 국문학을 전공하고, 동대학원에서 성서신학으로 박사학위를 받았다. 대학에서 교양강의를 하면서 젠더적 관점에서 생태와 사회문제를 성찰하면서 인문학적으로 성서를 읽고 소통하는 작업을 하고 있다. 또한 개신교와 사회 관계에 대한 관심을 갖고 매년 실시하는 "한국 개신교인의 인식조사" 연구원으로 활동하면서 사회현상학의 지평을 확장하고 있다. 공저로는 『혐오와 여성신학』, 『하나님의 형상, 우리 여성』, 『성폭력, 성경, 교회』, 『지구생명체의 위기와 기독교 복음』, 『기후위기 한국교회에 묻는다』, 『한국기독교의 보수화, 어느 지점에 있나』, 『코로나 펜데믹과 기후위기 시대, 생물다양성에 주목하다』, 『제4차 산업혁명 시대의 인간 상황에 대한 신학적 성찰』 외 다수가 있다.

양권석

학부에서는 전자공학을 공부하고, 대학원에서 신학을 공부하였으며, 대한성공회에서 성직서품을 받은 이후에, 영국에서는 문화와 성서해석의 관계를 연구한 성서해석학 논문으로 박사학위를 받았다. 귀국하여 성공회대학교 신학과에서 〈성서해석학〉, 〈문화와 신학〉, 〈탈식민주의 비평과 신학〉, 〈식민주의와 선교〉 등을 강의하였으며, 최근에는 탈식민주의 비평과 생태비평을 신유물론을 통해서 연결하는 성서해석과 신학의 방법론에 관심을 가지고 강의하고 있다. 성공회대학교 재직 중에 부총장과 총장을 역임한 바 있으며, 한국기독교교회협의회의 신앙과 직제위원회와 신학위원회 위원장으로 에큐메니칼 운동에 참여하기도 하였다. 한국 에큐메니칼 학회 학회장을 지냈으며, 현재 제3시대그리스도교연구소 소장을 맡고 있다. 최근에 『당신들의 신국』, 『바이러스에 걸린 교회』, 『바이러스, 팬데믹, 그리고 교회』 등을 공저하였으며, 『탈식민주의 성서비평』을 공역하였다. 화해와 분단의 주제와 관련해서는, 금년에 "Division Trauma and Forgiveness"를 학술지 『마당』에 발표하였다.

이상철

크리스챤아카데미 원장, 한백교회 담임목사, 한신대 신학과 겸임교수로 활동하는 N잡러 인문/신학자이다. 미국에서 '레비나스의 타자의 윤리학'으로 박사학위를 받고 귀국했다. 대중문화와 사회현상에 드러난 당대의 문화적, 윤리적 이슈를 해명하는 작업에 관심이 크고, 시시각각 새로운 형태로 변모하는 자본의 패권적 질서에 맞서 신학적으로, 윤리적으로 제동을 거는 것이 신학함의 중요한 이유라 생각한다. 단행본으로 『죽은 신의 인문학』, 『탈경계의 신학』이 있고, 『인간 너머의 인간』, 『코로나19와 한국교회의 사회인식』, 『한국 기독교의 보수화, 어느 지점에 있나』, 『아픔 넘어 : 고통의 인문학』, 『민중신학, 고통의 시대를 읽다』, 『가장 많이 알고 있음에도 가장 숙고되지 못한 '십계'에 대한 인문학적 고찰』, 『헤아려본 세월』등 10여 권의 공저가 있다.

이찬수

서강대학교 화학과를 거쳐 대학원 종교학과에서 니시타니 케이지와 칼 라너의 사상을 비교하는 논문으로 박사학위를 받았다. 강남대 교수, 서울 대 통일평화연구원 HK연구교수, 코세이가쿠린 객원교수, 중앙학술연구소 객원연구원, 난잔대학 객원연구원, 성공회대 대우교수, 보훈교육연구 원장 등을 지냈다. 신학, 종교학, 평화학 등을 강의하고 연구하면서 『평화와 평화들』, 『사회는 왜 아픈가』, 『메이지의 그늘』, 『다르지만 조화한 다 불교와 기독교의 내통』, 『평화의 여러가지 얼굴』(공편저), 『세계평화 개념사』(공저), 『사회주의 베트남의 역사와 정치』(공저), 『탈사회주의 체

제전환과 발트삼국의 길』(공저) 『北東アジア·市民社会·キリスト教から観た平和』(공저) 등 80여 권의 단행본과 90여 편의 논문을 출판했다. 현재 가톨릭대에서 평화학을 강의하고 있다.

정경일

한국에서 철학, 신학, 종교학을 공부했고, 미국에서 종교신학을 연구한 후 참여불교와 해방신학을 비교한 논문으로 박사학위를 받았다. 귀국 후 새길기독사회문화원 원장을 역임했고, 현재 평화와 신학, 한국민중신학회, 차별과 혐오 없는 평등세상을 바라는 그리스도인 네트워크, 416생명안전공원예배팀 등에서 활동하며 '사회적 영성'을 실천하려 애쓰고 있다. 공저로 『순례』, _Terrorism, Religion, and Global Peace_, 『사회적 영성』, 『고통의 시대 자비를 생각한다』, 『민중신학, 고통의 시대를 읽다』, 『아픔 넘어 : 고통의 인문학』, 『일본의 종교문화와 비판불교』, 『바이러스에 걸린 교회』 등이 있고, 역서는 『붓다 없이 나는 그리스도인일 수 없었다』(공역)와 『신성한 목소리가 부른다 : 개인의 소명과 사회적 양심』이 있다.

조민아

한국에서 그리스도교 윤리학을, 미국에서 구성신학과 영성신학을 공부한 후 베긴 신비주의 문학과 재미 예술가 고 차학경의 글을 통해 신학적 글쓰기의 의미를 연구한 논문으로 박사학위를 받았다. 현재 미국 워싱턴의 조지타운 대학에서 가르치고 있으며, 미국과 한국을 오가며 대학과 다양한 공간에서 배움을 나누는 일을 하고 있다. 저서로 『일상과 신비주의』, 공저로 _Women, Writing, Theology: Transforming a Tradition of Exclusion, Reading Minjung Theology in the Twenty-First_

Century, Theologies of Failure, Leading Wisdom: Asian and Asian North American Women Leaders, 『혐오와 한국교회』, 『바이러스에 걸린 교회』, 『사회적 영성』, 『우리시대, 우리신학을 말하다』, 『21세기 세계여성신학의 동향』, 『당신들의 신국』이 있다.

최진영

뉴욕 주에 있는 콜게이트 로체스터 크로저 신학교(Colgate Rochester Crozer Divinity School) 신약학 교수로 재직하고 있으며, 초기 기독교 문헌을 제국, 인종, 문화, 경제, 젠더의 교차성과 탈식민주의 관점에서 해석하는 작업을 해왔다. 북미 성서학회(Society of Biblical Literature)에서 유색인종 학자들의 연대를 도모하는 일들을 해왔으며, *Semeia Studies*와 *International Voices in Biblical Studies*의 편집위원으로 활동하고 있다. 저서로서 *Postcolonial Discipleship of Embodiment: An Asian and Asian American Feminist Reading of the Gospel of Mark* (Palgrave Macmillan, 2015)가 있으며, *Minoritized Women Reading Race and Ethnicity: Intersectional Approaches to Constructed Identity and Early Christian Texts* (Lexington Books, 2020), *Faith, Class, and Labor: Intersectional Approaches in a Global Context* (Pickwick Publications, 2020), "Systemic Racism and the Global Pandemic: Negotiating Race and Ethnicity in Asian American Biblical Criticism" (*Bible and Critical Theory, 2020*), *Activist Hermeneutics of Liberation in the Bible: A Global Intersectional Perspective* (Routledge, 2023) 등의 책을 공동 편집하고 집필했다.

최형묵

현재 천안살림교회 담임목사로, 차별과혐오없는평등세상을바라는그리스도인네트워크 공동대표 및 한국기독교교회협의회(NCCK)인권센터 이사를 맡고 있다. 한신대 초빙교수, 한국민중신학회장, 한국기독교교회협의회(NCCK) 정의평화위원장, 성소수자교인목회연구소위원장, 5.18진실과화해위원장, 한국기독교장로회총회 교회와사회위원장, 사회선교사 운영위원장, 생태공동체운동본부 상임대표, 성소수자목회연구위원장, 국가인권위원회 혐오차별대응특별추진위원 등을 역임하였다. 기독교윤리학 전공으로, 저서로『해방공동체1~5』(공저),『함께 읽는 구약성서』(공저),『사회 변혁운동과 기독교 신학』,『보이지 않는 손이 보이지 않는 것은 그 손이 없기 때문이다 : 민중신학과 정치경제』,『뒤집어보는 성서 인물』,『무례한 자들의 크리스마스』(공저),『반전의 희망, 욥』,『한국 기독교의 두 갈래 길』,『한국 근대화에 대한 기독교윤리적 평가』,『성찰하는 신앙, 마주하는 용기』,『차별 없는 그리스도의 공동체 - 성소수자 교인 목회 및 선교 안내서』(공저) 외, 역서로『무함마드를 따라서 - 21세기에 이슬람 다시 보기』외, 일본어 저서로『権力を志向する韓国のキリスト教』,『旧約聖書の人物 ー「韓国」という時空間で読む』,『無礼者たちのクリスマス - 韓国キリスト教保守主義批判』등이 있다.